MY REVOLUTIONARY YEARS
The Autobiography of Madame Wei Tao-Ming

玫瑰與革命
民國奇女子鄭毓秀自傳

鄭毓秀 著

劉中國、柳江南 譯

中和出版
OPEN PAGE

本書翻譯自 1943 年紐約出版的鄭毓秀英文自傳《我的革命歲月 —— 中國駐美大使魏道明夫人自傳》。

MY
REVOLUTIONARY
YEARS

The Autobiography of
Madame Wei Tao-Ming

NEW YORK
CHARLES SCRIBNER'S SONS
1943

鄭毓秀《我的革命歲月》書影（1943 年於紐約出版）

鄭毓秀 1943 年 10 月 18 日在華盛頓簽贈《華盛頓郵報》
國外新聞主管編輯巴尼特・諾佛（Barnet Nover）的《我
的革命歲月》一書（譯者所藏）

鄭毓秀博士 1925 年攝於巴黎的畢業照

北洋畫報

THE PEI-YANG PICTORIAL NEWS, TIENTSIN

北來之中國第一女外交家鄭毓秀女士

。幼氏附刊。

Dr. Soumé Tcheng, the first Chinese woman diplomatist

1928 年 12 月 25 日《北洋畫報》刊登「北來之中國第一女外交家鄭毓秀女士」。

留法時代的鄭毓秀（前坐者）（《中華》第四期，1931 年）

1942 年 9 月創刊的重慶《聯合畫報》刊登中國新任駐美大使魏道明博士與夫人鄭毓秀女士照片。

1943 年，中國駐美大使夫人鄭毓秀（左一）陪同訪美的中國第一夫
人蔣宋美齡（右一）出席招待會。

1943 年，鄭毓秀（右一）陪同訪美的中國第一夫人蔣宋美齡（左二）
出席演講會。

羅斯福總統（右三）和夫人（右四）宴請中國第一夫人蔣宋美齡（右二），左二為駐美大使夫人鄭毓秀。

魏道明、鄭毓秀夫婦攝於中國駐美大使官邸華盛頓哥倫比亞特區「雙橡園」。

1943 年 1 月 11 日，中國駐美大使魏道明、美國國務卿赫爾代表雙方政府在華盛頓簽署《中美關於取消美國在華治外法權及處理有關問題條約暨換文》。

CONTENTS 目錄

PREFACE

序言

　　鴉片戰爭打開了天朝上國的銅關鐵鎖，廣東省廣州府新安縣（1914 年易名寶安縣，1979 年設立深圳市）轄地香港被迫割讓給英國，實開列強宰割中國之先河。但是，隨着西洋器物文明、制度文明的引進，中國開啟了漫長的近代化進程。近代中國湧現了眾多傳奇女性，而在清末民國風雲激蕩的歷史性大變局之中，集諸多傳奇於一身的奇女子，當屬中國首位法學女博士鄭毓秀。

　　鄭毓秀，1896 年出生於得西學東漸風氣之先的新安縣西鄉墟屋下村（今深圳市寶安區西鄉街道辦事處樂群社區）。她是中國有史以來第一位法學女博士、第一位女律師、第一位地方審判廳女廳長、第一位省級女性政務官、第一位地方法院女院長、《中華民國民法》五人編纂小組中唯一的女委員，先後擔任北京女子師範大學校長、私立上海法政學院院長，堪稱中國近現代史上的一代翹楚。

　　清季民國，世界政治局勢風雲變幻，國內社會思潮洶湧澎湃。無論是在 20 世紀前半葉國際政治大舞台上，還是在中國近代革命史、中華民族抗戰史、中國女權運動史、留法勤工儉學史以及民國外交史、法制史、教育史等諸多領域，鄭毓秀博士巾幗不讓鬚眉，均有一番開創歷史的功績、名垂青史的建樹。

生當「過渡時代」，戮力締造民主共和國 鄭毓秀曾祖為官清廉，抱璞自珍，祖父鄭姚富甲一方，素以矜貧救厄、恤患救災聞名鄉里，朝廷題匾「樂善好施」予以旌表，他於清光緒年間捐資修葺的鄭氏宗祠以及親手創建的綺雲書室，近年被學者譽為「深圳的陳家祠」；鄭毓秀之父鄭秉義供職戶部，清末任資政院議員。鄭毓秀生當「過渡時代」，在綺雲書室裡完成了童蒙教育；但也正是從這座傳統書室裡，一代傑出的近代女革命家破門而出。

鄭毓秀少小離鄉，1909 年東渡扶桑，加入孫中山先生領導的「同盟會」。此後銜命歸國，急欲推翻腐朽沒落的清王朝，締造一個民主共和國。辛亥年武昌新軍槍響，清王朝搖搖欲墜。為迫使清室退位、實現南北統一，鄭毓秀等革命黨人謀刺內閣總理大臣袁世凱、「宗社黨」魁首良弼將軍。此後，她又參與了刺殺袁世凱北洋政府財政總長的行動計劃。「天地英雄氣，千秋尚凜然」，雖然刺殺財政總長功虧一簣，但其膽識氣概依然令人折服。鄭毓秀在辛亥革命期間的一系列壯舉，恰恰顯示了新舊時代嬗替之際，中國近代進步知識分子的責任擔當。

呼籲男女平權，鼓勵女性參政議政 鄭毓秀崇尚「女權」，畢生以「新女性」風采示人。清朝末年「女學」之風初開，鄭毓秀先後就學於北京女子學堂、天津教會學校「中西女中」，聲稱：「我覺得在這個已經開啟的過渡時代，有一個特殊的角色等着自己扮演。現代世界正在以其無法抗拒的力量吸引着我，沒有甚麼東西能夠阻止我實現自己的目標。」1912 年參與創辦天津《女子國學報》，以提倡國學、發達女權、輔助共和為宗旨，她在《言所欲言》一文中說：「女界黑暗已數千年，今得《女子國學報》出現，我二萬萬女同胞大家都可以吐一口氣。」1929 年女性雜誌《婦女共鳴》在上海創刊，鄭毓秀為之撰寫發刊詞《嗟乎，吾國女界沉淪與黑暗之域也》，大聲疾呼：「欲求利權平等，知識尤貴均衡。值茲訓政時期，建設伊始，凡我女界，自非本知難行易之訓，協力猛進，以督促當局實行男女平等之政綱不為功。」

女性參政議政實乃社會進步之標誌。早在民國初年，鄭毓秀就呼籲女性爭取參政議政權益。1919 年，她被廣州軍政府任命為外交調查會名譽會

長，此為「中國女子參政運動的先例」；作為中國婦女代表之一，她參加了
1920 年在瑞士召開的「萬國女子參政會」。1927 年在「同盟會」元老的敦
促之下，鄭毓秀出任上海地方審判廳廳長，照她的話說：「我成了中國歷史
上首位地方審判廳女廳長 —— 純粹是由於身為女性的原因，我想代表女性
接受挑戰並投身於這份工作。」

推動女子留學教育，為國家培育人才 促成中國近代留學教育第一人，
當屬容閎博士；推動近代女子留學教育第一人，當屬鄭毓秀博士。鄭毓秀在
留法期間萌發了帶領女子出洋留學的想法，1920 年受吳玉章、楊庶堪之邀
回國，奔赴重慶等地宣講男女平權，鼓勵青年女性衝破封建禮教的禁錮和男
權社會的藩籬，赴歐洲學習西方先進科學知識和技能。1920 年底，她以「留
法女子儉學會幹事」身份，帶領中共早期黨員劉清揚、張若茗等二十餘名女
生赴法留學，並為她們籌集川資。鄭毓秀帶領勤工儉學女生赴法前夕，寓居
上海的孫中山夫婦設家宴餞行，並對她朝着正確方向所做的努力深感欣慰。

「一戰」結束後歐洲經濟蕭條，失業潮席捲法國，勤工儉學生十之八九
缺衣少食，鄭毓秀甘為同胞姊妹當「托缽僧」。向警予烈士給民國聞人熊希
齡夫婦的信函中，曾高度讚揚鄭毓秀先生的俠義之舉。這批留法女生學成
歸國後，為女子職業生涯做楷模，為婦女解放運動任先驅，為革命事業拋頭
顱，書寫了近代中國婦女解放史上絢麗的一頁。抗戰期間，看到這些女界精
英的活躍身影，鄭毓秀欣慰地寫道：「在重慶這座炸彈晝夜自天而降、烈焰
熊熊燃燒的城市裡，我很欣慰地發現，自己往日的努力和付出有了一番最
初的收穫，這足以讓每個『農夫』（farmer）都在骨子裡對土地和種子充滿信
心：苦難的大地將會復甦，飽滿的種子即將萌芽。的確，這些新女性是新中
國的中堅力量，在她們的手上，中國的未來絕對不會失敗，只會一天天變得
更加美好、強大。」

此外，鄭毓秀留法期間與勤工儉學生周恩來、蔡和森、蔡暢、向警予、
鄧希賢（鄧小平）等關係密切，對生活困難的勤工儉學生多有資助。1921
年 5 月，周恩來在天津《益世報》（周恩來此時任該報的海外通訊記者）連

載長篇通訊《留法勤工儉學生之大波瀾》，對鄭毓秀資助貧困學生之舉多有稱讚。

參與制定民法，確保婦女權益 自從「五四」新文化運動掀起了有關「男女平權」的討論，「男女平等」觀念逐漸獲得國人普遍認同，但鄭毓秀認為，在法律層面上體現男女平權這一原則，仍然是一項前所未有的艱巨任務。1928 年鄭毓秀出任國民政府首屆立法委員，係民法編纂委員會「五人小組」成員之一。她參與制定的《中華民國民法》於 1931 年正式予以頒佈實施，明令保障女性在公民權利和財產權利諸多方面的平等。該法典不僅是中國有史以來頒佈實施的第一部民法典，同時也成為中國法制現代化進程中一筆寶貴的精神財富。

抗戰勝利，國土重光，推動制憲行憲、「還政於民」成為國之大事。鄭毓秀曾撰文闡述婦女在制憲過程中的責任：「世界上沒有一個國家，不經過相當的鬥爭而後獲致立憲政治。世界上也沒有一國婦女，不償付重大代價而後取得參政權利。從人治到法治，不易；從被治到自主，更難。因此，我們婦女，應為國家和本身光明的前途而加倍慶祝；同時，也應對國家和本身負起雙重的責任。」她敦促婦女身體力行宣揚法治、奠定民主政府：「民主固可貴，然真要收民主之效，實非循法治之途徑不可。我們向來是一個人治的國家，今後欲奠定民主，必須宣揚法治，中國才能成為一個民有、民治、民享的國家。」

投身抗戰烽火，組織婦女參加抗建大業 1937 年 8 月，鄭毓秀投身「淞滬會戰」，曾經組織「上海勞動婦女戰地服務團」，並以上海法政學院院長的身份，把校園改造成「傷兵醫院」。1938 年 5 月，宋美齡邀請鄧穎超、鄭毓秀、李德全等各黨派女界領袖人物參加「廬山婦女座談會」，動員全國婦女支援全民抗戰建國大業。鄭毓秀應邀參加座談會並當選為「婦指會」常務委員，她不無感歎地寫道：「自從早年在北京開始革命活動以來，我一直是個赤誠的女權主義者。我現在意識到自己多年的夢想，即：女性將在國

家事務中發揮至關重要作用的那一天，終於美夢成真了。中國女性彷彿只花了 20 年的時間，就完成了兩個世紀的歷史性飛躍。」。

抗戰期間，鄭毓秀歷任教育部司長、次長，其丈夫魏道明博士擔任行政院秘書長。她的侄兒鄭雲（族名寶成）、侄女鄭漢英均為空軍飛行員，駕駛戰機，鷹擊長空，英勇迎戰來犯之敵。鄭毓秀在本書中寫道：抗戰時期，中國人民的精神面貌已經發生了巨變，「人們堅信中國必將從苦難與血污中勝利崛起」。她認為《義勇軍進行曲》「比任何詞彙都更生動地表達了中國人民的心聲」，她還深情地寫道：「無論身處何地，無論由誰演唱或演奏這首歌，總是令我感慨萬千，心跳隨之加速，潸然淚下。令人淚如泉湧的是一種來自心底的驕傲，而不是悲傷憂愁。無論我身處何地，無論在何處聽到演奏演唱《義勇軍進行曲》，無論由誰演唱這支時代流行曲，我都無法做到充耳不聞、無動於衷，而是心跳隨之加速、滿腔熱血沸騰，情不自禁地潸然淚下。令我淚流滿面的是來自心底的驕傲與自豪感，而不是悲傷和愁苦。」

開展國民外交，維護國家利益　早在民國初年，鄭毓秀就素有「女外交家」之譽。歐戰期間，她代表留學生在巴黎大型集會上發表演講，呼籲北洋政府參加「協約國」集團，並奉命歸國斡旋於南北政府之間；巴黎和會期間，她以中國代表團成員身份開展國民外交，力爭山東權益，「玫瑰手槍」事件成了一闋百年傳奇。1928 年，鄭毓秀以南京國民政府「官方特使」身份赴法國開展國民外交，揭露日本製造的「濟南五三慘案」，被譽為「中國第一女外交家」。

1941 年，鄭毓秀的夫君魏道明博士被任命為駐法大使，次年轉任駐美大使。鄭毓秀隨行赴美開展外交活動，曾任美國援華會名譽主席，呼籲同盟國與旅美華僑支持祖國的抗戰大業。1942 年 10 月 10 日（「雙十節」），美國宣佈廢除對華不平等條約，邀請中國駐美大使夫人鄭毓秀蒞臨費城獨立廳，「代表中國一扣美國獨立象徵的自由鐘三十一響」，美國最高法院院長陶格拉斯在獨立廳發表賀詞。

特別值得一提的是，1943 年 1 月 11 日，魏道明以任駐美大使身份代

表中國政府與美國國務卿赫爾簽訂《中美新約》，宣佈廢止美國歷史上強迫中國簽訂的一系列不平等條約，取消在華「治外法權」及有關特權等，堪稱中國近現代外交史上的開創之舉。此外，鄭毓秀夫婦等代表中國政府積極參與聯合國籌建，促進了中國國際地位和形象的提升，並與出席聯合國三藩市制憲會議的中共代表董必武等建立了誠摯的友誼。

「聚族於斯」與文化認同　鄭毓秀對故國故鄉的「文化認同」融入了血液靈魂，她認為自家曾經輝煌、業已破落的西鄉大宅院，不妨「看作是中國自身狀況的一個象徵符號」，並深有感觸地寫道：「那些對中國一無所知的人認為，我們的國塚衰老腐朽、破舊不堪，但他們沒有意識到我們的靈魂是完整的。」

　　「聚族於斯」的宗族制度有其自身超穩定的文化功能與社會功能，鄭毓秀認同這一家族文化傳統，她說「儘管我是個激進的革命分子」，但是每次回歸家庭，「一個延續千載的中國傳統家庭，已經以某種難以察覺但又不容置疑的方式，將其自身固有的穩定、持久的精神力量，綿綿不息地傳遞到我身上，讓我獲得一種永銘心間的幸福感、舒適感與安全感」。鄭毓秀認為：「家族文化傳統一脈相承、綿綿不絕，使得世世代代積累下來的智慧與經驗，不至於泯滅遺忘。家族文化最終演變為宗族制度，這就是為何歷經數千年滄海巨變，中華民族迄今依然能夠屹立於世界民族之林的根本原因之一。」所有這些，都值得我們在全球化時代深入研究闡揚，讓每個文化細胞都保持新鮮活力，凝聚奮鬥新時代的強大力量。

「天風浪浪，海山蒼蒼；真力彌滿，萬象在旁。」　寶安人傑地靈、鍾靈毓秀，有着悠久的歷史傳承和厚重的人文積澱；近百年來，更是湧現出中國首位法學女博士鄭毓秀、中國近代林業科學先驅凌道揚、香港中華總商會創始人劉鑄伯、寶安第一個中共黨支部的創始人黃學增等一大批優秀兒女。習近平總書記講：「近代以來，一切為中華民族獨立和解放而犧牲的人們，一切為中華民族擺脫外來殖民統治和侵略而英勇鬥爭的人們，一切為中華

民族掌握自己命運、開創國家發展新路的人們，都是民族英雄，都是國家榮光。中國人民將永遠銘記他們建立的不朽功勳！」日月其邁，爝火不息，燭照千秋，鄭毓秀身上閃爍的正是這種「國家榮光」。

寶安灣畔，千年潮生；伶仃洋側，風正帆懸。回眸西鄉河，鄭毓秀讀書發蒙的綺雲書室復現窗明几淨、書聲琅琅；當年的固戍碼頭成了大美西灣紅樹林公園的靚麗景觀。佇立珠江口潮頭，世界新一輪產業和技術革命風起雲湧，粵港澳大灣區崛起的大幕已拉開，面對空間之變、產業之變、創新之變、技術之變、格局之變，寶安又一次站在了時代風口，更需要我們牢記使命、不忘初心。

西鄉鄭氏宗祠大門聯語有云：「門名通德思明德，世顯鄉賢裕後賢」。一代人走了，一代人又來了，大地永存，使命永在。著名作家郁達夫曾在紀念魯迅大會上說：「一個沒有英雄的民族是不幸的，一個有英雄卻不知敬重愛惜的民族是不可救藥的，有了偉大的人物，而不知擁護，愛戴，崇仰的國家，是沒有希望的奴隸之邦。」作為鄭毓秀的「娘家人」，我們近年來修葺鄭氏宗祠、綺雲書室等，目前正在推動舊城區更新改造，修繕鄭毓秀故居，規劃建設「鄭毓秀紀念館」，陸續出版劉中國教授主持的「鄭毓秀研究叢書」，讓更多人從鄭毓秀等先賢身上汲取奮鬥的正能量，不斷彙聚起再出發的磅礴力量。

香港中和出版有限公司前總經理陳翠玲女士策劃出版大型叢書「20世紀中國」，將劉中國教授、柳江南先生等迻譯的鄭毓秀自傳《玫瑰與革命 —— 民國奇女子鄭毓秀自傳》納入其中，推出海外繁體版，此乃盛舉，是為序焉，謹向翻譯者、出版者致以敬意！

寶　言

CHAPTER ONE
An Infant Rebel

童稚時光的抗爭

記得大約七歲的光景，我靜靜地坐在母親膝頭上，圓瞪着一雙大眼睛，聽她講述古時候流傳至今的傳奇故事，實在是聽得心醉神迷。那些故事裡面，我最喜歡「木蘭從軍」，簡直是百聽不厭，老是央求她再講講這個故事。

木蘭姑娘出生於公元六世紀，她父親是皇城長安一位退役的御林軍將領。[1] 老將軍膝下只有女兒木蘭和一個年幼的兒子，他把全部情感都傾注到兩個孩子身上，對木蘭尤其寵愛有加。木蘭慢慢長大成人，出落成了一個婀娜多姿、心靈手巧的姑娘。

但是，木蘭十六歲左右的某一天，父親從長安城裡回到家，看起來心力交瘁、焦慮不安。他眼神木然地瞥了女兒一眼，啥話都沒說，隨即徑直走進了臥房。

那一會兒，木蘭心煩意亂，隨腳跟了進去，想知道父親究竟遇到了甚麼煩心事。稍後，父親告訴木蘭：今天在城裡獲悉敵軍大舉犯邊的消息，大皇帝頒佈了軍帖，點兵點將，厲兵秣馬，一決雌雄，而且「軍書十二卷，卷卷有爺名」。安邦定國是每個男兒的應盡職責，但她父親年邁體弱多病，早過了馳騁疆場的年齡，有心沙場殺賊，奈何廉頗老矣，痛感眼下無法執干戈以衛社稷。這麼多年來，木蘭第一次聽到父親嗟歎連聲，感歎膝下沒個成年男兒替自己披堅執銳，最大的孩子偏偏又是個姑娘——就像《木蘭辭》裡寫的：「阿爺無大兒，木蘭無長兄。」

---

[1] 花木蘭為傳說中的人物，其事跡主要來自北朝民歌《木蘭辭》，史書並無確載。這裡有關木蘭生活年代、籍貫、家庭等均按照原文翻譯。——本書腳註皆為譯者註。

延安市萬花山木蘭陵園裡的花木蘭雕塑

　　木蘭回到閨房，躺在繡榻上，心事重重，一整夜翻來覆去睡不着。黎明時分，她慢慢地拿定了主意，於是面謁慈父，對他透露了自己的決定。

　　木蘭懇求道：「父親，木蘭雖為女兒身，你這回就把我當成男兒看吧！我現在就去加入御林軍，替您報效國家。」

　　離離鳴雁，旭日始旦。木蘭剪短頭髮，換上男裝，一大清早就披戴上父親的盔甲，辭別家人，跨上戰馬，奔赴疆場。

　　足足十二年的光陰，木蘭擔任御林軍將領，鏖戰沙場，袍澤們從未識透其真實性別。木蘭足智多謀、驍勇善戰，贏得了一場場勝利，軍功彪炳，光耀門楣，正所謂「朔氣傳金柝，寒光照鐵衣。將軍百戰死，壯士十年歸」。打敗來犯之敵後，木蘭班師回朝，奉詔陛見，「歸來見天子，天子坐明堂。策勳十二轉，賞賜百千強」。大皇帝不僅敕封爵位、錫以厚祿，還晉封木蘭為皇室成員。大皇帝問她還有甚麼未了心願？木蘭沙場征戰多年、所向披靡，此時此刻卻亂了方寸。於是，她懇請大皇帝恩准自己榮歸故里——「可汗問所欲，木蘭不用尚書郎，願馳千里足，送兒還故鄉」——早日回到年邁的父親身邊，盡一份兒女孝道。

於是，大皇帝恩賜木蘭衣錦還鄉。木蘭隨即在皇家儀仗隊的簇擁下，快馬加鞭，馳過遼闊的疆土，以御林軍大統帥的身份載譽歸來。抵達家門之際，木蘭翻身下馬，走進閨房，脫掉頭盔，卸下盔甲，披上羽衣霓裳，就像《木蘭辭》裡寫的：「開我東閣門，坐我西閣床，脫我戰時袍，着我舊時裳。當窗理雲鬢，對鏡貼花黃。出門看火伴，火伴皆驚忙：同行十二年，不知木蘭是女郎」——袍澤們再次看到木蘭時，一個個驚訝萬分，因為站在他們面前的是個儀態萬方的年輕姑娘。

我們中國民間有「三歲看大，七歲看老」的說法。西方現代心理學家也一致認為，兒童的未來在很大程度上取決於他七歲之前的生活經驗。當然，「木蘭從軍」的意義對我來說，不啻於布狄卡女王（Boadicea）、聖女貞德（Joan）的故事對西方孩童產生的影響。但是，這個故事之所以

布狄卡女王
英格蘭東英吉利亞地區古代愛西尼部落的王后和女王，她領導了不列顛諸部落反抗羅馬帝國佔領軍統治的起義，抵抗失敗後服毒自殺。

催生出我生命裡的某些個性萌芽，這還得益於母愛教育及其性格因素的耳濡目染。

　　1896 年，我出生於廣州府新安縣西鄉墟屋下村的一前清官宦之家。[①] 廣州這座城市別稱「羊城」(City of the Rams)。我在這座昔日的官宦巨宅中度過了童年歲月。鄭氏家族的全部家庭成員「聚族於斯」，除了我的大伯、二伯、三伯，等等，還包括我的各位伯母、嬸娘、堂兄弟、堂姐妹，父系裡眾多的兄弟 (Hing-tay，寶安話音譯：兄弟)，以及母系裡其他親戚 (Chun-chick，寶安話音譯：親戚)。此外，我們鄭家還有好多佃戶及其子女，大家都住在同一個屋簷下。按照「男女授受不親」這種禮儀教化準則，我家這座大宅邸有專屬成年男丁和半大男孩居住的房屋，有專屬女眷和小孩居住的房屋。當然，還有供佃戶居住的房舍 —— 這座大宅邸由無數個大小不一的院落構成，大致分為東院、南院和西院，這些庭院環繞着宅邸正中央書聲琅琅的綺雲書室，以及供奉列祖列宗靈位的鄭氏宗祠。我們鄭家是個人口眾多的大家庭，其規模之大幾乎等同於一個小村落，主持大家庭事務的則是我那位德高望重的老祖母 —— 她是我母親的婆婆 —— 扮演着中國傳統家庭裡「女掌櫃」(Chinese matriarch) 或「女家長」角色。

　　老祖母知書達禮、因循守舊，而且冰雪聰明，她寫得一筆好字，有着鋼鐵般堅強的意志堪稱「巾幗不讓鬚眉」。就某種程度上來説，我不撓不折、堅貞不屈的稟性幾乎與祖母同出一轍，這就似乎注定了在我成長的過程中，祖孫之間必然要發生種種齟齬。我出生後最初的十個年頭，

---

① 新安縣西鄉墟屋下村今屬深圳市寶安區西鄉街道辦事處樂群社區。鄭毓秀的祖父鄭姚早年赴香港經商，成為富甲一方的鉅賈大賈，華中地區水患時出資賑災，協助地方重建，朝廷恩賜「樂善好施」牌匾旌表。鄭毓秀之父是鄭姚的四子鄭秉義，後任職清廷戶部。鄭秉義元配劉氏婚後初無子女，依照當時習俗，將鄭姚家族二房次子鄭啟昭過繼鄭秉義，劉氏隨後生下二子二女。因此，族譜上鄭秉義有了三子二女的記載，分別為鄭啟昭、鄭少嵐、鄭啟聰、鄭雪案、鄭毓秀。許多文章介紹鄭毓秀之父為鄭姚第三子鄭文治，實誤。另據 1926 年出版的鄭毓秀英文自述《來自中國的少女》第三十八章記載，其父鄭秉義在清政府裡所擔任的最高職務是資政院議員 (Counsellor to the State Department)。

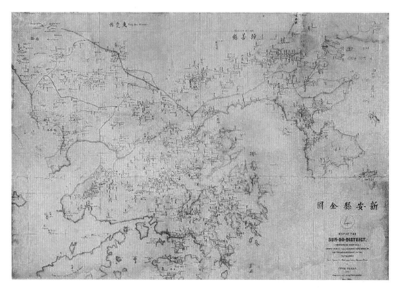

1866 年西洋傳教士繪製的《新安縣全圖》（現藏深圳市檔案館）

鄭氏宗祠（柳江南 攝影）

位於深圳市寶安區西鄉樂群村二巷三號，建於光緒四年（1878）。鄭氏宗祠原
名「一德樓」，大門對聯：「門名通德思明德，世顯鄉賢裕後賢」。

鄭毓秀祖父母鄭姚夫婦畫像

顯然並不是她最疼愛的孫輩。我覺得祖母到了垂暮之年，總算是勉強接納並且喜歡上我這個孫女，但我差點兒要了她的命——倒不是真的對祖母做了甚麼忤逆不孝的事兒，而只是因為我一貫特立獨行、我行我素，堅持做自己想做的事，到現在依然如此。從我的童年歲月直到祖母過世，每次見到她老人家都要遵循禮節「恭請大安」、磕頭禮拜。但是，從蹣跚學步那天起，我就不斷地忤逆祖母的意願，日積月累下來，祖孫關係齟齬不斷、十分緊張。老祖母的意願往往成了我首個反抗的目標。

毫無疑問，我幼時的言行舉止多半受到母親的耳濡目染。我母親係將門之後 [1]，表面上看起來嫻雅文靜、善解人意，屬於那類人人稱道的「賢妻良母」，但她本質上卻是個叛逆者。母親終其一生鬱鬱寡歡，她當姑娘的時候也曾夢想過追求自由、幸福，但後來一挫再敗、夢花凋零，

---

① 據鄭毓秀英文自述《來自中國的少女》第二章記載，她的外公名叫劉昌華（Liou Chang Wha，音譯），年輕時曾經是位了不起的將軍。

於是，她只好把「偏執」當成了一面抵禦外界侵害的盾牌。但是，母親並不希望我步其後塵，儘管她生性膽小怕事、謹言慎行，也沒有接受過現代意義上的教育，但她反覆敦促女兒自強自立、接受教育，一定要擺脫那些束縛中國女性身心、令人窒息的清規戒律。

前清時代，大戶人家的妻室女兒舉止嫻雅，通常過着與世隔絕、一成不變的生活——她們除了搭轎子出門走趟親戚，幾乎長年累月足不出戶，社交圈子也僅僅限於家庭成員與親鄰的女眷，和其他人沒有任何交往。此外，她們幾乎沒有絲毫娛樂生活可言，也從未想過求經問道。但是，正是由於女性在家門外無尺寸用武之地，作為一種心理學上的「補償效應」，她們在家裡往往一言九鼎。從理論上講，男人才是一家之主；但是，我們鄭家真正的一家之長，偏偏是我祖父的「遺孀」（Dowager Mother）——一位年高德劭的「老祖宗」。為了表示對她的畢恭畢敬，家族裡的兒孫晚輩無不在她面前俯首貼耳、曲意奉承，除非涉及到極其重要的事務，我的叔伯們才敢違拗她的意願。至於家裡的其他成員，那些媳婦呀，孩子呀，傭人呀，全都對她惟命是聽、頂禮膜拜，把她當成「皇后」般供奉起來。我母親多年來深受傳統禮教、女德女訓的鉗制與戕害，她對我講述的「木蘭從軍」這個故事裡面，實際上也折射出自己早年的夢想；後來，母親又把這個夢想傳遞給了自家女兒。

兄弟姊妹一娘同胞，我的性格偏偏與他們截然不同。為甚麼從嬰孩時代開始，我就和其他兄弟姊妹性格迥異、判若雲泥？這個基因遺傳謎底，我並不打算深究細查。我家有四個兄弟姊妹，我是最小的一個，上頭有兩個哥哥、一個姐姐。我的言行舉止與哥哥、姐姐形成鮮明的對比，我總是活蹦亂跳、好奇心強、瘋瘋鬧鬧，一時半會兒都閒不住。這麼說吧，我活潑自信、性格極其外向，用現代心理學術語來講，極有可能被稱為那類「問題兒童」（problem child）。

我現在之所以審視這些細枝末節，並非其本身怎樣的妙趣橫生，而是其中包孕的性格特徵，可能有助於合理解釋我後來如何面對種種生命的抗爭。可以說，我的人生面貌或性格特徵，孩童時期已經初露端倪。

後來，我在十五歲那年成了一名激進的革命者，孩提時代離經叛道的做派衍變為成年人（原註：或者說接近成年了）反抗封建專制的具體行動。也就是童年時期的這種離經背道——一個官宦之家出身的千金小姐，拒絕按照傳統家庭「女德」教育模式長大成人——使我逐漸變成了一個極度狂熱的激進主義者（radicalism），而在西洋社會裡，我或許會成為一個頭角崢嶸的無政府主義者（anarchist）。這種情況，就像某個豆蔻年華的英國貴族之家妙齡女子，突然間破門而出，加入了美國獨立戰爭時期的「自由之子」（Sons of Liberty）①秘密組織。

初次頂撞祖母這件事，現在想起來還覺得有點兒蹊蹺，彷彿是我叛逆性格的一個兆頭。我之所以敢於頂撞祖母，是因為我想出頭維護一目了然的正義，儘管我當時還是個六歲稚童，幾乎還沒弄明白「正義」（justice）一詞的個中涵義。

我們鄭家的每個孩子，身邊隨時都有個年齡稍微大點兒的婢女陪伴看護，他們通常是佃戶家的小兒女。

話說那天下午，我溜進留給女眷休閒用的後花園，和家裡幾個小姊妹盡情玩耍。儘管那些陪同我們玩耍的小婢女，早就聽從了父母的反覆勸誡：打不反手、罵不反口，千萬別跟小主子打架鬥毆。然而，她們畢竟都是小孩子，舉止退讓之間免不了會有小小的爭執。在那個十分特別的下午，我堂姐和她的小婢女起了口角，頂嘴鬥氣很快變成了拳打腳踢。我堂姐大發脾氣，打了她的小婢女，出手很重，小婢女嚎啕大哭，當然也不示弱，馬上拳腳相向。兩個小女孩很快就廝打成一團，哭鬧得越來越厲害。大人聽見吵鬧聲，紛紛跑了過來拉扯開兩個女孩。我嬸娘抱起自家的寶貝女兒，一邊輕言細語撫慰她，一邊疾言厲色地喝斥那個小婢女。

要是祖母那會兒碰巧不在場，事情也就到此畫上句號。每天傍晚，

---

① 指美國獨立戰爭期間的激進民主主義組織「自由之子協會」，其主要成員是工人、手工業者和城市小資產階級。

老祖母都要巡視一趟大宅邸——裡裡外外看個遍，角角落落不放過——然後，指出傭人的小缺失，告訴他們應該「如此這般」；傭人稍有玩忽職守，就會受到責罰。祖母來到上演「全武行」打鬧的後花園，完全不問來龍去脈、是非曲直，認定這個小婢女大逆不道，欺負了自己的寶貝孫女，當即責令把這個「犯上者」痛打一頓。小婢女嚇得乖乖地認了錯，有個傭人開始拿起棍棒責打她。我那會兒義憤填膺，實在忍無可忍了，怒衝衝地跑到堂姐面前，狠巴巴地對她嚷嚷道：「該捱打的，是你這個小蹄子！」緊接着，我又跑到那個小婢女身邊，緊緊地摟着她、護着她。在場的人看到這一幕，一個個驚得目瞪口呆。

我大喊大叫、哭哭嚷嚷鬧個不休：「你們別打她！她沒做錯啥！憑甚麼要打她？又不是她先動的手——最先動的手是小姐姐！小姐姐才應該捱頓打！」我幾乎歇斯底里大發作了。大人們圍過來試着勸慰我，但是一點兒用處都沒有，只會讓我的嗓門高八度罷了，「你們大人不講理，合夥欺負人！你們都在欺侮這個小女孩！我就是不離開她！就是——」

我祖母定定地站在那兒，簡直不敢相信自己的眼睛，氣得臉色蒼白。但是，老祖母即使怒火中燒，依然精明老道，她意識到責罵我一頓，起不了絲毫作用。於是，她轉過身來，直勾勾地盯着我母親，厲聲斥責道：「這孩子，沒家教，真糟糕！我實在懷疑，她是我們鄭家的骨血嗎？！」

我母親頓時窘得滿臉通紅，羞得抬不起頭來。世上再也找不到比祖母那句話更難聽的侮辱性話語了。看到母親窘得滿臉通紅，我這才明白自己給她帶來多大的恥辱。於是，我馬上恢復了理智，隨即安靜下來，變得乖順聽話。不一會兒功夫，大人把我帶離後花園。我闖了禍，捱了罵，而且真是嚇壞了。

後花園裡發生的這場吵鬧，只不過為後面許多類似事件開了個頭而已。我每次衝動起來，就會惹下大大小小的麻煩；但想到祖母可能會責罵我母親，我就儘量抑制住一腔衝動。舉個例子說吧，我喜歡和堂兄弟一起玩男孩子們的遊戲，捏泥餅啦，鬥蟋蟀呀——「鬥蟋蟀」是捉來兩

隻蟋蟀相鬥取樂的遊戲；「鬥蟋蟀」（cricket matches）不是打板球，英文裡的「蟋蟀」（cricket）與「板球」同字同音——還有其他不合乎「淑女」禮儀的遊戲。我一再被逮個正着，由於我不守「規矩」，母親反覆受到責怪。每次惹了禍，我都暗自痛下決心：為了不讓母親受連累，我今後一定要學着乖巧些、聽話些。但是，這個念頭總是保持不了一兩天。

我與祖母最嚴重的一次衝突，莫過於「裹腳」那次了。當時依然盛行「裹腳」陋習，小女孩的腳趾被強行拗折、捆裹，免得長成正常尺寸大小。「裹腳」習俗源於那個中國版「灰姑娘」故事。這個古老的傳說故事流傳甚廣，對國人千百年來的審美趣味影響深遠。

那個傳說的大意是：有一天，皇太子溜出皇城，來到鄉間遊玩，看到泥地上有個女子的腳印狀如蓮花，煞是玲瓏嬌小，於是當即傳旨囑從明察暗訪，一定要找到這個女子。他還下令保護好這個腳印，並說，一旦找到那個雙腳與這對腳印大小的女子，馬上封為自己的「儲妃」。從那時開始，這種畸形的「三寸金蓮」被國人奉為香豔絕美的標誌。說甚麼「裙邊遮定雙鴛小，只有金蓮步步香」，其實，這麼小的腳走起路來寸步難行。

「裹腳」的過程大致是這樣的：先把大腳趾拗折到腳掌下，再把其他四個腳趾儘量朝腳心拗扭，在腳趾縫撒上明礬粉，好讓皮膚收斂，還可以防霉菌感染，然後，再用裹腳布一圈圈、一層層纏起來，保持腳趾蜷屈形狀，一天天纏得越來越緊。裹腳是個極其痛楚的過程，小女孩裹腳頭一年，不僅無法蹦蹦跳跳，連走路都很困難，出門只能由婢女背着。裹腳實在太痛苦了，她們疼得寢食難安，時常還會感染疾病。到了後來，雙腳裹成了「三寸金蓮」，她們實際上已經變成了殘疾人。倘若家裡失火或者有甚麼急事，必須趕快跑出來，她們只好抓着門框或者靠傢俱支撐着，才能夠踉踉蹌蹌走幾步。

話說雙腳頭次纏上裹腳布那一天，我乖乖地順從了——倒不是由於看到家裡的同齡女孩都裹了腳，我才願意接受裹腳布，而是我心裡很清楚，要是繼續忤逆下去，母親又會被祖母羞辱一番。但我實在是疼得

受不了，頭天晚上，臥室裡只剩下我一個人，我偷偷地拆了裹腳布。但是第二天，雙腳又被裹腳布纏上了，還捱了一頓責罵。此後，我又忍受了三天，這才知道再也忍不下去了。我最後之所以敢於起而反抗「裹腳」惡俗，也是由於感覺到母親並不贊同女兒裹腳。母親很後悔自己裹了一雙「三寸金蓮」，儘管她不敢出面支持我，但直覺告訴我，到了最後「攤牌」那一刻，她準會站在女兒這一邊。

裹腳的第三天早上，我和小姊妹們苦不堪言地坐在綺雲書室裡，跟着老秀才朗誦「子曰詩云」。突然之間，我毫無徵兆地哭鬧尖叫起來，儘管沒有流出丁點兒眼淚，哭嚎聲一瞬間震天響。我四仰八叉地躺在地上，亂蹬亂彈、大哭大叫。整個早上，我就這樣哭哭吵吵鬧個不休，吵醒了全家人，大家都嚇壞了。我蓄意製造的這場混亂，當然也驚動了老祖母，她急急忙忙趕過來，準備責罵我一頓——家裡任何一件大事的決定權，最終都由她拍板。祖母低頭瞅了我一眼，滿臉厭惡的神情，最後撂下幾句話：

「好吧！好吧！裹腳布給她扯下來！這丫頭會長成個大腳婆！長大了沒人敢娶她！那就這樣吧，我再也不想管這檔子閒事了！」

這樣一來，除了腳上留下幾塊淤青、喉嚨哭得嘶啞，再加上幾個疼得輾轉難眠之夜，「裹腳」這段「插曲」搬演下來，我的雙腳幾乎完好無損，還能夠正常生長，贏得了為自由而鬥的第一個回合。

在我孩提時代的記憶裡，對父親沒有多少印象。事實上，我幾乎記不清父親的模樣了，只知道他住在天子腳下，是個德高望重的朝廷命官。當然，我也朦朦朧朧地意識到，父親長年宦遊在外、有家難回，這才是母親終日鬱鬱寡歡的根源所在。但是，直到九歲那一年，我終於弄明白父母之間琴瑟不調——他們已經南北兩地分居數年，我母親卻巴望着早日闔家團圓。

當時的舊中國，儘管一個男人只能迎娶一房合法的妻子，但是妻妾同堂現象也很普遍。雖然在「納妾」這個問題上，有些性格剛烈的女子寸步不讓，斷然拒絕別的女人登堂入室、平分秋色，但大多數女性只

能平靜地接受了「既成事實」。一般來說，倘若妻子反對「納妾」陋俗，或者嫉妒丈夫的姬妾，反而會遭人奚落恥笑，旁人會認為她是個不懂世故、可笑透頂的「醋罈子」，親鄰和家人很少會同情她、安慰她。母親疑心我父親早就「金屋藏嬌」了，在北京城裡過得快快樂樂的；但是，包括我祖母在內，家裡人誰都覺得我母親沒必要為此哭天抹淚。

我等到後來才明白事情的來龍去脈。但我當時想出了一個很簡單的解決辦法：既然母親常年愁顏不展的根源是父親遠在北京，倘若我們到北京和父親團聚的話，母親不就整日喜笑顏開了？因此，我們應該搬到北京住才對。我有了這套想法，就反反覆覆勸說母親，根本無視她的推諉、躊躇，後來，母親終於同意去北京了。當然，她心裡一直心心念念着夫妻團圓、舉案齊眉，只是需要有人從旁督促而已。

我迫不及待地盼望見到父親。其實，我早就過了一個小女孩特別依賴父親的年齡，而在當時我並沒有意識到這一點。毫無疑問，我也感覺到了這些年月，父親的缺席造成了自己安全感的缺失。

我們終於收拾好行李，準備動身了。從來沒有哪個孩子像我這般狂熱地盼着這趟旅行，或者更準確些說，這樣專心一意地想看到那個自己虔心膜拜的陌生人。

我們先是從廣州府新安縣西鄉墟固戍碼頭出發，乘船到了香港。我擔心那些歐美國家的孩子能否理解，這趟簡單的旅程給我帶來了怎樣不尋常的啟迪。我在老家時很少走出自家的大宅院——事實上，我只是偶爾和母親到鄉間走一趟，但也只能從轎簾縫隙裡偷偷地瞄幾眼鄉村景色——就像莫臥兒王朝坐象轎的後宮嬪妃那樣。這次去香港，我不僅頭一次看到輪船和發動機，我還頭一遭看見西洋人——看得我那一會兒目瞪舌撟。這些西洋人長得稀奇古怪的，留着棕色的頭髮，言行舉止無拘無束。但是，那些西洋仕女和他們手挽手，踏着一雙「天足」（big feet），一路上談笑風生，卻沒有丁點兒含羞害臊的感覺。總的來說，儘管我覺得西洋仕女舉止招搖「不正經」，和老家人的言行舉止迥然不同，但她們身上流露出來的那份逍遙自在，卻激起了我心裡的某種共鳴。遠遠地

看着她們，就某種程度上來説，我滿心喜歡她們的一顰一笑 —— 無拘無束、自由自在。我當時並沒有意識到是甚麼原因，但我對西洋仕女的好感無疑源於這樣一個事實，那就是我和她們性別相同 —— 於是，我迎面朝她們走過去，而不是羞答答地躲到一邊。

人們初來乍到香港，看見這些全新景象，或許會覺得眼花繚亂、錯愕不已，我的反應卻恰巧相反，一路上手舞足蹈、大呼小叫，像隻撒歡的小狗跑來跑去 —— 到處提問，見啥問啥，對每件新鮮事雀躍不已，四處跳上跳下。即使頭次體驗到「暈船」的滋味 —— 我的胃居然晃動得那麼厲害 —— 但絲毫沒有澆熄我的滿腔好興致。我當然知道，要不是母親心慈面軟、柔聲和氣，沒準早氣得給我一耳光了。

香港這座城市早期的大部分房屋，是我祖父當年一手營造起來的（A great deal of the city of Hongkong had been built by my grandfather）。我祖父那個年代的年輕人循規蹈矩，全都擠擠撞撞地走在科舉考試的「獨木橋」上，無非是渴望「學而優則仕」，我祖父卻另闢捷徑、棄文經商，在他那個時代也算是標新立異了。祖父主要從事房屋開發、租賃，還兼做其他生意。在香港，人們如今提起我祖父鄭姚的鼎鼎大名，語氣裡依然流露出尊崇敬畏，因為他不僅是個日進斗金的生意人，而且積德行善、矜貧救厄，給香港的窮寒人家辦了很多慈善事。祖父晚年，儘管積攢的大半財產「打了水漂」，很多房屋易了主，但我去拜訪他以前雇用的經理人，他們對我噓寒問暖，照顧得無微不至，還一個勁兒地奉承我，主要因為我是「鄭姚大老爺」的後人。

我提了好多幼稚可笑的問題。比如説，我很想弄明白，那些機器為甚麼轉起來就沒完沒了？等等。事實上，我的好奇心太過貪婪了，以至於我在大班的辦公室裡遇到的西洋人士驚歎道：「天哪！這個小姑娘啥都想知道呀！」有人幫我翻譯了這句西洋話，我也就記在心裡了，因為我感到很是困惑。我當時的想法是：難道不是每個人都要「上知天文、下知地理」嗎？接下來，我又提了很多問題。

總而言之，我們在香港一刻不閒地遊玩了三週，接着乘輪船上天

津，再從天津坐火車上北京。當然，坐火車也是平生頭一回。我不想細說自己在整個旅途中有甚麼出格「表演」，一言以蔽之，作為一個頭次出門遠遊的小旅伴，我還真不是一盞省油的燈。

火車開進北京城，父親沒來接我們；相反，他只派來了一個傭人，我那會兒感到又難過又傷心。[①] 稍後，我們在父親家裡見了面，我第一眼就迷戀上了父親。

終於見到了父親，我高興得忘乎所以；但對於我母親來說，這番夫妻相見並無多少喜樂可言。他們拘謹有禮地打過招呼，彼此都覺得生疏、尷尬，倆人沒有絲毫親熱的舉動，而且，這個一開始就碰到的「大疙瘩」，始終沒有解開。我們待在北京的那些年月，父母感情也有過融洽的時候，那多半是我這個小女孩耍花招使然。但總的來說，我父母別離日久、感情日疏，再也無法回到當初花好月圓的好時光。

在接下來的那個月，有天深更半夜裡，哥哥把我叫醒了，神秘兮兮地示意我跟他走。我們出了房門，穿過花園，來到母親的臥室，卻發現裡面闃無人影。於是，我們走進與臥室相連的後院，看到母親跪在一個小神龕前啜泣、禱告。我們站在旁邊聽了好一會兒，從母親的片言隻語裡聽得出來，她想尋短見。我們一陣風似的跑過去，哭着安慰母親，哀求她千萬別拋下兒女，兒女們是這樣需要她、離不開她。最後，母親總算答應「永遠不會離開你們」。

我父親身材高大、閒靜少言，臉上老是掛着睿智而又風趣的笑容。我們父女一見面，父親就被我嚇了一大跳，後來又覺得樂不可支。他從未見過像我這樣熱情奔放的小女孩。當然，對於這個循規蹈矩的朝廷命

---

① 鄭毓秀此處記憶或許有誤，其英文自述《來自中國的少女》第九章曾經寫道：「我們從車窗裡探出頭來，仔細尋找一個人，但如何尋找、怎樣在人海裡找到那個人呢？我轉過身來，很是灰心喪氣。就在這時，我看見一個高個子男人走進了我們的車廂。我不知所措，説不出話來。但我一下子就知道那是我親愛的父親。」「父親看着我們，滿臉笑容，態度和藹，把我抱在懷裡，似乎很高興。從那一刻起，我知道父親疼愛我。父親沒有擁吻我的母親，他們沒有説一句話，倆人似乎都覺得很尷尬。我相信父親對這次夫婦見面感到高興，但他又似乎覺得，按照當時的習俗，不能在公開場合對女眷流露出所有的情感。於是，他把我緊緊抱在懷裡。」

官來說，我那求知心切的頭腦和旺盛的精力，都是一種少有的震撼。不過，父親很快就接納並喜歡上我這副模樣了。不出一週光景，我這個來自廣東新安縣西鄉墟的鄉下小女孩，很快就和多年未謀面的父親締建了親密的父女感情。我簡直成了父親的「開心果」（a sort of mascot），他到哪兒去都會帶着我，一路上耐心地回答我的各種提問，還給我講了好多異趣見聞；父親對我寵愛有加，就像對待自己最寵愛的兒子。實際上，我很快也要換上男孩子的裝束了，因為一個女孩子在公共場合露臉，或者乘坐敞篷馬車，很容易招來旁人的閒言碎語。女兒家在外面拋頭露臉，在當時怎麼說都是行不通的。為了妥善解決這個難題，父親讓我穿上男孩的短褲和寬鬆的襯衫。當然，我的頭髮也剪短了，這樣一來，就很容易被人當成個小男孩了。

第二章

CHAPTER TWO
Early Education and Betrothal

早年教育與訂婚

我們離開廣東老家之前，我已經上學了，就某種程度上來説，我在綺雲書室①念了兩年左右的「女塾」。家裡聘請了一位老秀才上門教「女館」。老秀才是個很有趣的乾瘪老頭兒，留着又長又細的辮子，戴着一頂瓜皮小帽，鼻樑上架着一副厚厚的玳瑁邊眼鏡。老秀才一旦給我們這幫蒙童惹惱了（原註：這通常是我惹下的亂子，我老是扭來扭去坐不穩），他那把又長又細的白鬍鬚就會抖個不停，我們一看這架勢就知道，有個調皮鬼的掌心要捱戒尺了。

老秀才教我們怎樣寫簡單的漢字，也就是跟着他學「描紅」。我們高高興興地握起一管毛筆，在硯台上醮好墨汁，一筆一劃地描畫偏旁部首，撇、捺、橫、豎、點、折、鈎，就像把每個偏旁部首仔細畫出來一般。

我們還通過朗誦《三字經》《弟子規》《千字文》這種方式，學習了儒家學説的基礎知識。儘管對於我們這群喜歡蹦來跳去的孩子來説，這套死記硬背的教學方法未免太過於枯燥無味，但其自身仍然具有無法替代的價值。比方説，我們從小就訓練出了照相機般過目不忘的記憶力，尤其是，我們老早就養成了專心致志的讀書習慣。

---

① 鄭毓秀的祖父鄭姚出面主持重修了西鄉墟正街。光緒四年（1878），他倡議重修鄭氏宗祠，並創建綺雲書室，供村中子弟讀書。綺雲書室位於寶安區西鄉街道樂群社區，建成於清光緒十一年（1885），建築佔地 3600 多平方米，是深圳歷史上最大的私人書室建築，被譽為「深圳的陳家祠」。

深圳市寶安區西鄉「綺雲書室」門樓（柳江南 攝影）

綺雲書室裡的對聯：「馬帳傳經語入微而愈慎，程門立雪時雖久且猶恭」
（柳江南 攝影）

我這次來到美國後①，發現老師經常在小學生的成績單上批寫「馬莉是個好孩子，但聽課注意力不集中」之類的評語。但是，我們中國小學生很少出現類似情況，因為不管三七二十一，他們在背誦枯燥乏味的經典著作過程中，獲得了一份最寶貴的財富 —— 學會了如何學習。現在大多數孩子依然如此。儘管和其他種族的孩子一樣，也有許多蒙童平時心粗氣浮，幹起甚麼事來都馬馬虎虎的，但是，他們一旦坐下來讀書學習，心思就會專注得像塊吸水的海綿。

為了免得讀者認為我們中國的小孩子都是些迂腐不堪的「小學究」，我要趕緊解釋一下促使他們埋頭苦讀聖賢書的一個重要原因。

數百年來，讀書人在我們國家享有崇高的社會地位 ——「士乃國之寶，儒為席上珍」。事實上，傳統社會裡最重視的是「士」(scholar)，他們排在四民 (士、農、工、商) 之首，其次是耕田種地的農民，再次是百業工匠，最後才是富商大賈。與西洋文明不同，「士」的身份不像其他職業那樣可以「世襲」或授受傳承，「士」並非一個獨立的社會群體，而是通過科舉考試從各個不同階層選拔出來的，那些出類拔萃的士子被任命為政府官員。任何一個飽學之士都渴望通過科舉考試，獲得「功名」與朝廷授予的「官爵」。這也就不難理解，為何那些胸懷大志的士子「頭懸樑、錐刺股」，「兩耳不聞窗外事，一心唯讀聖賢書」，一門心思參加科舉考試，因為這是一條通往名望與財富的便捷途徑，正所謂「十年寒窗無人問，一舉成名天下知」。

我在北京待了幾週，父親或許為女兒的未來着想，勸我把精力放在學業上，於是把我送進了城裡的一所女子學校。我在這所學校裡，開始認真學習中國古典文學和歷史文化，但這充其量只是個「跳板」，有助於找到一個更適合於自己的靈活、自由的學習方法。比方說，由於父女之間無話不談，我從父親那裡聽到的故事傳說、官場八卦，以及各類有關

---

① 1941年魏道明被重慶國民政府任命為駐法大使，同年秋，魏道明、鄭毓秀夫婦擬由駐美國轉赴法國，因為戰局遽變未能到任。1942年，魏道明繼胡適之後出任駐美大使。

當前混亂政局的花邊新聞，都可以拿來彌補課堂教學內容的不足。父親無論去哪兒消遣都喜歡帶着我，戲樓呀，茶館呀，戲園子呀，等等；當然，他供職的戶部屬於例外。尤其值得一提的是，父親還時常帶着我上酒樓，他和同事時常在那裡討論公務，交流對時局的看法。

現在回想起來，這幅場景或許令人忍俊不禁：一位身材高大、令人尊崇的朝廷命官，竟然時常帶着個蹦蹦跳跳的「小傢伙」，一同出入類似今天咖啡館、俱樂部的地方，這在京城裡肯定很惹眼。當時的確成了人們茶餘飯後的談資。我感到幸運的是，我父親那時肯定認為，寧願聽到旁人的流言蜚語，也總比把女兒整天關在家裡好得多。

孩子們聆聽成年人之間的談話，可能會覺得沉悶乏味，我卻對每場談話全都聽得着了魔、入了迷。我覺得自己對時局政治萌發興趣，應該就是這個時候開始的。儘管我當時已經十二歲了，肯定還是聽不大懂大人言談之間的許多「弦外之音」，更別說心裡形成任何具體想法了。但我已經朦朦朧朧地意識到，自己所處的時代正面臨諸多嚴峻的問題；國家當時正處於一個動盪不安的年月，我認為自己對革命運動 (the revolutionary movement) 悄悄地有了好奇心，正是這場運動開始興起的年頭。

其實，我還算是出生於一個頗幸運的年代。儘管我們的國家依然由歷史上最後一個封建王朝清政府統治着，朝野上下已經開始對改良、維新和現代思想發生了興趣。事實上，官僚階層內部出現了一個進步的政治派別。「洋務派」與「清流派」兩方人馬交替掌權、輪流失勢，正所謂「亂哄哄你方唱罷我登場」。「百日維新」期間，年輕的光緒皇帝嘗試變法圖強，頒佈過一些新法令、新政策、新措施，曾經有過短暫的嘗試，但慈禧太后再次獨秉朝綱之後，全面廢除了「戊戌新政」。然而，隨着「改良」的呼聲日益高漲，統治集團內部輿論逐漸傾向改革，慈禧也只能被迫聽取奏議、或多或少採取了一些進步舉措。於是，她在「義和團」事件後推行「清末新政」，其中就包括廢科舉、辦學堂，一些具有現代氣息的小學堂、中學堂、大學堂以及西洋風格的大學堂，也就應運而生了。

「清末新政」還包括軍事、官制、法律、商業、社會諸多方面的一攬子改革舉措。

大約在 1900 年左右，有個知名學者寫了篇題為《論天足》（On Natural Feet）的文章。倘若此文發表在 15 年前，人們大抵會視之為異端邪說，免不了口誅筆伐，鳴鼓而攻之。但這篇文章發表後產生很大影響，一些思想開明、富有學識的父親，不僅不再逼迫自家女兒裹腳了，反而悄悄地讓她們的雙腳按照正常尺寸生長。

最後要說的一件事是，在過去的十五年裡，富家子弟陸續赴歐美遊歷求學，逐漸蔚成一股社會風氣。儘管還沒誰公然替女兒張羅出洋這件事，但是，已經有些當父母的，開始考慮把兒女教育放在同一條起跑線上了。所以，就總體而言，我心中那顆渴望出洋求學深造的種子，並沒有濺落到一塊寸草不生的瘠地上。

初到北京頭幾年，除了上學以及每天和父親度過的短暫時光，我的生活和在廣東老家時幾乎沒啥兩樣。儘管日子過得不鹹不淡、枯燥乏味，但是北京實在是座美麗迷人的城市，這裡有金碧輝煌的皇宮，香火鼎盛的廟宇，狹窄的胡同裡開滿了古董舖子，寬闊的大馬路四通八達，柳樹的枝條沿途招展，大街上擠滿了慵散、愉快的遊人。北京還有居民酷愛的戲樓、戲園和茶館，人們不是整天坐在自家庭院裡的樹蔭下消磨時光，就是鑽進一家茶館，舒舒服服地喝茶聊天。與其他大城市相比，我們在北京可以看到更多形形色色的人物：身披袈裟的僧侶喇嘛，髮型別致的滿洲女子，蒙古人和他們馱滿貨物的駱駝隊，達官貴人和他們的誥命夫人。另外，最吸引孩子們眼球的，莫過於那些街頭藝人了——玩雜耍的、變戲法的、吞劍藝人，還有各類雜技演員，等等。

母親的社交時間通常都安排在下午，她乘坐一輛密不透風的馬車，走大街、串小巷，禮節性地拜訪自己的女伴，以及丈夫同僚的女眷。我經常陪母親走親訪友。這種社交生活確實也有其迷人的地方，但就整體而言，既無聊又無趣。我只能規規矩矩地坐在那裡，聽她們聊個沒完沒了，無非是衣服呀，傭人呀，物價呀，還有其他瑣碎小事，等等。她們

聊起天來正襟危坐、拘泥有禮，一本正經地扯淡，實在沉悶乏味極了。我覺得上學讀書或者陪父親聊天更有意思。

我十三歲那年初冬季節，祖母抱怨自己在廣東老家過得寂寞乏味，想來北京和兒孫團聚。祖母是十二月份來到北京的，還帶了一幫子傭人。一開始，祖母藹然可親，待人接物慈愛和善，大部分原因是，她初來乍到的十天半個月裡，大家按照北京的禮儀習俗，忙不迭地輪流給她老人家接風洗塵，以表示對她的尊崇愛戴。儘管這有點兒小題大做，老祖母卻感到稱心如意。

可是沒過多久，老祖母喜歡操辦家務的「女掌櫃」老脾性又發作了，開始對我母親挑三揀四。於是乎婦姑勃豀、了無寧日，家庭氣氛又搞得像她倆在老家時那樣緊張。我父親感到左右為難，他此時的作法，用西洋的說法就是——「哪裡快活哪裡躲（moving to the club）」。我們和父親見面的機會日益稀少，即使我耍盡了各種小花招，照樣沒法把他拴在家裡。不管出於怎樣的想法和目的，父親又躲進了自己的那個「安樂窩」。

大約就在這個時候（原註：儘管我長了一雙「天足」[normal-sized feet]），有些大戶人家操心起我的「終身大事」來了，紛紛在我父母面前提親說媒牽紅線。當然，按照那時的老規矩，子女的「終身大事」，必須遵循「父母之命、媒妁之言」——無論是我還是那個陌生的年輕人，誰都插不上半句話。

祖母對於說媒呀、訂婚呀、彩禮呀，一律感到興高采烈，很快就接手操辦這攤子事了。父親在祖母的一再慫恿催促之下，從眾多人選裡為我擇定了某個自己中意的「乘龍快婿」，男方的父親身膺廣東總督。當然，老祖母對此心滿意足，因為男女雙方正所謂「門當戶對」；男方家裡有權有勢又有錢，祖母認為這比啥都重要。

我從未想過婚姻應該是個甚麼樣子，只是覺得，這件事看起來既漫長遙遠，又顯得虛無縹緲。但是，祖母整天陶醉於興奮之中，開始巴望着孫女早點兒定下這門親事，我也就模棱兩可地默許了。因為，我隱約覺得「訂婚」這件「喜事」，或許可以讓我們這個吵成一團的家，好好地

平和一陣子。不管怎樣，我猜想離結婚的日子反正還很長，自己不用為此事勞心費神。但是，時過不久，依照舊時禮俗，家裡舉辦了一場隆重的「訂婚宴」。當然，也是依照那時的老規矩，我和那位素未謀面的「未婚夫」，誰都不能在「訂婚」儀式上出頭露面。

但是，我實在耐不住一腔好奇，悄悄地躲在簾子後面，仔細觀看「訂婚」儀式一幕幕陸續搬演。顯然，我的「訂婚」儀式成了老祖母的「表演秀」(show)。她被一幫親人擁到小舞台上，坐進一張太師椅，親朋好友圍了一圈。突然響起了喇叭聲，媒妁——我「未婚夫」(法語：fiancé)家的代表——走進大門來，「未婚夫」家的人排成一行，恭恭敬敬地走到祖母面前。緊接着，我又聽見激越悠揚、略帶傷感的笛聲，四匹白龍馬踏着碎步，披掛着鎏金紅馬鞍，胸首披着紅繡球。牽馬的傭人一律身穿制服，頭戴插有羽毛的帽子。馬背上馱着幾個裝滿水果、禮品的大籃子，還有送給我的金手鐲、玉胸針、耳環墜飾、珍珠髮簪，以及一匹匹色彩鮮豔的綾羅綢緞。人們陸續走到祖母面前屈膝跪下，恭請「萬安金福」，行叩頭禮，腦門子碰得地板咚咚響。老祖母喜氣洋洋地坐在那裡，煞是享受這種奉承。

「訂婚」之後又過了幾個月，老祖母完全適應了北京的生活，開始沉浸於孫女即將「出閣」的想像裡，我則盡可能地對這檔子事不聞不問。後來有一天，旁人悄悄地告訴我，我的「未婚夫」希望明年的某個時候舉行「合巹之禮」。媒妁很快就攜來「未婚夫」父母親下的「請期禮書」；「請期」俗稱「送日頭」或稱「提日子」，也就是由男家擇定結婚佳期，用紅箋書寫男女生庚（請期禮書），由媒妁攜往女家，再和女家父母商量迎娶的日期，而這份送來的「請期禮書」上面，已經寫明「未婚夫」家選好的「黃道吉日」！我那時真是驚惶失措——嫁給一個根本沒見過面的陌生人？這個想法嚇了我一大跳。而且，根據我哥哥及其朋友對這個少年郎的描述，這個人並不討人喜歡。他大約只有十八歲，據說是個嬌生慣養的大少爺。當然，他已經有了一個有名無實的「官銜」，傳言那是他父親花了筆銀子「捐」來的。

　　我哥哥又陸續探聽到一些與他有關的搞笑花絮，聽起來同樣令人沮喪泄氣——我那位「未婚夫」沒有絲毫上進心，充其量不過是個紈絝子弟罷了；僕人整天伺候左右，如影隨形，隨時供他差遣。此外，從我「未婚夫」的一些行為看來，他不僅言行上墨守成規、冥頑不化，思想觀念上也是陳腐落伍的。

　　比方說吧，我們家裡裝了一部電話，我通常打電話到戶部衙門裡找父親。可是我哥哥說：我「未婚夫」家裡人一聽說我們家裝了電話，就大聲嚷嚷說，這玩意兒是西洋舶來的奇巧淫技，他們絕不允許家裡出現這種「舶來品」。從這件小事兒看得出來，我「未婚夫」家對於每件新鮮事情，又是抱着怎樣的拒斥態度。而且，我還發現，我那個未來的「公公」並不認同「現代知識女性」。他曾經這樣評說我：「她學的東西已經太多了。她應該整天待在閨房裡，而不是到處拋頭露面。在咱們這個國家，自古講究的是——『丈夫有德便是才，女子無才便是德』。」

　　這些話也陸續傳到我父親耳朵眼兒裡了，他覺得心裡不太好受。我看得出來，父親開始擔心起這門「婚事」了。父親儘管滿腹經綸、性格和善，但他本質上因循守舊、膽小怕事，很難做出甚麼出格的事兒，也絕對不允許任何激進、極端的事情發生。

　　然而，在我的苦苦哀求下，父親確實開始考慮解除「婚約」這件事兒，但前提條件是，既可以禮節周全地解除這份「婚約」，又不至於鬧得兩家人傷了顏面。父親找到媒妁，花了幾週時間磋商此事，試着由媒妁出面具體交涉，但這場交涉一直沒個頭緒。我開始不耐煩了，悄悄地說服了哥哥——他完全站在我一邊——請他幫我給「未婚夫」寫封信，委婉地說明我的感受。我哥哥那封信的大旨是：除非我未來的丈夫對現代世界有所了解，否則，我在婚姻生活裡找不到絲毫幸福感；兩個思想觀念圓鑿方枘的人捆綁到一起，這種婚姻只會讓我苦不堪言。

　　我想當然地認為，哥哥這封信寄出去了，事情也就告一段落了，那個少年郎更有了解除婚約的正當「藉口」。但他比我想像的要執拗多了。他根本沒把我的想法當回事兒，不管怎麼說，他至少給我哥哥寫了回

信:「令妹想法大都甚好,遺憾的是,我無法如令妹所願」,接着,他又拿腔拿調地說,「仁兄您可別忘了,我身為朝廷命官,肩負牧民重任,豈敢辜負浩蕩皇恩?」這樣一來,解除「婚約」一事毫無進展。父親覺得「退婚」這件事大失臉面,他為之心煩意亂,後來乾脆置之不理了。

「解鈴還須繫鈴人」。最後,我終於忍無可忍,快刀斬亂麻般了斷這個棘手難題。事實上,我根本沒有意識到自己做了一件驚世駭俗的事。那時我不僅認為自己已經長大成人了,而且在自作主張解除婚約時,我在細節上也頗費一番思量。我給「未婚夫」寫了一封禮節周全的信札:「你為何不娶個天造地設般的佳人?我即將遠赴美國或歐洲完成學業,這與你對婚姻的期許肯定扞格不入。」然後,我又寫了幾句安慰話,勸他重起爐灶另開張,「娶個花容月貌的淑女吧,郎才女貌,天生一對,你為朝廷效忠盡力之際,她可以待在家裡相夫教子」。

這封「休書」寄出不多久,各種紛擾喧鬧接踵而至,簡直令人難以置信。據我所知,從來沒有哪個大家閨秀會像我這樣,主動做出「退婚」這種莽撞事。男女雙方家庭,尤其是我的家人,頓時感到顏面盡失、名聲掃地。我父親震驚得張口結舌,半天說不出一句話來;更不消說,老祖母驚嚇過度臥病在床,一副尋死覓活的模樣。母親是家裡唯一暗中支持我的人,「退婚」這件事雖然令家門蒙羞,但她依然暗自慶幸女兒沒有稀裡糊塗地被裹挾進婚姻的「圍城」。母親哭得戚戚哀哀的,但更多的是出於對我的憐愛,而不是這椿「婚事」無疾而終。儘管一家人籠罩在悒悒不樂的氣氛裡,整個家庭為此付出了巨大代價,但我終究還是贏得了這場抗爭。

解除婚約後大約過了一個禮拜,全家老少聚在一起,商討下一步應該怎麼辦。我抓住這個機會,提出了赴歐洲留學的想法 —— 想必家裡人也樂意我及早走出家門。但是,第一次出門就漂洋過海,似乎步子跨得太大了。家人最後商定,既然我必須離開北京一段時間,去外面避避風頭,就決定送我到天津的女子寄宿學校讀書 —— 這所學校是由美國傳教士開辦的。我聽了心裡很高興,儘管不是直接赴歐洲留學,總比原地

本 校 全 景

天津教會崇實女子學校校址以及《崇實》校刊（資料圖片）

踏步好得多。實際上，這就意味着我為自己謀劃的出洋留學計劃實現起來，比預期的進度要早多了。

　　天津崇實（Chung-Si）女子中學是一所寄宿學校，我打算在那裡待上半年左右。這所學校的名字又稱「中西女中」（School of the East and West），從字面上看來是一所「中西合璧」的教會學校。[①] 這所學校由兩名美國女傳教士管理。我記得其中有位西洋女教師，我們都叫她的中文名字——「明小姐」（Miss Ming）。我迄今還清楚地記得，明小姐是個身材高挑的老處女，為人拘謹而又和善。但不幸的是，她時常為唇邊的汗毛太重苦惱不已，有些調皮搗蛋的女生背後八卦説，明小姐每天早晨都要刮鬍子吶。

　　我們的有些課程是用英語講授的，純粹出於環境的需要，我勤學苦練英語，很快就跟上了課堂進度。此外，從北京家裡搬到西洋人開辦的女子寄宿學校，環境的改變對我的成長來説也有促進作用，就像我真的跨出國門去了美國。我感覺自己似乎已經身處花旗邦，必須勤奮努力，好好學習一些有關現代世界的新知識。

---

① 天津崇實中學又名「中西女中」，美國基督教美以美會於 1909 年建立，校址初設於法租界海大道馬家渡口教堂內。1914 年學校經過多方捐款，於南門外南關購地二十五畝建立新校舍，1915 年落成。該校在天津最早使用了學分制並十分重視英語教學。

天津中西女中校徽（資料圖片）

　　我當時梳着很時尚的西洋髮型（Occidental style）；現在回想起來，那個古怪髮型實在難看透頂。我穿着一套自認為最新潮、最時尚的西洋仕女裝；這件衣裳也許同樣蹩腳透頂，就像西洋人嘗試穿長袍馬褂那般突兀滑稽，最好笑的是，我偏偏選了一件最糟糕的款式。此外，我還戴了頂西洋帽子——記得是一頂高高的、圓筒寬邊西洋禮帽，帽檐上點綴着各式裝飾——由於初次戴上西洋禮帽，我實在着迷不已，即使回到寢室裡，同學們苦口婆心勸了好久，誰也沒辦法說服我摘下它。至於緊繃繃的塑形胸衣，那可就對不起了，我年幼時就拒絕了「裹腳布」，如今怎能容忍得了身上套個「馬甲」（corset：緊身胸衣）呐？

　　學習西洋餐桌禮儀也是一項全新體驗：我學會了怎樣喝下午茶，不是像我們以前那樣端起小茶碗喝茶，而是在大茶杯裡加上糖和牛奶。我開始喜歡上了麵包、黃油和吐司，學會了用刀叉代替筷子。最具有顛覆性的一件事情是，我平生第一次做體育運動。每天一大清早，我們到操場上慢跑或散步。我在崇實女中養成了愛運動的習慣，可以說終身受益匪淺，因為，體育運動對平復心情有種奇妙的鎮定作用；時至今日，一旦心情欠佳或略感身體不適，我會出門散散步，心情隨後也就平靜下來了。

　　當然，管理這所學校的女傳教士們一秉虔誠，我們的禮拜天全都花

在宗教儀式上，唱詩、禱告、讀經、證道（宣講教義）、懺悔、奉獻（為教堂募捐）、祝福，等等，或者要我們安安靜靜地坐在那裡，默思靜想、親近上帝。但是，這就意味着禮拜天啥事都做不了。起初，我心甘情願地贊同「做禮拜」，主要是想當個「好學生」。然而，我那時對任何宗教都沒有特別的興趣。很快的，禮拜天似乎變成了世界上最乏味枯燥的日子。與此同時，由於我迫切渴望把握好這個受教育的機會，覺得參加宗教儀式簡直是浪費時間。於是，我去找到校長，問她：能否免去我「做禮拜」的義務？我想用禮拜天的時間好好讀點書。一開始，校長回絕了，並說，她覺得我有責任參加這項活動。但我早就暗自編排好了一套理由，贏得了她的信任。我對校長說，由於我的宗教信仰尚未確定，覺得目前應該抓緊時間盡可能多學些知識；既然我已經嚴格執行學校的各項規章制度，並不排斥校方舉辦的宗教儀式，學校能否也考慮一下我個人的想法呢？校長終於很勉強地讓了一步。此後每逢禮拜天，我都會獨自遨遊書海、其樂無窮，即使有些典冊並不屬於指定的課堂讀物。

　　這是我首次接觸西洋模式的正規教育。它與幾百年來中國女子在家裡接受的「女塾」教育判若天壤。中國傳統女子教育的目的在於，把她們培養成為未來的「賢妻良母」。「女德」（The womanly virtues）教育則是重中之重。對女子所有的諄諄教誨，都是為了要她們從心底欣賞並踐行「三從四德」「三綱五常」，以便日後適應或成為人人稱道的「賢妻良母」這個角色。有鑒於家庭在中國社會結構中起着至關重要的作用，可想而知，這套「女德」教育模式在女性身上實施起來是多麼自然恰當。而且，「女德」教育與中國傳統文化理念沆瀣一氣、水乳交融。但是，培養年輕女性在外界事務中比過去有更多作為的新想法，已經讓我和其他持有類似觀念的女性產生了興趣。我不願也不會按照中國傳統女性的模式成長。我覺得在這個已經開啟的「過渡時代」（transitional period），有一個特殊的角色等着自己扮演，接受適當的教育則可以為我未來的工作奠定基礎。現代世界正在以其無法抗拒的力量吸引着我，沒有甚麼東西能夠阻止我實現自己的目標。

第三章

CHAPTER THREE
The Empress Dowager and the Abortive Reforms

慈禧和「改良」的流產

這個時候（原註：1908 年），我們中國仍由清王朝最後一位鐵腕人物，也就是慈禧（Tzu His）統治着。大清帝國表面上看起來依舊貌似強大，但實際上由於內憂外患接連不斷，正面臨着土崩瓦解的危機。然而，「老佛爺」（old Buddha）—— 清末對慈禧的專稱，人們有時也稱其「皇太后」—— 依然憑藉其蠻橫粗暴的政治手腕，牢牢地駕馭着這個分崩離析的帝國。

當時中國的複雜局勢是西洋現代文明對中國古老文化衝擊之後，兩種文明之間無法調和、對立衝突造成的。從本質上來講，我們中國人對太平盛世情有獨鍾，由於歷史文化源遠流長，文德教化程度日益登峰造極，正所謂「浚哲文明、溫恭允塞」、「文明之世、銷鋒鑄鏑」，人們盡情地享受文明之花結出的累累果實。國人普遍的價值觀是 ——「力戰者未必獲勝，捷行者未必奪冠」（the battle was not to the strong nor the race to the swift of foot）。恰恰相反，榮譽應該歸功於儒家學說推崇的「君子」（Chun Tse）—— 智者（scholar）、賢人（gentleman）與聖哲（superior person），他們的一言一行都建立在亘古不變的理性和道德準則基礎之上。在人際關係中動用強權暴力為人不齒，正如孟子所言「以力服人者，非心服也，力不贍也」。這種訴諸理性的文德教化，滲透進社會各階層民眾的內心世界，無論是位高權重的士大夫，還是為衣食奔波的販夫走卒，無不奉為圭臬。人們恰到好處地引經據典，恰如其分地凸顯其自身優越感、道德感，接着指責對方的詰難屬於「豈有此理」，就能一勞永逸地挫敗對手，藉此維護自家的體面以及其他權益。

在人類共同努力的其他領域，由於建築藝術的高度發展，國人的

居住環境美輪美奐、珠圍翠繞，庸常生活與高雅藝術融為一體。丹青妙手繪出一幅幅跌宕遒麗的山水長卷，牙雕藝人創作出精美絕倫的象牙雕刻，陶工瓷匠燒製出釉彩各異的美麗花瓶，絲織匠人織出一匹匹色彩斑斕的綾羅綢緞，園藝工匠熱衷於栽培各種奇花異卉，進而發展出一門令西洋人士歎為觀止的園林藝術。總之，所有這些以及其他領域裡取得的成就，充分體現了國人引以為自豪的日常生活與文化方面的基本特徵。

當然，我們中國並非《聖經》裡描繪的那種到處「流淌着牛奶和蜂蜜」（a land of milk and honey）的富庶之邦，或者更恰當些說，中國是個「蓮花盛開、茶香四溢」（lotus blossoms and fragrant teas）的國度。迄今為止，從來沒有哪個國家達到過如此幸福完美的文明程度。但是，就總體來說，我們中國人已經形成了一套穩定的價值觀、饜足於自給自足的生活方式。儘管偶爾發生零星的動亂、局部爆發災荒與饑饉——這是所有國家的共同經歷，但就整體上而言，我們國家還算得上是個疆域遼闊、國泰民安、豐衣足食、安居樂業的東方帝國。

與此同時，地球另一端的日不落帝國如日中天，他們的文明觀念、風俗習慣與我們截然不同。英國的工業革命不僅推動歐美國家發生了巨大變革，這種變革的力量注定對地球上最遙遠的角落產生影響。

最後，這些異邦人士來到我們國家，看到了一派祥和靜謐景象。倘若他們以正常的商貿方式來到中國，自然會受到歡迎。然而，不幸的是，他們敲打中國的大門之際，一手拎着西洋貨，一手拿着火藥槍；很自然地，不管站在大門口的這個外來客是誰，光是這副打扮就令人疑竇頓生。此外，這兩個截然不同的文明在當時彼此相知甚少，誰也沒想到試圖努力了解對方。人們完全可以理解，後來發生了甚麼不幸的事情。

在此期間，時常聽到歐美人士指責我們中國人「排外」（anti-foreign）。如果「排外」一詞，意味着中國人對異邦人士懷有敵意與偏見，那就大錯特錯了。事實上，我們中國人實際上排斥的是某些外國人採取的「手段」，而並非反對外國人本身。事實上，我們中國人或許是世界上最寬宏大量的民族之一。馬可·波羅在中國的遊歷就是最雄辯的證明。

然而，就馬可‧波羅而言，他並沒有帶着槍炮來敲門。恰恰相反，他是來遊歷、觀摩與學習的。馬可‧波羅對於東方禮儀之邦讚歎不已，對於中國的器物文明、制度文明着迷不已。身為中國的「客卿」，馬可‧波羅的行為舉止優雅得體。相對而言，朝廷也給予他充分的禮遇與尊重。事實上，他的藍眼珠並不妨礙自己交朋結友，與中國人共用友誼之果，皇帝還欽封其榮任帝國重臣、授予其崇高的榮譽。

令人深感遺憾的是，馬可‧波羅時代出現的這幕如沐春風般的和諧場景，在我們要討論的這個時代並不存在。中西關係（Sino-foreign relations）目前遭遇的最大障礙，就是彼此缺乏了解、相互缺乏信任。倘若雙方同時下決心了解對方的行為與動機，那麼，中西關係將會出現一個多麼光明、美好的前景？事實上，這一切看起來實在太不可思議了，而且，雙方根本沒有採取任何具有建設性的積極措施，調和消弭彼此之間的敵對態度。

正是在這樣一個複雜多變的大時代氛圍裡，原本只是嬪妃的慈禧在咸豐皇帝龍馭上賓之後，逐步從正宮娘娘手中奪得權力。慈禧生性聰明大膽，行事老辣幹練，尤其擅長宮廷權力角逐謀略。她極度貪婪自私、伺機而動，直到攫取了覬覦日久的權力。1861 年，咸豐皇帝駕崩於熱河避暑山莊，慈禧之子同治入承大統，她與孝貞顯皇后兩宮並尊，稱聖母皇太后，上徽號「慈禧」，垂簾聽政；後來聯合慈安太后（即孝貞顯皇后）、恭親王奕訢發動辛酉政變，誅殺顧命八大臣，奪取至高無上的權力，形成「二宮垂簾，親王議政」格局。

然而，年紀輕輕的同治皇帝體弱多病，而且放蕩不羈，常常微服溜出宮門，在城裡花天酒地。據說，是慈禧縱容他「如此這般」。同治皇帝最後染上了天花，同治十三年（1875 年）崩逝於皇宮養心殿。此刻，巧捷萬端的慈禧火速出手 —— 一擇其胞妹葉赫那拉‧婉貞[①] 年幼的兒子榮

---

① 慈禧太后胞妹婉貞為醇親王奕譞嫡福晉，奕譞為咸豐帝異母弟。

慈禧太后（1835—1908）
即孝欽顯皇后，葉赫那拉氏，咸
豐帝的妃嬪，同治帝的生母。晚
清重要政治人物，清朝晚期的實
際統治者。

登大寶，改元「光緒」，慈安、慈禧兩宮太后繼續垂簾聽政。

　　到了後來，年輕的光緒皇帝開始與慈禧齟齬不斷。光緒皇帝現在已
經二十多歲了，想有一番大作為，思想也很開明。他決定親理朝政、治
理國家，全面推進維新改良，並對軍事、政治以及社會制度進行了一番
大刀闊斧的改革。不幸的是，光緒這番鼓舞人心的維新改良舉措，僅僅
持續了一百天。[①]令人震驚的是，維新改良的阻力來自朝廷內部的保守
勢力，光緒變「祖宗之法」的新思想、新作為，令他們有種五雷轟頂般的
恐懼與震驚。

　　最後，光緒被自己寵幸的大臣們，尤其是被袁世凱（原註：這個名
字，我在後面還會經常提到）出賣了。時過不久，光緒被幽禁於中南海

---

① 這次變法史稱戊戌變法、百日維新，是晚清時期維新派人士通過光緒帝倡導的資產階級改良
　運動。變法從 1898 年 6 月 11 日開始，9 月 21 日慈禧太后等發動政變，光緒帝被囚，康有
　為、梁啟超出逃，譚嗣同等戊戌六君子被殺，變法失敗，前後歷時 103 天。

光緒皇帝（1871—1908）
清德宗愛新覺羅·載湉，清朝第十一位皇帝。父親醇親王奕譞，
生母葉赫那拉·婉貞為慈禧皇太后親妹。在位三十四年，年號
「光緒」。

瀛台，煢煢孑立、形影相弔。慈禧甚至偽造了一份光緒聖旨，這份「詔書」大致內容是：光緒體弱多病，不能誕育子嗣，難以繼續當朝理政，由慈禧太后訓政。立端郡王載漪次子溥儁為「大阿哥」（即太子），作為同治載淳子嗣。預定庚子年元旦光緒帝舉行讓位禮，改元「保慶」。但是，這個「大阿哥」還只是個稚童。慈禧此舉一出，輿論洶洶，天下譁然，遭到國內外各派勢力的強烈反對，最後只得被迫終止「己亥建儲」鬧劇，廢除禪位詔書。

這樣一來，慈禧再次獨秉朝綱。她統治了中國近半個世紀之久。我們中國歷史上曾經有三個女性（呂雉、武則天和慈禧）執掌過朝政，乾綱獨斷時日最久的無疑當屬慈禧太后。她在顢頂守舊的朝廷裡，擁有至高無上、獨斷專行的權力。但是，這對於國家來說卻是一場大災難，慈禧對現代力量（the modern forces）知之甚微，甚或昧昧然一無所知，而這股現代力量正在重塑其狹窄視野之外的世界格局。

從慈禧太后 1900 年（農曆庚子年）對「義和團」事件的處理方式上，就可以看清她是怎樣的顢頂無知。「庚子拳亂」最終演變為國際軍事衝突，其高潮是慈禧以光緒的名義向英、美、法、德、意、日、俄、西、比、荷、奧十一國同時宣戰，列強國家「聯軍」藉機遠征，最後導致「聯軍」佔領北京城；這對於被迫「庚子狩獵」的慈禧來說，堪稱一場奇恥大辱。

「義和團」原本是個以「反清復明」為綱領的秘密會黨組織，其宗旨是推翻清王朝——老百姓把國家的種種不幸，歸罪於清王朝的兇狠殘暴、昏庸無道。慈禧善於操縱人心，她把「義和團」的一腔憤怒指向「洋人」，並說「洋人」的無禮橫行、肆其猖獗，才是導致國運江河日下、百姓啼飢號寒的根本原因。「義和團」又稱為「義和拳」，因為該組織的名稱有個「拳」字。他們舞槍弄棒、念念有詞，接受了特殊的精神訓練，相信自己法力無邊、刀槍不入。

我父親對於這一連串事件的態度，基本上不置可否、消極被動，從來不會妄議朝政。譬如，當皇宮信使來到家裡通知我父親，慈禧太后已

於光緒三十四年十月二十二日未正三刻（1908 年 11 月 15 日 17 點）在西苑儀鸞殿（今中南海懷仁堂）駕崩，他既沒有流露出絲毫高興的神色，也沒有表現出點滴的震驚。父親也只是像個評論家那樣不露聲色、言簡意賅地評說道：「老佛爺之死，對中國來說或許是個大解脫。中國一直是個歷史悠久、文明昌盛的泱泱大國，但在慈禧垂簾聽政期間，顯而易見，國力由盛轉衰，國勢江河日下。」父親說罷這番話，盯着桌上的果盤，旁若無事地挑了個蜜餞。

當然，我父親骨子裡「反滿親漢」（anti-Manchu and pro-Chinese）。但我認為，父親在朝廷裡身膺要職許多年，早已視清政府的統治為理所當然，再加上他天性因循守舊、墨守成規，很難做出甚麼激進出格的事情。此外，對於我父親來說，滿族人和我們漢人並沒有太大的差異，一般人也是這麼認為的。滿族人是以異族的身份推翻明朝、入主中原的，但是就種族意義上來說，他們同樣是華夏民族大家庭的一員。所以，我們又不能說「外國人」統治了中國。簡單直白說罷，中國被來自滿洲的少數民族統治着，他們的文化習俗、社會結構諸多方面，與我們漢族人截然不同；兩者之間的區別，正如佛蒙特地區的農夫不同於居住在德克薩斯州平原上的牛仔。

所以，儘管父親對我縷述清政府犯下的種種罪孽，但不管怎樣說，他實際上依舊舒舒服服地蜷縮在自己的「象牙塔」（ivory tower）裡。

然而，對我來說，眼前展現的卻是另一番景象。我曾經從朋友們那裡聽說，滿漢民族矛盾日益加劇，人們對朝廷腹誹心謗日久，目前當務之急在於必須徹底推翻這個封建王朝。由於天性桀驁不馴，我輕而易舉地汲取了早期的革命精神。我腦海裡開始形成了一個想法，那就是：我必須為自己的國家效力。任何對局勢有所洞察的人士都不難看到，我們正處於一場大動盪、大變革的邊緣。腐朽沒落的清王朝必須退出歷史舞台，我希望自己與新生的進步力量站在一起。

就在接獲慈禧太后死訊的前一天，我們還得知長期遭到幽禁的光緒皇帝龍馭上賓。紫禁城裡密不透風，人們對光緒之死詳情一無所知。茲

事體大，非容輕議，但是朝野上下眾說紛紜，普遍懷疑這位一度表明自己有「改良」作為、勤於朝政的年輕皇帝，極有可能被鴆殺於政敵之手。

中國的命運如今掌握在稚童溥儀手中——也就是那個乳臭未乾的「兒皇帝」（「Boy Emperor」）溥儀——他父親醇親王載灃則被任命為監國攝政王。這位新的攝政王一如既往地沉溺於腐朽沒落的生活方式，不願接受、不肯屈服於現代力量，而這股力量勢必要把「兒皇帝」及其封建王朝掃出歷史舞台。

我請教父親：「中國如今在『兒皇帝』的統治之下——也就是你說的那個『乳臭小兒』掌控之下——你覺得中國的未來會發生甚麼變化？」

父親的回答含糊其詞、令人氣餒。他說：「在『兒皇帝』的統治之下，國家土崩瓦解的進度只會加速，還會孳生出更多的權貴人物，皇親國戚依然像過去一樣繼續宰割吞噬我們的國家。」父親雙手攤在椅子上，一副灰心泄氣的模樣。

但是，在父親描繪的這幅色彩黯淡的未來圖景裡，畢竟還閃爍着一絲希望的亮光。「義和團」事件爆發之前的那些年月，已經有為數不多的年輕人出洋留學，他們學習西洋科技文化知識，考察西洋民主政體，從而獲得了極大的啟迪。他們下決心學成歸國，早日推翻清朝反動政權，締造一個能夠與歐美現代國家並駕齊驅的民主共和國。他們深知，中國人民在精神層面上崇尚民主自由，將會傾力支持他們的宏圖大業。

聽罷父親對於國家未來的這番悲觀評價，我當時甚麼也沒說，後來也沒有講甚麼話。但是，此時此刻，過去幾年裡所有潛在的激情，剎那間全部具體化了。我既然已經下決心要為我的國家效力，現在我有了一項隱秘的個人計劃。我聽說革命者在國內各地從事地下活動，其中有位傑出的領袖人物，目前流亡日本。於是，我當即決定東渡扶桑，一定要找到那位領袖人物，緊緊地追隨他，為把中國締造成一個共和國而奮鬥。

第四章

CHAPTER FOUR
Budding Revolutionary

初露頭角的革命者

　　與父親的這場談話，頗讓我悄悄地激動了好幾天。我和父親一向親密無間，父女之間無話不談，從未起過任何爭執，但我知道在「這件事」上，不能把他當成貼心知己。所以，我只能私下裡悄悄地做準備。我必須儘快找到一些有關流亡日本的革命黨人的更加翔實具體的資料，於是，我就悄悄地在北京四處打聽，有些人原原本本地講述了來龍去脈，讓我對「同盟會」(原註：在採用「國民黨」這個名字之前，革命黨曾經有過許多不同的名稱，如：「興中會」、「同盟會」等)的歷史及其發展過程有所了解——這是一個 1900 年以後開始興起、規模最大、成立時間最久的革命團體。儘管創立後屢屢遭受重創，其組織成員只能被迫從事地下秘密行動，目前大多數人流亡日本，但它畢竟在經歷了種種挫敗之後，竭力維持革命團體的完整性。

　　當然，「同盟會」的領袖人物就是孫中山先生。孫中山先生這段時間裡，不是在歐美奔走鼓吹革命、籌集活動經費，就是在日本籌劃反清起義。

　　儘管找不到或者說不知道從何處才能探聽到革命黨人行蹤的確切信息，但我那時已經十五歲了，這個問題難不倒我。我現在遇到的真正難題看來是——我怎樣才能東渡扶桑，同時又不讓父母和家人起疑心？

　　後來，我漫不經心地對父親說：自從決定暫時不回天津中西女子學校之後，我在北京也實在呆膩了，覺得心裡越來越煩躁；尤其是，我迄今還沒出過國門，很想去一趟日本。父親對這番話的理解，果然如我所願，也就是，女兒渴望看看外面的世界。父親建議我到東京繼續學業，還說，我有個堂兄弟眼下擔任清政府駐神戶領事館領事，可以安排我住在他家裡。

孫中山（1866—1925）

名文，號日新，又號逸仙，化名
中山樵。中華民國和中國國民黨
的締造者，三民主義的倡導者，
他首舉徹底反帝反封建的旗幟，
「起共和而終兩千年封建帝制」。

　　事情就這樣定下了。護送我東渡扶桑[①]的，是一位在我家幫傭多年、名叫董五（Tung Ur）的傭人。我們在船上，還遇到了另外兩個赴日本求學的華人女子。她們想當然地認為，我只是個教養有素的千金小姐，此行無非也是出洋留學罷了。誰也不知道我平靜的外表下面隱藏着甚麼——那些偉大的夢想、狂野的興奮，以及雄心勃勃的計劃。但是，輪船越是駛近日本大陸，我越是心裡焦慮不安。直到這時我才意識到，有

---

① 鄭毓秀首次赴日時間大約為 1909 年，參考《華工雜誌》第三十八期（1919 年 9 月 25 日）「近事紀要」欄《旅歐華人近況》刊登的《法國華僑協社發起大會紀事》：「……鄭毓秀女士演說略云：忽感想十年前在日本，也曾開過華僑所組織的會，那時境遇很苦，不料今日竟有了共和國民的資格，又在這共和先進國家集會演說。但我國共和還是有名無實。因為建設如造一座機器，是一件小物件都不可以缺少的，我們同胞總宜各盡所能，為國宣力；我們在海外的僑胞，自然責任更重，合力前進，庶幾十年後這座大機器一個釘子也不缺少，那便好極了。」

件事出發前從未考慮過：這個「日出之國」確實很大，而我——一個剛從官宦之家「溫室」裡走出來的年輕姑娘——怎樣才能找到自己想結識的那些人呢？畢竟，流亡日本的革命者寥寥無幾，他們又隱藏在茫茫人海裡。

我堂哥為人有點呆板，但他虔心誠意地歡迎我來家裡做客，同時又暗自納悶：我們家怎麼會答應一個少不更事的女孩子出門闖世界？我對堂哥說，自己想到大學堂裡進修一些課程。但他告訴我：日本目前還沒有招收女子的大學堂。我唯一能做的，就是進東京的女子寄宿學校讀書。但是，寄宿學校根本不是我想去的地方。要是關在寄宿學校裡，整天被人監視看管着，我就幾乎沒辦法從事任何課外活動了。於是，我趁機對堂哥巧妙地撒了個謊：由於旅途奔波勞累，身體有點兒欠佳，要是能在他家借住幾週，好好休整一下，我真是千恩萬謝了；再說，我想利用這段休整的時光，多少了解一下這個國家。堂哥不知我話裡有詐，滿口答應了，鼓勵我到處看看，還給我安排了一位日本傭人。這樣一來，我像個乖巧快活的觀光客，和董五結伴出遊，在神戶（Kobe）這座摩登城市裡四處閒逛。

至於怎樣才能找到革命黨人，我當時只有一條模糊的線索可循。我知道，他們要麼以學生身份作掩護，要麼就是喬扮成商人。於是，我順口找了個由頭，請堂哥的日本傭人告訴我，神戶有沒有華僑開的店舖？他說，華人開設的店舖並不多——實際上寥寥無幾。他給了我其中一家店舖的地址。越是接近尋找的目標，我越是忐忑不安。我找到了那家店舖，喬扮成顧客，挑選擺在櫃台上的小物件，花了很長時間。由於身處異國他鄉，心裡七上八下的，我不敢輕易暴露身份，最後買了一件小小的裝飾品，待了一會兒就走了。

總而言之，我前前後後去了那家華僑店舖三次，直到看見店老闆滿臉狐疑，這才鼓起勇氣向他打聽相關情況。開口提問之前，我既沒有投石問路，也沒有旁敲側擊，而是直截了當地問他：「勞駕，你能告訴我一個同盟會成員的聯絡地址嗎？不管是誰都可以。」

一聽此話，店老闆一臉茫然、一言不發，裝作甚麼也沒聽到似的。我緊張得渾身直打顫，又把剛才的話重複了一遍。他沉默了幾分鐘之後，把我領進店舖的後屋，我們在那裡聊了很久。店老闆態度曖昧不明，對我的提問始終不置可否，反倒問了我許多問題，我也小心翼翼地如實回答了。我覺得自己總算找對人了；顯然，他對「同盟會」的情況有所了解。但是，也存在一種可怕的可能性：店老闆或許是清政府派來的坐探，負責監視流亡者的行蹤。

然而，我現在已經別無選擇，只能孤注一擲賭一把。我告訴店老闆：我非常渴望見到這些革命者，我在國內得知了他們流亡日本的消息，這次東渡扶桑的主要目的，就是希望能夠找到「同盟會」組織。當然，我並沒有大肆抨擊清政府，只是想給店老闆留下一個我同情革命黨人的印象。

談話末了，店老闆起身問我，是否願意明天到一個秘密地點晤談？他還告訴我怎樣才能走到那個地方。當然，我不知道自己是即將落入一個精心設計的陷阱，抑或最終能夠如願以償地見到革命志士。但是，既然這是見到他們的唯一希望，我決定鼓起勇氣、放手一搏。

第二天，我依舊由董五陪護，準時到達約定的地點。謝天謝地，在幸運之神的眷顧之下，我徑直走進了「同盟會」的一個秘密據點。店老闆實際上就是「同盟會」成員；一旦確信我至少不是個暗探，他就決定把我介紹給其他同志。我在這個秘密據點，初次見到了當時的負責人吳先生（Mr. Wu）和汪先生（Mr. Wang）。

我與「同盟會」負責人初次晤面，雙方談話內容極其含糊。我既興奮又緊張，此外，還擔心自己太過於輕信他們了；其實，對方也有同樣的感覺。然而，我的政治見解與坦誠最終打消了他們的顧慮。於是，他們的態度也就變得輕鬆起來了。

有了這番初次晤談，我隨後隔三差五地參加「同盟會」召開的秘密會議，結識了越來越多的同志，其中就包括當時流亡日本的孫中山先生。在孫中山先生出席的那次會議上，我雖然找不到機會和他交談，但

吳玉章（1878—1966）

原名永珊，字樹人。1906 年加入同盟
會，任評議部評議員。「二次革命」失敗
後，赴法國進巴黎法科大學學習。與蔡
元培、李石曾等建立華法教育會。圖為
留學日本時期的吳玉章。

汪精衛（1883—1944）

又名汪兆銘，字季新。1903 年官費赴日
本留學。1905 年加入同盟會，參與起草
同盟會章程，8 月被推為同盟會評議部
評議長。曾謀刺清攝政王載灃未遂。抗
日戰爭期間投靠日本，淪為漢奸。圖為
留學日本時期的汪精衛。

孫中山與部分日本同盟會成員合影

他鎮定、堅毅的個性給我留下了深刻印象。我全神貫注地聆聽孫中山先生發表講話，他的嗓音平靜沉穩，講話內容富有卓識遠見，令人心悅誠服，人們馬上感受到他身上散發出來的人格魅力。

　　幾週之後，我宣誓加入「同盟會」。我莊嚴宣誓：在締造民主共和國的鬥爭過程中，我將始終不渝地為「同盟會」服務，保持忠誠，決不動搖。我發誓：倘若有必要為我們的事業流血犧牲，我願意慷慨赴死，獻出自己的生命。

　　「同盟會」逐漸接納了我，黨內同志對我透露了行動計劃。首先，目前當務之急是必須早日推翻清王朝。他們認為，只要腐朽沒落的清政府還在繼續實施其魚肉百姓的愚民統治，中國的命運就不會發生絲毫改變。因此，為了達到推翻清王朝目的，「同盟會」已經策劃好在國內各地發動武裝起義。

　　大家反覆討論推翻清王朝的策略和手段，不斷剖析目前遇到的困難與挫折。這段日子裡，我每天都沉浸在興奮之中，實在不明白堂哥家裡的人，為何從我的言行舉止裡看不出蛛絲馬跡？也沒誰對我每天如何打

孫中山先生手書「同盟會」誓詞（資料圖片）

發時間產生一丁半點兒的好奇？我們還討論了一系列行動計劃。很顯然，倘若我回到國內，擔任「同盟會」的情報聯絡員，肯定會發揮更大作用。隔天我去找堂哥，裝出一副懶洋洋無精打采的模樣，我對堂哥說：我實在不喜歡日本的氣候，還是早點兒回家好了。聽罷我的話，堂哥有點驚訝，但我扮成了一個輕浮任性、反覆無常的女孩子，鐵了心要回家。儘管堂哥不贊同，最後也只是不以為然地聳聳肩而已，不再和我爭辯甚麼了。

這樣一來，我回到北京家裡，開始執行組織上交辦的新任務。我的職責是負責收發傳遞同盟會文件、信函的聯絡員。由於我父親在朝廷裡擔任官職，寄到我們家的郵件不需要經過任何審查。此外，我哥哥當時還是個大學生，一些陌生的年輕黨內同志前來接頭，可以扮成他的大學同學，順理成章地在我家自由出入。

同盟會會員徽章

　　我當然知道，就一個芳齡十五歲的花季少女而言，這段經歷頗有點兒匪夷所思，聽起來倒像是個成年女性的冒險經歷。人們或許會問：中國的青少年莫非都是早熟的「小大人」？或者，某些人會覺得我過於誇大其詞，把這段革命活動編排成了「戲劇化」的傳奇故事。事實上，以上疑問並不對。畢竟，我當時還是個妙齡女子，尚不能掌控好自己的情緒，以後發生的事情將會證明這一點。但與此同時，我少小年紀就有一種特殊的潛能和慾望——渴望早點兒過上大動盪、大變革年代那些成年人的生活。

　　一個在太平盛世長大的富家子，弱冠之年依然是個青澀的「大男孩」。但是，倘若他在十八歲時遇上了戰爭或革命，他就會由一個青澀的大男孩，一夜之間變成一個能夠肩負責任的男子漢。太平洋戰爭爆發後，美國的年輕飛行員就是一個很好的例子。他們現在都是成熟穩健、作戰經驗豐富的男子漢了，而在兩年前，他們還是一群在校園裡求學、打鬧的青澀少年。去年 ①，據說美國陸軍部的一個空軍基地便利店，貼了

① 本書出版於 1943 年。以此推斷，此處所說的「去年」當指 1942 年。

一張有趣的海報，這張海報足以說明，和平年代長大的男孩與戰爭時代長大的年輕人究竟有何不同。海報上面寫道：「未經父母書面同意者，二十一歲以下未成年人，不得擅自購買以及飲用酒精飲料。」

事實上，我成長的過程中大概是直接跨過了某個時間段。在那個時間段裡，花季少女更多的是對男友、衣飾、初次幽會興趣盎然，每天大半時光都在分享青春期的悄悄話。但我生活的那個時代風雲激蕩、潮起潮落，這樣一來，我就很自然地捲入政治秘謀，參與暴動、暗殺以及其他革命活動。當然，就許多方面而言，我當時既天真浪漫又不懂人情世故。東渡扶桑之前，倘若身邊沒有旁人協助，我甚至還不會在餐館裡點餐付錢；我只是一個勁兒地長呀、長呀，卻不大懂得怎樣料理生活中的細微末節。此外，人們常說我「容易衝動」，也就是說，我熱衷於暴力行動、戲劇性事件、令人振奮的街頭示威，以及在集會場合發表激情澎湃的演講。所有這些場景，的確時常在我腦海中反覆浮現。

回到北京家裡，我又變成了父親憐愛的那個乖巧、閒散的小女兒。我剛從日本回來那陣子，父親對我頗有點不滿，抱怨我變得慵懶散漫了，再也沒有小時候的好奇心、進取心了。父親敦促我繼續完成正規學業，但是就像往常一樣，我很容易編排出一套理由。我對父親說，我認為每個女性都有責任深入了解自己的國家，我想按照自己的路徑學習，不打算重返天津教會學校，讀完剩下的幾門課程。我還對父親說，我很想請教幾位知名學者，仔細了解民生疾苦，設法找到療治良藥。父親此時已經步入中年，時常一副身心疲憊、萎靡不振的模樣，早就對周遭的動盪混亂無動於衷了。所以，我們父女之間沒有太多的爭辯，他很快就讓步了。

考慮到自己每天頻繁出入家門，我對母親解釋說，我和一些朋友組織了一個小社團，其宗旨是在國內開辦「女子宣講所」，進一步學習文化知識、研究社會問題，換句話說，這是一份社會服務工作。母親非常贊同這個做法。因此，我在哥哥 —— 他是唯一值得我信任的人 —— 的協助之下，逐漸在我們家裡建立了一個革命黨人秘密活動據點。

華北「同盟會」成員男女老少都有，其中包括幾位女性成員、禁衛

軍的若干下級軍官，還有北京城裡腰纏萬貫的富商。其實，我從未見過華北「同盟會」所有成員，也不知道他們的真實姓名，只是對他們的事跡時有耳聞。因為，倘若全體成員同時聚集一處，極有可能面臨被一網打盡的危險。此外，有些成員的價值本身就要求他們隱姓埋名——通常只有一個數字代號，或者用地址來表示，只有在某個關鍵時刻，才可以啟動這些暗號密碼，執行並完成某項特殊任務。

這段時間裡，華南的革命運動比華北要活躍得多。「同盟會」領導機關最初設在廣州，後來遷到上海。[①] 孫中山先生居留國內期間，曾經親自領導這個革命機構。

與此同時，華北革命運動開始發動之前數月，我們的主要任務是秘密創建革命團體。最後，「同盟會京津分會」終於成立了，下轄若干分支部門，分別負責處理政治、財政、軍事以及其他重要事務。我匆匆忙忙地往返秘密據點，參加各種秘密會議，通常由家裡忠誠的傭人董五駕着馬車接送。

此前，我曾經提到董五，以後還會多次講到他。董五是個土生土長的北京人，儘管沒進過學堂，但為人聰明能幹，在我們家幫傭多年。從一開始，我就非常信任他，因為我很早就發現他對革命運動興趣盎然，並且家國情懷深厚。董五實在是個了不起的好夥伴，在那些動盪不安的年月，他忠心耿耿替我們出力賣命，不僅是我的貼身護衛和傭人，也時常接受委派執行任務。董五曾經多次面臨險境，幸好他每次都能夠化險為夷、倖免於難——事實上，董五的三個兄弟也參加了革命活動，不幸的是，後來被袁世凱的鷹犬殺害了。

我們每次委派董五出馬完成秘密工作，他總是謝絕任何報酬。過了幾年，北京的政局穩定下來了，我們安排他出任一項重要職務，以此作為對他多年辛勞付出的酬謝，但被他婉拒了。

---

① 原文如此。

董五說：「我沒進過學堂，無法勝任這份工作，可能會一時間昏頭昏腦做錯事。到了那個時候，無論是國家還是我個人，都會為此蒙羞受辱。此外，我現在有了家室兒女，尤其是現在我覺得，自己對國家再也發揮不了甚麼作用了，我打算退出江湖，好好與家人妻兒共享天倫之樂。」

的的確確，董五說得並不錯。在革命運動萌發階段，像董五這樣的革命同伴，實在是個不可或缺的好幫手，但是隨着革命取得成功，尤其是隨着新政權的建立、成熟和穩固，他就再也找不到絲毫用武之地了。但是，董五的生活在革命運動後期，發生了一個較好的戲劇性轉變。他後來陪我去法國，透露出想經商的念頭，我聽從他的選擇，資助他一筆金錢。信不信反正都由你，他開了一家美容美髮店，生意興隆，後來發達了！他目前住在巴西，依然快快樂樂地打理美容美髮生意。事實證明，董五當年投身革命浪潮，並沒有白白耗費光陰。他的兒子後來成了一名醫生。

全身心投入革命活動之際，我依然孜孜矻矻地尋求新學新知。我哥哥與一家歐洲商貿公司關係密切，把我介紹給了自己結識的許多外國朋友。我很高興能跟他們結識與交流，藉此機會了解歐美各國的情況。

北京當時有個外籍人士社團組織，其成員由北京和天津的各國公使館成員與歐美商貿公司雇員構成，我和哥哥是這個社團裡的活躍分子。相對於其他城市而言，居住北京的外籍人士比較容易融入。北京是我們中國政治、文化生活的中心，也是一座格調迷人的城市，有其獨特、非凡的文化氛圍。對於熟悉北京輝煌歷史的人們來說，這裡堪稱世界上獨一無二的好地方。在這樣一個愜意的環境裡，外籍人士和北京市民分享了許多共同的興趣愛好 —— 藝術呀，文學呀，戲曲呀，以及由最優秀的中國烹飪技巧帶來的口腹之福，等等。

我們時常在「六國飯店」享用午餐，這是北京最新潮的飯店。每天下午，和朋友們一起享用英式下午茶，或者和他們結伴遠足，在京郊山區騎馬遊覽。下午的行程往往以精緻的野餐作結，通常是走進一座千年古寺，舉行一次精心準備的野餐，享用北京美食和西洋三明治點心。這

種生活的確多姿多彩，我天性活潑愛熱鬧，喜歡交朋結友，在朋友圈裡如魚得水，淋漓盡致地享受這種輕鬆愉快的社交生活。

此外，我還學到了大量西洋知識，進一步拓寬了視野。許多外國朋友對我們目前的處境深表同情，對因循守舊的清政府深表不滿，小心翼翼地表達他們對革命運動的支持。所有這些，對我來說是個大鼓舞，激勵我努力完成「同盟會」指派的各項工作，增強了我對革命事業最終獲得成功的信心。

以上這些，大致就是我在 1911 年夏天的生活。這年 10 月，我們從「同盟會」的信使那裡得知，長江中游的武昌府、漢陽府爆發了湖北新軍起義。武昌起義幾天之後，我們獲得的消息越來越多：大部分省份都爆發了起義。「同盟會」成員在湖南、江西與陝西紛紛發動武裝起義，很快就大功告成、宣佈獨立。武昌起義爆發後不出三週時間，就有十多個省份起而響應，陸續投身革命黨人的陣營。

1981 年修復的武昌起義門，清代稱「中和門」。

武昌起義爆發之後，清政府火速調兵遣將，予以鎮壓。第一次征伐以失敗告終；第二次由袁世凱統軍指揮，效果甚微。

湖北新軍揭竿而起，清政府看到了不祥之兆（handwriting on the wall），深感災難臨頭。儘管它依舊統治着華北大部分地區，但已經感覺到自己的政權搖搖欲墜。在最後一次孤注一擲式的軍事鎮壓行動失敗之後，他們試圖與革命黨人達成「停戰協定」，委派唐紹儀先生與革命黨人舉行談判。清政府接受革命黨人提出的全部條件，但卻聲稱，有關「退位」事宜不在考慮之列。他們寄希望於中國轉型為君主立憲制國家。但是，革命黨人堅持中國必須建立共和政體、清室必須馬上宣佈「退位」。當然，新政府承諾會遵循中國傳統習俗，出台《清室優待條件》，為他們提供豐厚的養老金。

與此同時，1912 年 1 月 1 日，革命黨人在南京成立「中華民國臨時政府」（Provisional Government）。孫中山先生當選臨時「大總統」，林森先生（原註：後來擔任國民政府主席）當選「參議院議長」，王寵惠博士擔任「外交總長」。其他流亡的革命黨人也紛紛從海外歸來，在新政府裡榮膺要職。

「南北和談」（The peace negotiations）進程延宕了很長時間，但在究竟採用何種政體這個關鍵問題上，「和談」最終陷入僵局。革命黨人對和

唐紹儀（1862—1938）
字少川，容閎的「留美幼童」，清末民初著名政治活動家、外交家，中華民國首任內閣總理，曾任北洋大學（現天津大學）校長。抗戰期間被國民黨特務刺殺於家中。

林森（1868—1943）

原名林天波，字長仁，號子超，晚年
自號青芝老人等。近代著名政治家，
早年加入興中會，中國同盟會成立時
率會加盟。辛亥革命期間領導九江
起義，被舉為民國開國參議院議長。
1931 年任國民政府主席，1937 年抗
日戰爭爆發後，宣佈遷都重慶，並於
1941 年 12 月 9 日代表國民政府對日
宣戰。

王寵惠（1881—1958）

字亮疇，祖籍廣東，出生於香港。
他是民國時期著名法學家、政治
家、外交家，曾任中華民國外交部
長、代總理、國務總理，並為海牙
國際法庭任職中國第一人。曾參與
起草《聯合國憲章》，被譽為近現代
中國法學的奠基者之一。

談進程不斷拖延甚感不滿。在華北地區發動一場大規模起義，把清政府趕出紫禁城，並非一件難事。但是，南京臨時政府領袖人物希望避免一場不必要的流血衝突。有人認為，出兵北伐或發動華北起義，勢必會導致成千上萬無辜生靈死於非命。而在華北地區，我們的領導人李煜瀛先生既是一位著名學者，也是一個睿智的哲學家，他非常贊同南京臨時政府領袖人物的想法。李煜瀛先生發問道：「既然目前螳臂當車的只剩下朝廷裡極少數頑固死硬分子，我們為甚麼還要採取這種大規模的暴力行動？」一聽此話，鐵血志士發誓採取一切可能的手段，儘快徹底搬掉「攔路石」——這也是實現我們革命目標的最人道的捷徑。

李煜瀛先生那天的一番宏論有理有據，徹底說服了大家，我們採納了他提出的計劃。鐵血志士當即挺身而出，組織了一支「敢死隊」（dare-to-die）。大家一致認為，我們只要剷除掉那幾個阻礙新政權的關鍵人物，革命就會大功告成。我們開始緊鑼密鼓地籌劃各項秘密工作，曙光就在眼前。

李煜瀛（1881—1973）

字石曾，筆名真民，石僧，晚年自號擴武，清末重臣李鴻藻第三子，中國教育家。1906年加入同盟會。1911年回國組織天津同盟會。1920年在北京創辦中法大學，繼而又在法國里昂創辦中法大學分校，任理事長及兼代校長。發起和組織赴法勤工儉學運動，為中法文化交流做出了很大貢獻。

CHAPTER FIVE
Tientsin-Peking Dynamite Shuttle

往返京津偷運炸藥

我們當時在北京搞不到炸藥和炸彈，能搞到這些東西的最近地方，當時就是天津了。我自告奮勇偷運炸藥、炸彈。我的想法是，作為一個妙齡女子，我的行蹤不易像男性那樣引起旁人猜疑；再說，我是個官宦之家的千金小姐，經常往返京津兩地，與鐵路職員以及各色官吏打起交道來，要比大多數同志容易得多。

我在董五陪護之下馬上動身前往天津。我們到了設在天津租界的「京津同盟會」秘密據點[1]，和大夥一道討論運送炸藥、炸彈具體事宜，最後決定，我回北京時帶上兩隻手提箱，一個手提箱裝空彈，另一個裝炸藥。當天晚上，我和董五熬夜商討萬全之策，反覆打包、拆解行李，以及演練怎樣搬到火車上。

我們商定的辦法是：董五明天要做的頭件事就是，穿上一件麻布長褂，頭戴一頂破氈帽，扮成搬運工的模樣，好與火車站的搬運工們混在一起。等到我乘坐的黃包車一停穩，他要飛快地跑過來，扛起我的行李，這樣一來，就可以避免被別的搬運工搬走 —— 他們或許會提出質疑：這兩個手提箱為何這麼重？裡面究竟裝了些甚麼東西？與此同時，還有兩名「同盟會」成員混上火車，扮成乘務員，在車廂裡來回逡巡，假裝不認識我，但要密切注意我周邊的情況；倘若發生了甚麼緊急意外，他們可以及時施以援手。

當然，我們遇到的最大難題，莫過於怎樣通過北京火車站的關卡檢

---

[1] 「京津同盟會分會」又稱「京津保同盟分會」、「同盟會京津保支部」，1911 年 12 月 1 日，由剛剛出獄不久的汪精衛在天津意租界成立。

查了。我們必須想個萬全之策，確保手提箱不用打開就能過關卡。這一次，我們北京的一位富有同情心的西洋朋友慷慨出面襄助，這份友誼使我受益匪淺。那年夏天，我哥哥和一位歐洲國家公使館的年輕外交官成了莫逆之交；哥哥發現，儘管他無法出面支持我們的革命行動，但他非常理解我們的動機。這位西洋朋友擁有外交豁免權，很自然地，進出車站不用經過關卡檢查。於是，西洋朋友決定把自己的那份同情心化為具體行動，和我約好在火車站接應過關卡。

所有這些，全部按照計劃順利進行。我乘坐的黃包車在火車站一停穩，董五手腳麻利地提起兩隻手提箱，把我安置到火車包廂裡，一轉眼就消失了；他再次露面時，又是一付官宦之家貼身忠僕的裝扮。此外，在車廂走廊裡，兩名「同盟會」成員來回逡巡，偶爾朝我這邊瞥上一眼。

當然，我還在火車上遇到了幾個舊相識。他們笑語朗朗地衝我走過來，坐進我的包廂裡聊天，想到腳下手提箱裡放着炸藥，我頗是焦慮不安，腦子亂得一團糟。於是，這趟旅程大部分時間裡，我只得強迫自己與朋友們輕輕鬆鬆地侃大天。這也許是一件大好事，和朋友們一起有說有笑的，讓我看來更顯得胸無城府、天真爛漫。但是，這趟旅程似乎長得漫無止境，就像某些揮之不去的噩夢一般，夢境裡的那些人事物反覆呈現，亂紛紛糾結成一團，匯成了一幅幅令人生厭的「萬花筒」。

火車終於駛進了北京城。我把身子探出窗外，視線掃過熙熙攘攘的人流，嚇得手腳直發麻，因為現在，我要面對這趟旅程中最危險的一步了。但是，哥哥的那位西洋朋友已經在月台上迎候我，他看起來溫文爾雅、泰然自若，臉上掛着一抹微笑——那種常見的西洋外交官典型表情。我們彼此噓寒問暖，隨後向火車站出口方向走去。西洋朋友一路上和我大聲說笑，但他突然勾起嘴角耳語道：他和我哥哥已經商量好了，安排我把炸藥藏到一個安全的地方，等到夜幕降臨，我再把它們帶到同盟會的秘密據點。

我們輕而易舉地通過了關卡，直接去到第一個藏身處。當天晚上，我又提起手提箱，拿到了城內一棟房子裡，等待着我的革命同志欣喜若

狂——他們一直在那裡等着，約定的時間過了幾個小時，可是我還沒有趕到！他們認定肯定出了甚麼意外，差一點就要對我絕望了。

大約有三個月的光景，我平均每週兩次往返於京津兩地，毫不費力地完成了偷運彈藥的任務，也就難免不再把危險放在眼裡了。最後，我們所需要的彈藥差不多足夠了，我只要再跑兩三趟就可以了。我決定一次性完成任務——用一個大號手提箱，把剩下的炸彈全部帶回來。

來往於京津兩地的火車幾乎全是快車。天津是京奉鐵路線上到北京的最後一個大站，火車在抵達北京站之前，通常不會在沿途小站停靠。頭等車廂相當奢華，包廂與走廊連通，有當班的男僕隨時伺候。

最後這次偷運彈藥，依然由董五把我送進車廂。但是，這趟三個小時的旅行剛開始，有個男僕走進包廂，他指着那個大號手提箱說，這個箱子太大了，不能當作隨身行李，按規定應該打開檢查一下。此前，我經常給這個男僕小費，想着旅途中自己碰上甚麼小麻煩，他會感念於心、施以援手。但現在看來他可能擔心丟了差事，所以，他禮貌周全卻又語氣篤定地吩咐我，應該把它搬到行李車廂去。最後，我們各自退讓一步，我說等會兒檢票員來了，我再和他商量一下。

那一會兒我簡直嚇壞了！任何一個人提起這個大手提箱，都會心生疑竇，因為它至少有一百五十磅重。儘管董五健壯如牛、力大無比，但他在車站幫我搬東西時，腿腳都有點踉踉蹌蹌站不穩。

我實在是一籌莫展，唯一的希望就是能夠僥倖渡過這道關坎。我站起身來，巴望着能用裙裾遮掩住手提箱，一邊心慌意亂地等着檢票員。檢票員終於走過來了，我一眼就認出他來，這才鬆了一口氣，因為我跟他算是老相識了；他時常給我講講家裡的瑣事，太太呀，孩子呀，家庭瑣事呀，等等。他一進到包廂裡，我馬上熱情地招呼他，問了一大堆諸如「家人近況可好」之類的問題，好讓他分身乏術，不去注意手提箱。我說：您那位賢慧太太近來可好？還有，您那個聰明可愛的小寶貝最近咋樣？等等。檢票員是個饒舌的老先生，看到我這麼關心自己的小家庭，心裡非常高興，就和我慢條斯理地聊開了，聊起來就沒完沒了。後來，

他突然想起來還有別的事要做，急忙從包廂裡走出來，甚至根本沒有留意到手提箱。

那個男僕回來後，我對他講，檢票員剛才說了，手提箱可以放在包廂裡，你根本不用擔心違反任何規定——這樣一來，問題全都妥善解決了。

我剛坐下來喘了口氣兒，就在這時，又一個危險出現了——從藏在腳下的手提箱的地方，傳來一連串的「嘶嘶」聲、「劈啪」聲。現在我要解釋一下，我對炸藥或任何爆炸物一無所知，只知道它們遲早都會「轟隆」一聲爆炸。我初次偷送炸藥，天津的朋友們聽到我的一番緊張詢問，只是嘲笑我的無知，他們說，只要別把手提箱摔到地上，「炸彈就不會爆炸」。有了他們的這番保證，我偷運炸藥、炸彈也就不怕了。此後，我一直認定，炸藥就像一枚定時炸彈那樣，至於啥時候爆炸，時間都是已經設定好的——這也表明，在某些科目上，我的認知程度還不如現在的十歲稚童。

現在，我確信已經大限臨頭了。炸藥馬上就要爆炸，我卻束手無策、逃生無路，只能坐等死神登門，我實在真的是嚇傻了！但是過了一會兒，我混亂的頭腦裡出現了一幕英勇悲壯的場景：我幻想着，南京臨時政府的革命黨人和我的親朋好友，得知我壯烈犧牲的消息，肯定會為之哀悼不已，那場景既悽美又悲涼。他們會無比惋惜地說：「唉，她捨生取義的時候，正值花信年華呀！」我腦海裡還浮現出另外一個畫面：孫中山先生獲悉我慷慨赴義、為國捐軀的噩耗，肯定會為我親筆題寫碑銘——「北京愛國俠女鄭毓秀之墓」（「Soumay Tcheng, Girl Patriot of Peking」）。

與此同時，手提箱裡繼續傳出「嘶嘶」聲、「劈啪」聲。然後，彷彿是本能反應一般，我「呼」的一聲站起來，挺身面對死神，而不是坐以待斃。我伸手抱起手提箱，把它放到座位上，雙腳穩穩站定，兩手交叉環抱，雙眼緊緊盯着它，等待爆炸的一瞬間。幾秒鐘過後，手提箱並沒有爆炸，我開始覺得有點兒蹊蹺了。「嘶嘶」聲、「劈啪」聲依然沒完沒了，但是，聽起來好像不是從手提箱裡傳出來的。忽然，我看見座位下面有

個小管子，陸陸續續地冒出一縷縷水蒸氣，我高興得快要昏厥過去了！這才意識到，方才聽到的一連串令人毛骨悚人的聲音，來自散熱器。

應激反應馬上就來了——我感到渾身發冷，兩腿發軟，頭暈目眩，差一點就要劇烈地嘔吐起來。有好一會兒，我彷彿大病了一場一般。這真是一場折磨。慢慢的，我的心情平復了下來，但是，火車抵達北京車站之際，我面如死灰、狼狽不堪，很難像往常一樣泰然自若地和前來接應的西洋朋友打招呼。當然，那位西洋朋友也發現我精神狀態不佳，估計旅途中出了甚麼差錯，但他臉上既沒有流露出任何表情，也沒有開口詢問。我們順利地走過外籍人士專用通道，從那裡直奔儲存彈藥的秘密據點。終於卸下了千鈞重擔，任務告一段落，我起身和一位夥伴說話，突然之間，我露出一抹微笑，雙眼緊閉，整個人癱倒在地上，不省人事了。

此後兩週，我的身體狀況一直欠佳。我覺得，或許這是長期奔波勞頓、心情緊張的結果；現在這項任務結束了，暫時又沒有一項新的刺激性工作等着我，於是，我就真的病倒了。

北京的局勢可謂「風聲鶴唳，草木皆兵」，朝野上下驚慌失措、惴惴不安，我的家人以及其他大戶人家，紛紛搬到天津租界避風頭。所以，我後來去天津找到母親，母女高高興興地團聚，好好休息一陣子。母親對我這段時間忙進忙出，肯定早就起了疑心；倘若她有甚麼事情詢問我，會用一種異樣的眼神端詳我一會兒。我決定原原本本地告訴她。母親仔細聽完了，起初她簡直是驚恐萬狀，但我對她詳細介紹了同盟會及其宗旨和理想。後來，母親終於眼含淚水、怯生生地對我說，她會盡力幫我做些事情，而且覺得，我幹的這件事兒很「正道兒」，但她反覆再三叮囑我：「小心呀，小心呀，千萬小心呀。」

現在時機已經成熟，我們的計劃必須付諸實施。我們在北京城正陽門（Chien Men gate）附近又租了一幢房子，開始在那裡製造炸彈。萬事俱備之後，我們召開了一次骨幹分子參加的秘密會議，討論決定採取下一步行動。

CHAPTER SIX
Heroes All

殺身成仁

朝廷斷然拒絕頒佈退位詔書。然而，我們心裡很清楚，清室整天生活在恐懼戰慄之中，他們已經準備好了，一旦那些內閣大臣表示贊同，他們很快就會宣佈退位。我們認為，袁世凱是個能夠左右內閣的至關重要人物。武昌起義爆發後，朝廷宣佈解散皇族內閣，任命袁世凱為內閣總理大臣兼陸海軍大統帥，由其牽頭籌備組建「責任內閣」。袁世凱頗有幹才，少小年紀就效忠朝廷。我們覺得袁世凱貪位慕祿，這就很自然促使他阻止清室宣佈退位。於是，我們決定儘早剷除袁世凱這個「絆腳石」，因為，他才是導致「南北和談」陷入僵局的關鍵人物。

袁世凱（1859—1916）
字慰亭，號容庵，河南項城人，也被近人稱為袁項城，中國近代重要的政治、軍事人物，北洋軍閥的首腦。辛亥革命期間逼清帝退位，並成為中華民國臨時大總統，後當選為中華民國首任大總統。1915 年 12 月悍然稱帝，建立中華帝國，後在護國運動的壓力下取消皇帝尊號，不久後去世。

　　因此，我們做好了暗殺袁世凱的準備，時間選定為 1912 年 1 月 16 日早晨，暗殺地點鎖定於丁字街（Tingtse Street）某處，袁世凱早朝乘坐的馬車每天早晨都會經過這裡，從幾幢樓房裡都可以俯瞰這條大街。考慮到袁世凱貼身侍衛眾多，我們選拔了十二名鐵血志士組成「敢死隊」。我們的計劃是：袁世凱的車隊一旦出現，「敢死隊員」就從四面八方包抄過來，同時投擲炸彈，至少會有一枚炸彈直接命中目標。暗殺計劃與細節部署完畢，「敢死隊員」趁着夜色離開，回到各自的藏身之處，度過最後一個漆黑的夜晚，等待次日早晨發動致命一擊 —— 那將是一個死神與榮耀同時降臨的時刻。

　　然而，那天夜裡晚些時候，有位特派信使從同盟會總部火速趕到，帶來一份緊急指令：必須立即取消暗殺袁世凱的行動方案。給出的理由是，總部剛才獲悉的最新消息表明，造成「南北和談」僵局的關鍵人物並非袁世凱，而是朝廷裡官階最高的滿族將領良弼 —— 他才是對清室有着決定性影響的罪魁禍首。

　　這道指令實在出乎意料之外，我們當即陷入慌亂之中。但是，我們果斷採取補救措施，召集所有幫得上忙的同志分頭尋找「敢死隊員」。然而，由於他們的一舉一動嚴格保密，無論是我們自己人還是朝廷的暗探，誰都難以找到其藏身之處。謝天謝地，我們總算是設法找到其中八人，但直到第二天早上，其餘四人仍然音信杳無。

　　頭天一整夜，我雖然神經極度緊張，但仍竭盡全力尋找尚無消息的「敢死隊員」，一直尋找到那個決定生死存亡的關鍵時刻來臨之際。我心裡很清楚，他們肯定埋伏在指定的暗殺地點周圍某處，也就是丁字橋主幹道的交叉路口。我情緒激動、氣喘連連，快步走到丁字橋，即使希望十分渺茫，依然巴望着能夠找到勇敢的同志們，使他們避免一場迫在眉睫卻不必要的犧牲。但是，我在那裡風風火火地走來走去，與我四目相交的，只是一個個匆匆而過的陌生人；我在人流裡穿梭往返，神情緊張慌亂，好在並沒有引起旁人絲毫注意。有一陣子，我真想大聲喊出同志們的名字，但是，警察就站在不遠處，這麼一喊，勢必會給組織上帶來

更多的災難。我急得都快發狂了，感覺災難近在咫尺、死神即將從天而降。我繼續四處尋找鐵血志士，但是依舊徒勞無功。

突然之間，我看見一輛馬車疾駛而來，一切來得太快了！毫無疑問，這正是袁世凱的座駕！也只有他的座駕四周才會簇擁着那麼多侍衛人員。眼看着馬車絕塵而來，我的心提到了嗓子眼兒。死神正在步步逼近——是的，袁世凱即將帶着他的種種頭銜一命歸西。我們「敢死隊」的四位戰友，十有八九以這種同歸於盡的方式壯烈犧牲——他們早就做好了殺身成仁的準備。

現在，再也無法阻止這次刺殺行動。熙熙攘攘的人流遮住了我的視線，與此同時，我聽到了爆炸聲、尖叫聲、哭喊聲。人們驚慌失措、奪路狂奔。「敢死隊員」扔出了炸彈，我以為袁世凱已經死於非命。

想到這些，我那一腔壓抑日久的憤怒幾乎噴薄而出。儘管在刺殺袁世凱這個問題上，同盟會總部與我們意見相左，但我仍然認為他是通往共和政體之路上的一塊「攔路石」。爆炸聲令我欣喜若狂、手舞足蹈，我掏出手槍朝天開火——純粹為了發泄——就像蠻荒時代的西部牛仔一樣——我興奮得上躥下跳，陶醉在大眾的喧鬧聲中，為同志們的英勇壯舉深感榮耀。我又縱情地開了一槍，我想，這次可能打死了一匹馬（原註：我迄今仍然為這件事後悔不已）。但這次開槍出了點故障。儘管我當時對槍械的了解很有限，但我相信是扳機出了問題，它像老鼠夾子一般夾住了我的拇指肚，活生生地扯下一塊肉。

突然之間，我意識到自己命懸一線，隨時面臨被逮捕的危險。於是，我把手槍扔到鬧哄哄的人流裡。我的手指血流如注，我知道僅此一點就極有可能被人檢舉揭發。所以，我把手插入口袋，混進亂哄哄的人群，繼續逗留三、四十分鐘，扮演了一個怒氣衝衝的旁觀者角色。我盡可能靠近警察，用他們聽得見的聲音吆喝：「噴！噴！噴！好卑鄙！真無恥！太可惡——甚麼革命黨人——完全是一幫亂黨賊子！我們要是沒有警察保護，這日子可是怎麼過呀？」等等。

與此同時，我睜大眼睛四處張望，尋找「敢死隊」的同志們。我不

停地暗自祈禱，巴望着他們能夠及時脫離險境，但卻驚恐地發現，有三個同志被當場抓獲，只有一人死裡逃生。這位逃生者是晏賜豐（Yen Chifon，音譯）先生，投擲了那枚致命的炸彈。但是，由於幸運之神的眷顧，他得以及時逃離生死天（原註：多年後，我丈夫擔任國民政府司法部長，晏先生是他手下最幹練的秘書）。

最後，我覺得再也無事可幹了，就從人群裡悄悄地溜出來，花了大約兩個小時回到家裡。我抽出手來一看，口袋裡滿是血污。我覺得這回真是萬幸，因為我當時穿了一件厚重的外套，否則半邊身子都會被鮮血染透。

不幸的是，事實證明，這場暗殺行動收效甚微，袁世凱並未被炸死。他的侍衛隊長一命歸陰，幾個貼身保鏢受了傷，一匹駕車的轅馬炸死了。至於袁世凱本人，可以說毫髮無損、安然無恙。

我們有三名同志被當場逮捕，他們分別是楊禹昌、張先培與黃芝萌 [1]；他們對自己的行刺動機直言不諱，當即遭到殺害。我們的這些同志「生當作人傑，死亦為鬼雄」，如今慷慨捐軀、殺身成仁。他們的死難令我們哀悼不已、淚如雨下，但烈士們崇高的犧牲精神，砥礪了我們奮鬥到底的堅定意志。唯有我們的革命事業獲得最後的勝利，才能為他們以及其他犧牲的英烈報仇雪恨，祭奠這些英勇先驅、光輝榜樣的在天之靈。

現在，我們準備對真正的罪魁禍首良弼將軍採取果斷行動，他不願看到自己效忠的末代王朝土崩瓦解。儘管我們尚不清楚良弼將軍究竟採取了何種手腕，但他畢竟還是說服了「兒皇帝」繼續坐在「龍椅」上。

我們這次汲取了上次暗殺袁世凱功虧一簣的經驗，竭力排除行動過程中任何可能發生的不利因素，尤其是，考慮到良弼將軍貼身保鏢護衛

---

[1] 武昌起義爆發後，清政府啟用袁世凱，企圖撲滅這場革命。袁世凱出山後在清政府和革命黨之間大玩兩面手法。楊禹昌與張先培、黃芝萌等赴北京，用炸彈暗殺袁世凱，事敗被捕。不久，慘遭殺害。而後，革命黨人將張先培、黃芝萌、楊禹昌和彭家珍的遺體一同安葬在北京三貝子花園薈芳軒內，豎碑銘志。文革時期被夷為平地，烈士墓均已無存，1990年8月建立了四烈士墓紀念遺址石碑。

彭家珍（1888—1912）

字席儒，四川金堂人。青年時期即受文天祥、黃宗羲等人的思想影響，具有強烈的民族主義觀念。1906年畢業於四川武備學堂，後赴日本考察軍事，又入四川高等軍事研究所。1911年秋任天津兵站司令部副官，加入同盟會，任同盟會京、津、保支部軍事部長。為掃清革命障礙，彭家珍於1912年1月26日暗藏炸彈，炸死良弼。彭家珍不幸被一彈片飛傷後腦，1912年1月27日淩晨犧牲。

森嚴。最後，我們的一位同志，禁衛軍裡的青年軍官彭家珍挺身而出，要求單槍匹馬完成暗殺良弼的任務。彭家珍的理由是：只有穿制服的軍官才最有可能接近良弼將軍，而他可以身着戎裝，假借執行公務之名要求謁見將軍。

良弼將軍通常由衙門返回家中的具體時間，我們早就摸了個一清二楚。這項決定命運的暗殺行動，時間設定在1912年1月26日中午左右。

實施暗殺計劃前一天，也就是1月25日傍晚，彭家珍和同志們聚在一起，我們談論着各種不着邊沿兒的話題，試圖表現出若無其事、鎮定自若的樣子。但是，一想到我們的同伴即將壯烈犧牲，大家就感到心裡無比沉重。彭家珍英俊瀟灑、年輕有為，尤其富有才幹，職業生涯前程似錦。他不停地和我們説着閒話，談笑風生。我想到明天等待他的將是多麼可怕的命運，一時間激動得哽咽難言。但他看起來似乎胸有成算、沉着鎮靜，沒有絲毫的踟躕不安。

直到和我們分別之際，彭家珍這才平心定氣地説：「能以這種方式謁見列祖列宗，我真的感到莫大的榮幸。即使我再多活些年月，恐怕也做不出比這次刺殺行動更大的功業了。」他停下來和每個人握手，一一道別，我們祝福他順利完成這項危險的暗殺行動，仰賴蒼天福佑，及時脫離險境。彭家珍離開的時候，我目送着這個身穿戎裝、步履矯健的年

輕軍官，禁不住淚下如雨。我的姐姐，早就愛上了這位英姿瀟灑、風度翩翩的軍官，他的身影從我們的視線中消失的當兒，我姐姐腳下一軟，整個人暈倒在地上了。

第二天早上，我們甚麼事情都做不下去，只有等待，只能祈禱，同志們一個個緊張不安、焦慮萬分。大家除了擔憂牽掛，無法從事任何一件正常工作；與實施驚心動魄的暗殺行動相比，這種狀況更加讓人感到痛苦難熬。時間分分秒秒地過去了，這種漫長而又令人疲憊的等待終於被打破了 —— 我們聽見遠處傳來一聲沉悶的爆炸聲。

「徹底結束了！」李煜瀛先生語氣沉重地說。這話聽起來，幾乎不像他本人的聲音。李煜瀛先生是炸彈暗殺手段的倡導者，他為人善良、愛好和平，但他深刻地意識到，自己對於那些實施刺殺計劃的同志們的命運負有不可推卸的責任。儘管李煜瀛先生是個意志堅定的革命者，他依然為烈士的捨生取義淚流滿面。

此時此刻，我心底有一股強烈衝動，促使我馬上奔赴暗殺現場，我要親眼目睹那位顢頇將軍最後的可恥下場，看看我們那位忠誠的戰友遭到了怎樣的厄運。

慢慢地，我們從剛才那股焦慮狂躁的氣氛中平復過來。稍後，我從現場旁觀者那裡得知，彭家珍選了個恰當的時間來到良弼將軍的官邸，通報說自己是奉天派來的信使，帶有一份緊急軍情，請求謁見良弼將軍。但是，良弼尚未返家。於是，他就只好在外面等候刺殺目標。幾乎就在同時，一輛馬車停了下來，良弼走下馬車，彭家珍立即靠近他。良弼似乎預感到有點兒不妙，隨即退後一步，大吼一聲：「你是誰？幹甚麼？」

彭家珍不疾不徐地說：「我是奉天府派來的信使，有緊急軍情稟報將軍。」他一邊說着話，一邊把手插進口袋裡，迅速掏出一枚炸彈，擲向將軍身邊門口處的石獅子，不讓他有絲毫逃脫的機會。炸彈爆炸的威力巨大無比，彭家珍當場殞命，良弼被炸得血肉模糊，隔日傷重不治身亡。

良弼（1877—1912）
愛新覺羅氏，字賚臣。清末大臣、宗社黨首領。曾留學日本，入士官學校步兵科。以知兵自詡，參與清廷改制，練新軍。武昌起義爆發後，堅決主張鎮壓，反對與革命軍議和，拒絕清帝退位。

　　在袁世凱險些遭到暗殺之後，皇室最為倚重的股肱之臣良弼一命歸西，朝廷現在終於明白了，再也沒有甚麼東西能夠阻止我們實現建立共和政體的目標。紫禁城裡一時間風聲鶴唳，王公貴族紛紛攜家帶口逃離北京。不久之後，清室召集會議商討退位事宜，到場的皇親國戚屈指可數。每個人似乎都意識到了，中國歷史上又一個週期——改朝換代——已經來臨。皇室同意退位，贊成支持共和政體，再也無人膽敢站出來阻撓反對。

　　當然，袁世凱牢牢攫住這個機會，與革命政府就有關清帝退位事宜舉行談判。1912 年 2 月 6 日，南京臨時政府參議院通過了《優待條例》。經過南北議和代表的磋商，南京臨時政府方面於 2 月 9 日向清政府致送有關清帝退位優待條件的修正案。孫中山先生此前曾經表示：倘若清帝退位，袁世凱宣佈絕對贊成共和，自己願意辭去臨時大總統職務，由袁

世凱繼任此職。1912 年 2 月 12 日，隆裕太后 —— 攝政者兼「兒皇帝」宣統的母親 —— 正式頒佈退位詔書。宣統退位第二天（2 月 13 日），袁世凱通電贊成共和：「共和為最良國體，世界之所公認。……從此努力進行，務令達到圓滿地位，永不使君主政體再行於中國。」清帝退位第三天（2 月 14 日），孫中山先生信守此前的諾言，向南京臨時政府參議院辭去臨時大總統職務。儘管公眾輿論強烈支持孫中山先生再次當選總統，但他還是秉持崇高理想，予以婉拒，希望全國各地儘快擺脫亂局，確保各方勢力快速合作，建設一個民主共和國。隨着孫中山先生宣佈辭去臨時大總統一職，袁世凱當選為中華民國新任臨時大總統。

CHAPTER SEVEN
Growing Pains of the Republic

共和之殤

CHAPTER SEVEN

Growing Pains of the Republic

THE BIRTH OF THE REPUBLIC MARKED A NEW ERA IN THE long history of China. We rejoiced over our success and looked forward with high hopes to the rapid development of the young Republic as a great and modern nation among the democracies of the world.

After the first flush of elation, a period of reaction set in. We thought of the many comrades who had made the supreme sacrifice in the cause of the Revolution, and we mourned their loss. At the same time, our fond hopes for the country were somewhat clouded by the political struggle which developed between the Kuomintang and the Conservative Party over the question of whether the new Parliament should maintain the responsible Cabinet system or adopt the Presidential form of government. The Kuomintang favored the former while the Conservatives wanted the latter. Under normal circumstances, we would have resolved the disagreement by a

中華民國的誕生開闢了中國歷史上的一個新紀元（a new era）。我們歡忻鼓舞，慶祝革命成功，對未來滿懷希望，期待着我們年輕的共和國迅速發展成為世界上民主國家陣營裡一個偉大的現代化國家。

隨着初次歡天喜地的慶祝活動告一段落，接下來就是一個抵抗獨裁階段的開啟。但是，一想到許多同志為革命事業付出了巨大的犧牲，我們又為之哀悼、痛惜不已。與此同時，我們對於國家未來的期望，開始逐漸蒙上一層濃厚的陰影。國民黨和保守黨之間展開了一場政治角逐①，雙方較量的焦點在於：新的國會是繼續保留責任內閣制，還是採用總統制？國民黨傾向於前者，保守派傾向於後者，雙方爭吵不已、劍拔弩張。其實在正常情況下，雙方完全可以按照民主程序解決意見分歧。但是從袁世凱及其主導的保守派的行徑看來，他會不惜一切代價確保自己的親信團夥在國會選舉中獲得足夠選票，牢牢攫取近乎獨裁的權力。

顯而易見，這種複雜多變的政治角逐，只能由經驗豐富、措置裕如的國民黨領袖人物擔綱處理。至於我們這些年輕的黨員同志，除了晤面時交流各自的看法、緊張焦慮之外，可以説束手無策、罕有作為。我們最近完成了一系列令人興奮、充滿危險的任務，但目前這段被迫蟄伏的停滯期實在令人鬱憤滿懷。當然，我們隨時密切關注袁世凱及其團夥的一舉一動，但是，所有這些愈加令人意志消沉。

---

① 為適應國會選舉需要，同盟會於 1912 年 8 月改組為國民黨，推孫中山為理事長，實際的主持者是宋教仁。

我焦躁不安地在家裡轉來轉去，偶爾到庭院裡散散步，胃口奇差，食不下嚥，輾轉難眠。當然，我也嘗試着找回此前的興趣愛好（原註：有段時間，我學會了很多烹飪技術），試圖重續陪伴父親聊天的舊時光。但是，所有努力都無法讓我振作起來。我彷彿成了一艘沒有舵的小船，漫無目的，四處漂蕩。最後，我覺得身體也出了狀況，彷彿患了甚麼病似的。事實上，這只是過激反應的自然結果罷了，儘管我參與了革命初期的一系列暴力行動，但那時畢竟太年輕了，尚無法像我們富有卓識遠見的領袖人物那樣，牢牢秉持心中寧靜的信念，以此支撐自己渡過難關。當然，長途步行並沒有間斷，而我猶如一具失掉靈魂的軀殼，只是拖着疲沓的腳步在城內和京城近郊遊蕩。

直到李煜瀛先生對我們的未來提出了一項具有建設性的構想，這段鬱鬱寡歡的時光才算告一段落。李先生說：採取暴力行動（violent activities）的日子雖然已經宣告結束，但中國依然需要我們這些年輕人。他指出，關於民主共和政體的建立與發展，按照孫中山先生制定的綱領計劃，需要經過三個步驟才能最後實現 —— 首先是「軍政時期」，發動革命軍打破清政府專制，掃除官僚腐敗，改良社會風俗；接着，由「軍政時期」過渡到「訓政時期」，建立地方自治，促進民權發達，開展政治指導工作，讓人民了解民主政府的義務；第三個階段則是「憲政時期」，在憲政時期召開國民大會，制定憲法，憲法頒佈後「還政於民」，舉行全國大選；民選政府成立之日，就是建國大業告成之時。

李煜瀛先生說：第一個步驟目前業已完成，我們正在完成實施第二個步驟的任務。但是，我們這些新中國年輕的「火炬手」（torchbearers），自身必須接受更完備的教育、擁有更寬廣的眼界，形成更進步的思想，這樣一來，我們日後才有資格啟蒙民眾適應一個新的共和政體，訓練人民行使政權之能力。倘若民眾的啟蒙程度不充足，他們不僅自身永遠無法達到自治，也沒有足夠的力量反抗獨裁專制的威脅壓迫。

為了實現這個目標構想，李煜瀛先生建議我們盡可能出洋留學深

1912 年 11 月，「留法儉學會」第一班學生結業合影。第三排左起第五人為鄭毓秀。

造，出洋留學的人越多越好，學成後早日歸來，用自己的專業學識報效國家。[①]

　　李先生還告訴我們，關於留學事宜，他已經與歐洲各國政府取得聯繫並做了初步安排，他們保證中國學生前往自己的國家可以享受「經濟旅行」待遇，不用花費太多金錢，可以順利進入當地高等院校深造。

　　李煜瀛先生的遠見卓識令人欽佩不已，大家喜出望外、情緒高漲，我們許多同志巴不得當即整理行裝，第二天就漂洋過海。我也頗想出洋

---

① 1912 年初，李煜瀛與吳稚暉、蔡元培、吳玉章、汪精衛等在北京發起成立了「勤工儉學會」，其宗旨為：「以節儉費用，為推廣留學之方法；以勞動樸素，養成勤潔之性質」，「擬興苦學之風，廣闢留歐學界」，鼓勵學生以低廉的費用和節儉苦學的精神赴法留學，從而把西方的文明輸入國內以改良中國社會。李煜瀛等發起成立「勤工儉學會」後，同年 4 月在北京設「留法預備學校」，教育總長蔡元培曾積極贊助。鄭毓秀是「留法預備學校」第一期學員。「留法預備學校」先後組織兩批儉學學生約一百六十餘人赴法留學。1913 年「二次革命」後被袁世凱解散。

「留法儉學會」第三班學生赴法攝影紀念，第二排右起第三人為李煜瀛。

深造，畢竟，我老早就夢想着奔赴法國留學了。但是，在夥伴們在我面前討論出洋計劃之前，我已經意識到，自己出國深造的最佳時機尚未來臨。大多數同志也認為，有鑒於我的家庭地位以及生活條件相對富裕，倘若我暫時留下來幫助那些家境貧寒、無法出洋留學的年輕同志，大家結成一個牢靠的小團體，或許對我們的革命事業大有裨益。

我們按照這個思路做的第一件事，就是出版發行一份小報，由幾位同志分頭負責撰稿、編輯和印刷。我們給這份報紙取名《愛國報》[①]。當然，今天再回過頭來看，人們肯定會覺得這份小報幼稚可笑；但在當時，《愛國報》起到了華北同盟會「機關報」的作用：它不僅促進黨員同志積極熱情地參與黨內事務，還成了同志們之間保持密切聯繫的紐帶。

《愛國報》很快引起了袁世凱的注意，他對我們辦報的動機深感疑

----

① 原文寫作 *The Love of Country*，此處為意譯。「京津同盟會」當時在北京出版《國光新聞》，在天津出版《民意報》。趙鐵橋發行，田桐、李蔚芬、曾季友分任編輯。

惑不安。他似乎認為這份報刊的出現，是我們進一步開展革命活動的信號。我們經常被袁世凱的鷹犬盯梢跟蹤，我們的一舉一動都被他們彙報上去了。但是，這只會激發我們繼續辦好這份報紙的狂熱。

與此同時，國民黨和保守黨之間的政治角逐如火如荼，我們把主要精力集中在即將舉行的首屆國會議員選舉上。種種跡象表明，袁世凱正在利用其掌控的獨裁權力，不擇手段、不惜代價，確保其狐群狗黨贏得參眾兩院大多數議席，為實現其勃勃野心鋪平道路。

我們這些年輕的國民黨黨員儘管羽翼未豐，但卻甘願憑藉一己之力，竭盡所能襄助我們的領袖人物，挫敗袁世凱的陰謀詭計。袁世凱方面則派出了一些暗探，企圖瓦解、説服乃至收買我們。某一天，其中一位暗探找到我，手腕頗是圓滑老辣。他説，北洋政府深知我過去的表現出類拔萃，認為我將來極有可能為國家做出大貢獻，倘若可以的話，他很想和我談談出洋留學事宜，並且承諾，北洋政府樂於為我提供留學費用。輕易改轅易轍並非我的性格。我的態度直截了當，他當然應該感到自己碰了一鼻子灰。

見金錢收買無濟於事，他們最後只好訴諸暴力威脅了。但是，我早就決心下定、腳跟站穩，要為我們的理想戰鬥到最後一息。

在我們抵抗袁世凱的革命陣營裡，有一位年輕的革命家吳先生。他投身革命事業以來，多年流亡在外。現在，吳先生下決心阻止袁世凱當選大總統，並為此策劃了一場輿論宣傳戰——在所有廣受歡迎的報紙上刊登一系列揭露性文章——希望以此喚醒民眾。

然而，吳先生遇到一系列麻煩。袁世凱擔任臨時大總統後，建立了嚴格的新聞出版審查制度，未經他個人准許，民間不得出版任何違禁刊物、發表任何不同意見。但是，吳先生並未畏難不前、半途而廢。他自己花錢印刷了上千本小冊子，準備以南京為起點，通過有關渠道，發行到華南和華中地區。

那天，吳先生準備乘火車前往南京，隨身攜帶的箱子裡裝滿了「違禁讀物」(dynamite)。我們正在《愛國報》編輯部召開會議的當兒，有位

同志突然衝進會場，大呼小叫，說是有人剛剛在運河邊發現了吳先生的屍體！

我和其他幾名成員立刻趕了過去。我們必須儘快抵達案發現場，決不能讓袁世凱的鷹犬破壞謀殺現場。我永遠忘不了看到吳先生遺體那一刻，內心充滿了怎樣的恐懼與憤怒。吳先生被兇手刺了十一刀，身上還插着三把利刃，一件淺藍色的中式外套扔在他的遺體旁邊，外套上沾滿了幾條長長的血跡。那些刺客，大概就是用這件厚實的亞麻布外套擦拭血手與兇器的。

我們竭盡全力追查殺人兇手，並在某種程度上得到了幾個年輕警察的協助。很久以來，這幾個警察對我們的事業充滿同情。毫無疑問，這場暗殺肯定是袁世凱指使其鷹犬幹的——警察也知道這一點，但他們無法直接站在我們這邊，採取果斷行動。這樣一來，我們所有搜集旁證的努力都顯得徒勞。與此同時，我們還受到混入組織內部的奸細騷擾。

我記得在《愛國報》召集的某次會議上作了一次發言。我對與會人員說，吳先生本來計劃在全國各地發行小冊子，他慘遭暗殺這件事，足以證明，血案幕後的黑手就是袁世凱。

突然之間，會場裡有個人大聲說：「事實並非如此！恰恰相反，報紙整天都在發表誹謗政府的文章，袁大總統絕對不會因為記者抨擊自己，就幹出殺人滅口的勾當！這絕不可能！」

新聞記者對政府溫和、善意的批評，在這個傢伙看來是惡毒「誹謗」。他使用「誹謗」（attacks）這個字眼，無意間泄露了其奸細身份，這對我們很有用處。的確，我們很快就查明了他的真實身份。接下來的三、四場會議上，我也發表了頗具煽動性的類似言論，主要是引蛇出洞，直到我們發現這個奸細還有更多的同黨。這樣一來，一旦我們決定討論某些重要事務，就可以藉故把他們摒棄於大門之外。當然，我們繼續照常舉行各種集會，不想讓他們知道自己早被識破。

某個夜晚，有個經常暗中幫助我們的警官突然來到我家，說是有緊急情況相告。我還以為，他要告訴我有關吳先生命案的事。但卻沒有那

麼幸運，他是來「警告」我的。這位警官說，想到要到我家裡來一趟，自己心裡就七上八下的。他說，你必須馬上離開北京，袁世凱及其爪牙認定你是個危險分子，倘若你繼續留在北京，極有可能步吳先生的後塵。

我據理力爭、寸步不讓，斷然拒絕離開北京，開始和警官激烈爭辯起來，言辭裡對袁世凱及其鷹犬充滿了輕蔑與挑釁：「讓他們來啊！讓他們試試看啊！」但是，這位警官很快就說服了我。他承認，關於吳先生遇害一案，自己此前已經掌握了有關的大量證據，只是礙於上峰施壓，未能具體透露而已。他還說以此類推，倘若我繼續留在北京，毫無疑問會遭到暗算，而且絕對不會留下蛛絲馬跡。

作為最後的忠告，這位警官奉勸道：「倘若你繼續執意留在北京城，百分之百會遭毒手。可是，你這樣不明不白地死於非命，究竟又有多大意義呢？等你變成了一具冰冷的屍體，那就再也無法繼續為革命效力了。」

聽罷他這番誠懇勸告，我決定馬上離開北京，與仍然住在天津的母親團聚。

每次回到家裡，我總是感歎不已：家裡和平靜謐的親情氛圍，與我在外面從事的黨的冒險活動構成了鮮明的對比。我不想讓母親擔驚受怕，也很少告訴她自己遇到的種種困厄。我對母親說，這次回家是因為身為女兒，我很想看到自己的母親，也想好好地與家人團聚。

家是一個截然不同的世界，回到家裡，以至於我覺得自己在外面的冒險生涯，彷彿只是一場依稀縹緲的夢幻。家裡一切猶如往昔，甚麼都沒有改變，就像大門外面，剛才並沒有發生一場天崩地裂的革命。家裡每天都有許許多多忙不完的家務瑣事，一家人過着悠閒恬靜的日常生活。祖母堅持嚴格遵守傳統禮節，一樣都不能缺少：我們每次到她面前請安，都會乖巧地下跪、磕頭；一家人圍坐餐桌吃飯，同樣遵循禮節儀式。我感到好生奇怪的是，回歸這種傳統生活方式，居然對我緊繃的神經有了某種奇妙的撫慰作用。每次做完這些例行儀式，我都覺得頭腦更加清晰、精神更加振奮。儘管我是個激進的革命分子，但這種想法卻在

腦海裡留下了深刻印象：一個延續千載的中國傳統家庭，已經以某種難以察覺但又不容置疑的方式，將其自身固有的穩定、持久的精神力量，綿綿不息地傳遞到我身上，讓我獲得一種永銘心間的幸福感、舒適感與安全感。

對於我來說，姐姐一直是個難解的謎。姐姐為人婉約溫柔、恬靜幽雅，我有時看着她忙裡忙外，會情不自禁地捫心自問：我們真的是親姊妹嗎？姐姐的生活方式同樣令人費解，但我覺得絲毫沒有減少她的可愛迷人之處。姐姐裹了一雙「三寸金蓮」，看起來她似乎對此無怨無悔。姐姐不喜歡西洋仕女裝，也從來不穿它。事實上，只要有個閒暇時光，她會高高興興穿起家裡世代相傳的傳統服裝。一天到晚，姐姐不是忙着繪畫，就是忙着刺繡、縫紉，或者忙着張羅家務。傍晚時分，偶爾來了情致，姐姐會拿起一管洞簫，吹奏幾支古老的曲子。除了有幾次她協助我完成革命黨人交辦的任務之外，我們兩姊妹之間幾乎沒有絲毫相似之處。儘管如此，我們依然彼此疼愛、依戀對方。我有這樣一位溫柔可人的姐姐，實在是三生有幸；而在姐姐眼裡，我則一直是她熟稔的那個踢天弄井的淘氣小妹妹。

第八章

CHAPTER EIGHT
Plot and Counterplot

宋教仁遭到暗殺

　　我和家人在天津團聚期間，有一天，忽然接到一個神秘的電話，得知警察搜查了我父親的北京住宅，試圖找到可以指控我「違法犯罪」的確鑿證據。當天晚上，父親從北京匆匆忙忙地趕到天津 —— 看起來疲憊不堪、心煩意亂，滿臉忍無可忍的表情。父親說，希望全家人馬上離開天津，搬回廣東老家住 —— 他稍後就會回去與家人團聚。至於我本人，父親打算安排我明天乘船去日本暫避風頭。父親的這番安排當然不會有錯。但他說話時語氣生硬、表情冷漠，而且很清楚地表明：我的一番胡作非為，已經嚴重影響到了他的仕途與職業生涯。我懊悔不已，覺得無論如何，這回都要服從父親的安排。

　　接下來的四個月，我在日本度過了記憶裡一段最灰暗的日子。我對這個島國充滿了悽美的回憶，迄今猶記初次東渡扶桑，那時心底漲滿了希望和熱誠的潮水。但如今想到革命夥伴一個個辭別故國，想到吳先生慘遭殺害，想到北京城裡那種令人沮喪的混亂局勢，革命運動爆發初期，那些激動人心的日子，那些歡樂與狂喜，忽然間變得黯淡起來。我心裡牢記着李煜瀛先生提出的目標，陸續進修了一些課程，試圖通過讀書學習平復心靈的痛楚，但很快就對書冊興趣索然了。畢竟，東洋無非是模仿西洋而已，倘若我要繼續深造，為何不去西洋文明發源地歐洲求學呢？突然之間，我決定必須赴法國留學。雲消霧散太陽出，我抓緊時間趕快回國，為出洋留學做準備。

　　全家人由衷地贊成我赴法留學深造。他們大約認為，這樣一來，無論我本人還是全家老幼，都可以從此遠離是非的漩渦。因此，家裡人馬上急匆匆為我出洋做準備，免得我臨時反悔變卦。祖母得知這個消息，

特地從廣東老家千里迢迢趕過來，督促和安排一切。出洋留學是孫女生命中的一件大事，老祖母無論如何也不肯錯過這個「大排場」。她一邊親手為我準備行頭，一邊流露出焦慮不安，忙得不可開交，所有的細枝末節都要問個清楚仔細。儘管我們祖孫倆以前發生過那麼多齟齬，如今我即將出洋留學，看見祖母發自內心的關愛與擔憂，我依然感動不已。祖母是我們這個傳統家庭裡令人尊崇的「女掌櫃」，一直為自己扮演的角色、肩負的責任感到自豪。從一些看似好笑的細節，或許可以窺見祖母內心的某些想法。譬如，她張羅着給我準備了一件精緻的歐式嫁奩，堅持要我帶到歐洲去，就好像我此行是去巴黎結婚似的。

出洋前的各項準備，安排得順順當當。但是，大約動身前一週，幾位黨內同志來家裡看望我。他們非常擔心即將於四月份舉行的第一屆國會議員選舉 [①] ——這時還是三月。此外，袁世凱正在與列強組成的「國際銀行團」（foreign bankers）談判貸款事宜。我們擔心袁世凱企圖利用這筆所謂「善後大借款」，強化自己的獨裁專制，進一步損害民主共和政體。同志們勸我最好延遲個把月再出洋，以免接下來組織開展抵抗行動，缺少一個得力幫手。母親則懇求我不要改變行程，這一次，我幾乎就要對她言聽計從了，儘管覺得多待一個月，或許至少可以為黨組織奉獻綿力。

我一下子陷入了兩難境況，何去何從，猶豫不決。就在這時，3月21日，我們突然接到一封電報：宋教仁先生——我們最偉大的領袖和最高尚的人物之一——在上海火車站被暗殺了！當時，他即將登上火車到北京參加國會選舉。宋教仁先生是個無私無畏的政治家，他剛剛結束幾個省份的巡迴演講，抨擊時政，揭露腐敗，廣泛宣傳自己的政治主張，向民眾剖析國家面臨的利益攸關的問題。宋教仁擁護責任內閣制，尤其

---

① 1913年1月10日，中華民國臨時大總統袁世凱下達正式國會召集令，命令所有當選的參、眾議員，於本年3月齊集北京。3月19日，袁世凱又通電全國，宣佈於4月8日舉行國會開會禮。3月20日晚，有望出任內閣總理的國民黨代理理事長宋教仁，應袁世凱邀請前往北京，在上海火車站遭遇槍擊，於3月22日凌晨去世。這次暗殺成為「二次革命」的導火索。

宋教仁（1882—1913）

字鈍初，號漁父，湖南常德人。中國「憲政之父」，中華民國的主要締造者，民國初期第一位倡導內閣制的政治家。1912 年 8 月，中國同盟會改組為國民黨，為適應國會選舉需要，宋教仁主持第一次改組國民黨。1913 年 2 月，國會選舉國民黨取得重大勝利。1913 年 3 月 20 日，宋教仁在上海火車站遇刺，不治身亡，年僅 31 歲。

是，他卓有成效地凝聚起公眾輿論，反對袁世凱的獨斷專行。國會選舉日期即將到來，我們殷切期盼這位眾望所歸的傑出人物及時抵達北京。

敵對勢力採取這種卑鄙無恥的暗殺手段，從政治舞台上剷除宋教仁，實在令人魂驚魄惕、怒不可遏。至於兇手的真實身份，毫無疑問，除了袁世凱指使其痛下毒手，不會再有其他任何人。中華民國肇建之後，我們希望暴力時代已經終結，遇到任何錯綜複雜的政治問題，都可以按照民主程序協商解決。但是，袁世凱為了達到其最終目的，不惜採取任何卑鄙無恥的手段，這就迫使我們必須採用唯一可行的暴力行動反擊，用句古話說就是「即以其人之道，還治其人之身」。得知宋教仁之殤噩訊，我的憤怒和悲傷無以名狀，當即決定推遲赴法留學行程，與同志們一起戮力反抗袁世凱的顢頇獨裁。

我立即奔赴上海參加宋教仁先生的葬禮，全國各地許多黨員同志也紛紛趕到上海。在對我們黨的英雄致以最崇高的敬意之後，我們討論了應該採取何種措施，為死者報仇雪恨，並維護鞏固共和政體。有人提出，即便我們提出證據確鑿的指控，袁世凱也絕對不會接受司法審判，因此，最終有必要發動「討袁」軍事行動，以武力推翻袁世凱及其北洋政府。此時，袁世凱掌控的兵力已經不若往昔強大，他正以辦理「善後改

革」為名向列強操縱的「國際銀行團」提出長期借貸，希望藉此彌補國庫空虛。大多數知名人士強烈反對所謂「善後大借款」，但是反對聲猶如片石擊水、收效甚微。考慮到這些綜合因素，我們決定竭力阻止「國際銀行團」發放這筆貸款。因為，這筆巨額貸款一旦到手，袁世凱勢必會利用它擴充軍隊，破壞民主共和，進而籌劃消滅南方各省革命勢力，為其復辟帝制掃清障礙。

有幾位鐵血志士當即主動請纓，要求擔任暗殺袁世凱的任務，希望此舉可以一勞永逸地解決問題。但其他人提出反對意見，理由是袁世凱的貼身侍衛防衛嚴密，他極少離開戒備森嚴的住所，因此，想接近他幾乎根本不可能。此計不成，我們退而求其次，目標鎖定了袁世凱的財政總長[1]。暗殺財政總長同樣可以收到阻止「善後大借款」功效，因為他正與「國際銀行團」就這筆款項發放事宜展開談判，而我們可以想方設法接近他。但在我看來，所有這些爭論無濟於事，破解僵局的唯一辦法就是暗殺袁世凱的財政總長。於是，我挺身而出，自告奮勇執行這項暗殺任務。大家聽罷我的提議，也就不再爭論下去了，我們開始着手為實施暗殺計劃制定行動方案。

---

① 周學熙（1866—1947），中國近代著名實業家，1912 年 7 月至 1913 年 5 月任北洋政府財政總長，為袁世凱簽訂善後借款合同。

CHAPTER NINE
I Run into Difficulties

衝破艱難險阻

這次從上海回到天津之後，我們不得不採取各種嚴密的預防措施，因為，我們已經不可能再像以往那樣自由來往各地了。

那個時候，我們黨內有個年輕姑娘，雖然從未像我那樣介入混亂（mêlée，法語）的局勢，但卻是個為人忠誠可靠、值得信賴的好夥伴。她家在天津城外有座農場，還有個哥哥供職於北京的陸軍部 —— 這樣一來，她就有正當理由經常往返京津兩地，還可以帶個貼身的鄉下女傭人。於是，我把頭髮編成兩根長長的大辮子，垂到背上，穿上農家姑娘常穿的亞麻長褲、寬鬆上衣，打扮成鄉下姑娘模樣，衣服下面繫了根皮腰帶，炸藥綁在腰帶上 —— 我還帶着一個半新半舊的手提箱，裡面裝着炸彈。就這樣，我一身鄉下女傭裝束，和女伴一起登上了火車。我像個傭人那樣服侍她進了頭等車廂，然後回到自己的三等車廂。

儘管此前，我也有過多次充滿危險的旅行經驗，但眼下這三個小時是我經歷過的一段最難熬的時光。我當然知道，在完成暗殺任務的過程中，死裡逃生的概率十分渺茫。我當時處於高度緊張狀態，但是，開弓沒有回頭箭，我已經沒法回頭了。

的的確確，在這種生死攸關的危機時刻，生命即將隨風而去，一幕幕人生經歷，歷歷如在眼前，它們不是井然有序地浮現在腦海裡，而是像萬花筒一般紛至沓來。比如：一會兒是我和哥哥在廣東老家花園裡抓蟋蟀、鬥蟋蟀的場景；一會兒是某次黨內會議上，我在某位革命同志面談高談闊論；接着，畫面又跳回京城裡那些寧靜的夜晚，白天的公務結束後，父親回到家裡，我們父女倆靜靜地坐在一起聊天。父親給我烤梨子，用長柄火鉗夾起梨子，舉在火焰上烘烤着，我清楚記得梨子的香

味裡，混合着父親平和安詳的話語聲，自己又是怎樣饞涎欲滴地盯着那枚烤得半熟的梨子呀！我回憶起小時候闔家團聚迎新年（Chinese New Year，原註：農曆年是我們中國的傳統節日，相當於西方的耶誕節），那時候我是多麼興奮呀！我想起「七夕節」那天晚上，家裡特意備好七份禮物，一一供奉在「七仙女」牌位前。我甚至想起了家裡一位女傭，本來我已經忘了她的模樣，現在又忽然記起她的名字。我還想起我的小姑姑，一個甜美溫婉、善良體貼的女子。姑姑是個「自梳女」，終身未嫁，住在我們西鄉老家附近鐵仔山 ① 上一處類似尼姑庵的地方，我和母親時常坐輪子去探望她，這也是我童年生活中最開心的時光。姑姑總是準備好美味佳餚，開開心心地迎候我們的到來。餐廳大門一打開，映入眼簾的是滿桌佳餚，我一時間雀躍不已。這時，突然有個想法打斷了這些美好的回憶，我想到那些蹈鋒飲血的革命同伴，他們敢於冒着殺頭危險從事秘密活動，英勇獻身於革命事業。

　　慢慢地，我變得神態自若、異常冷靜，心中充滿了堅定的決心和勇氣。我唯一的想法是：現在，我終於有了一個機會，可以證明自己對革命事業和我的國家抱持的那份赤膽忠誠了。我為這個崇高的念頭激動不已，但頭腦無比清醒。

　　在這種情況下，我細心查看周邊的人事物，卻發現有兩個男子不時地走來走去，偶爾還會心不在焉地瞥我一眼，形跡頗是可疑。我突然害怕起來，擔心自己被人識破了。但是，不管怎樣說，倘若能神不知鬼不覺地順利通過關卡，我就有辦法把他們甩開 —— 如果他們真的是暗探的話 —— 北京大街上總是人山人海、熙熙攘攘，「唯有王城最堪隱，萬人如海一身藏」，我完全可以在人海裡甩開他們。

　　我們這次過關卡，並沒有請那位西洋朋友出面幫忙。我們都覺得，請求他協助完成這種危險任務的次數實在也太多了。因此，這次前來接

———————————————

① 現為鐵仔山公園。

應的是同行女伴的哥哥。他身為北洋政府陸軍部軍官，自然有辦法讓我們順利通過關卡。

火車到了站，一切很順利；我和女伴一起登上月台，我提着她的行李和自己的手提箱，躡手躡腳地跟在她身後。女伴的哥哥很親熱地跟妹妹打過招呼，但沒有和我搭話。有一陣子，為了演好「主僕進京」這齣戲，女伴轉身大聲呵斥我，埋怨我幹甚麼都是笨手笨腳的，還大聲説，你現在人在京城，幹甚麼事都給我放機靈點兒，別再像個鄉下出來的笨丫頭。我洗耳恭聽，由她盡情責罵，喃喃自語了幾句道歉的話，扮出一副又害怕又害羞的模樣。事實上，現在回眸往昔歲月，我想説的是，在我少女時代的革命生涯裡，最有趣的事兒就是經常有機會扮演各種角色——不管怎樣説，我的「演技」大體上還算過得去，大多數情況下都能夠金蟬脱殼，僥倖過關。

和女伴談話的當兒，我又看到了在火車上遇見的那兩個陌生人。我好像還看見，其中有個人舉起手來打了個暗號。

一闖過關卡，擠過熙熙攘攘的人群，我就和女伴分手了，坐上一輛黃包車。我吩咐黃包車夫去某個飯館，而在那家飯館裡，我將會和幾個黨內同志接頭碰面，具體磋商下一步行動方案。黃包車在大街上疾奔，我回過頭看了幾眼，擔心那兩個形跡可疑的陌生人尾隨而來。不過還好，身後並沒有人「盯梢」，我終於鬆了一口氣。

黃包車夫把我拉到飯館旁邊，我悄悄地從後門溜了進去。穿過廚房之際，有個侍者認出我來，直接把我領到樓上的一個包間。我見到了幾個黨內同志，我們坐下來一邊喝茶，一邊討論各種細節，為這次暗殺行動做最後的安排。他們準確地描述了財政總長搭乘的馬車何時經過何地。此外還告訴我，很多同志對我這番壯舉充滿敬意，希望能夠代替我執行暗殺任務。但我意志堅決、當仁不讓。我已經把勇氣鼓到這種份兒上了，氣可鼓不可泄，我無法想像自己打退堂鼓的樣子。

就在這時，忽然傳來一陣敲門聲，來人正是剛才帶我進來的侍者。他驚慌失措地告訴我們：樓下來了兩個暗探，暗探説有充分的理由相

信，鄭大小姐就在樓上某個包間裡。他們打賞了侍者一筆小費，要他上來探聽虛實。那兩個暗探做夢也想不到，侍者會把他們講的話原原本本地告訴我們。

我當即意識到必須趁暗探上樓之前，趕緊帶着炸彈逃離飯館。我告訴那個侍者，一定要設法穩住他們，你就講從門縫裡聽見我說，要去前門大街找同伴——當局早就認定那個地方是我們的秘密據點——參加一個重要會議。然後，我還叮囑他，說完這些話，趕緊上樓來接我。在我進出的人生「窄門」——種種死裡逃生、心驚肉跳的事件裡，那次也是一個面臨生死存亡、極具戲劇性的關鍵時刻。我迄今仍然清楚記得，自己當時說的每一句話、每一個手勢，乃至每一個表情。

從這家飯館前往前門大街，最直捷的路徑是穿過使館區東交民巷；我當時的想法是，一進入東交民巷就安全了。於是，我飛快地換上一套西洋仕女裝，用換下的農家衣衫包裹好箱子裡的炸彈。那個侍者很快就回來了，提着燈籠走在前面引路，我們默不吭聲地下樓，裝出一副漫不經心的樣子。我提着那個命運攸關的手提箱。最重要的是，我必須表現得鎮定自若、從容不迫，不疾不徐地從暗探身邊走過去。這時大約傍晚六點了，忽然颳起一陣陣大風。北京城裡，暮色蒼茫，這片暮色裡似乎瀰漫着某種不祥之兆，我整個人頭暈目眩、四肢乏力，有種快要虛脫窒息的感覺，但我故作輕鬆地跟侍者說着閒話，抱怨今天天氣太糟糕，希望明天是個豔陽天。我們若無其事地步下一階階樓梯。那兩個暗探退讓到旁邊，躲在黑黢黢的長廊裡盯着我們。很顯然，他們已經中了我的計謀，認定我要去秘密據點參加會議（原註：在那個秘密據點，他們完全可以把我們一網打盡）。或者，那兩個膽小鬼認為，倘若現在出面抓捕我，我會毫不猶豫地掏出炸彈，甩到他們身上。所以，他們一直不敢貿然出手。我上了一輛黃包車，大聲吩咐道：去前門大街。

黃包車夫腳下生風，一路狂奔。我回頭看看，發現暗探們在後面窮追不捨，很快就有援軍加入，他們總共五六個人左右。這是一場瘋狂的追逐，可以說，一路上驚險萬分。我對那個黃包車夫充滿感恩之情，他

雖然個頭矮小，但卻渾身鋼筋鐵骨，跑起路來氣喘如馬，速度與耐力驚人無比。我一個勁兒地大聲催促他、哀求他：快一點兒！再跑快點兒！黃包車夫一路上疾駛狂奔，有好幾次，我險些被甩出車外。我的雙手像老虎鉗子一樣緊緊地抓牢把手，接下來好幾天，我的四肢酸痛麻木，幾乎寸步難行。

就在那些暗探快追上我們的一剎那，黃包車閃進使館區東交民巷，立即奔向六國飯店。我打賞了黃包車夫一筆不菲的小費，那或許是他一生中見過的最大票額，他又驚又喜、千恩萬謝。我努力振作起精神，信步走進飯店大廳，好像剛從附近的茶會上回來似的。

CHAPTER TEN
The End of a Period

六國飯店驚魂記

六國飯店（The Hotel Des Wagons-Lits）是北京最新潮時尚的飯店，從某種意義上來講，這裡也是個名副其實的「國際俱樂部」。每天早上八點鐘，飯店供應豐盛的美式早餐，中午供應法式烹飪，下午四點則供應英式下午茶。飯店大廳裡聚集着形形色色的客人，用餐、閒聊或者翩翩起舞。此外，人們普遍認為，六國飯店也是受迫害的政治人物的「避難所」。毫無疑問，私下裡顯然在悄悄醞釀種種陰謀，交換各種情報；但從表面上看來，這家飯店竭力營造出一種愉悅輕鬆的氛圍，客人們聊着不着邊際、不惹是非的話題。許多外交官把這裡當成了逃避辦公室枯燥生活的絕佳去處，其中不少人成了收藏家。至於京城裡那些舉足輕重的古董商人，也常常混跡其間，他們在人群裡四處穿梭走動，時不時地從長袍裡掏出珍珠、水晶、稀有玉器，以及精美的雕刻，等等。倘若你沒有更多的事情急於去做的話，六國飯店倒是個場面輝煌、情調迷人的好去處。

我走到飯店前台，訂了一間客房，眼角餘光瞥見有個暗探正站在飯店前門。然後，我逕自上樓去了。我覺得打消他們猜疑的最好方法，就是假裝我是來娛樂消遣的。所以，我決定盛裝出席晚餐會，和幾個以前結識的歐美朋友消磨一個晚上。我搖鈴叫來侍者，卻發現和這位侍者此前比較熟稔，頓時鬆了一口氣。我對他解釋說，我的行李存放在車站了，請他儘快去東交民巷馬禮遜大街（Morrison Avenue）某家英國商店，幫我買件西洋晚禮服。我實在沒法用他能理解的方式描述一番，所以只能告訴他，要挑選一件款式簡潔、質感極佳的西洋仕女裝。

侍者離開之後，我坐下來等他，趁機把炸彈和炸藥拿出來，藏到壁

櫥裡。我意識到，由於盯梢的暗探如影隨形，我這次完成任務的把握微乎其微。想到這裡，我很是懊喪不已，覺得自己太過於粗心大意，這身裝扮居然未能成功騙過袁世凱手下的鷹犬。此外，一想到無法及時送出炸彈與彈藥，我就更是感到沮喪泄氣、一籌莫展了。

　　這時傳來敲門聲，那個侍者回來了，手裡捧着個大盒子。讓我大喜過望的是，他幫我買了件漂亮的晚禮服。說真的，穿上它整個人容光煥發，一股自信倏然湧上心頭。接下來，我縮起頭髮，紮了一款很別緻的髮型。正當我準備下樓用晚餐之際，飯店前台說樓下有個電話找我。我忐忑不安地下了樓，走進一樓的電話間。拿起話筒一剎那，我的雙手顫抖個不停。

　　話筒那頭，有人操着一口英文說話，我聽出來是一位黨內同志的聲音。我們接下來的對話，或許會讓旁人丈二和尚摸不着頭。他說：非常抱歉，沒辦法來接你共進晚餐了。但是，我們的一些熟人派了跟班坐馬車接你，跟班們正在東交民巷外面轉悠呐；那麼，你帶給小女傭 (little Mai-Mai) 的蜜餞怎麼辦呢？要是在手提箱裡放久了，那就變味了，你說對吧？我回答說：「是呀！是呀！」然後我問他，能不能派人過來拿呢？於是，他說會派自己的書記員過來一趟，書記員會在飯店側門恭候。他剛才提到「跟班們在東交民巷外面轉悠呐」，意思當然就是：整個東交民巷使館區都被暗探包圍了。

　　我匆匆返回客房裡，把炸彈、炸藥捆成兩個包裹。大約十分鐘後，我走到飯店側門，看到一位很面熟的同志，他的黃包車停靠在路邊，此時正在焦躁不安地來回踱步。我們擔心隔牆有耳，簡單寒暄了幾句。然後，他壓低聲音耳語道：「務必馬上離開北京。」講完這句話，他帶上炸彈、彈藥急匆匆乘車離開了。

　　此後不久，我到餐廳裡用晚餐，臉上的表情絲毫沒有泄露剛剛發生過甚麼事。很顯然，我看起來人淡如菊、心素如簡，因為我在餐廳裡遇到的熟人，誰也沒覺得我的儀表舉止有何異樣。

　　此時此刻，我有種聽天由命的念頭。比方說吧，如今面對險境困

厄，我也只能聳聳肩而已。我坐下來，開始享用一頓豐盛的晚餐——剛才的緊張、興奮感使得我飢腸轆轆，所以，我現在大快朵頤。隔壁餐桌坐着一對相熟的美國夫婦，他們的兒子大約十二歲，不知道小傢伙從哪里弄來一隻北京哈巴狗——也就是宮廷獅子犬，這種狗原本是宮廷裡的寵物。這隻小狗很可愛，個頭小到可以舒服地窩在一隻中式套鞋裡。它有一張快活、明亮的「三色堇」形的臉，機靈活潑，煞是迷人，我逗着小狗玩耍，試圖把那些嚴峻的事情拋諸腦後。

就這樣，我在餐廳裡消遣了幾個小時。我偶爾留意到自己映在窗玻璃上的側影，心裡直納悶：坐在那裡的真的是我嗎？那個妙齡女子一邊津津有味地享用晚餐，一邊還與友人興致勃勃地談論着北京哈巴狗。

正餐之後，開始享用端上來的蜜餞、水果和蛋糕。有個侍者走到我的餐桌旁，説是有位姓秦的先生正等着要見我。我一激靈，囫圇着嚥下了一個蜜餞。我對秦先生這個人的底細一清二楚，他是少數幾位背棄「同盟會」的逃兵之一。秦先生早期也是個革命者，但很快就屈服於袁世凱的淫威，如今在北洋政府當差。我到外頭一間小接待室和他碰面，路上暗自告訴自己，最好的辦法就是，在他面前擺出一副事不關己、興趣索然的姿態。

我們互相寒暄了幾句，然後，秦先生神色尷尬地説：「鄭大小姐，你想得出來嗎？是警察告訴我你到了這裡的。」

我聳聳肩説：「這有甚麼值得大驚小怪的呢？」

他回答道：「有人稟報我們，你這次攜帶了爆炸品。」

毫無疑問，在某些特定情況下，一個人的應變能力很大程度上取決於其衣裝。我穿着一件有拖裾的晚宴仕女裝，手裡還拿着一把小扇子，懶洋洋地揮來揮去，一副慵懶閒散的模樣。我用一種彬彬有禮卻又滿是鄙夷的語氣回應他：「你覺得我看起來，真的像那種攜帶炸彈的人嗎？」秦先生一聽這話，一臉摸不着頭緒的表情。

秦先生沒有直接回應提問。沉默了幾秒鐘，緊接着，他急匆匆地説明來意：「鄭大小姐，袁大總統已獲悉你來北京的目的，他很欣賞你的愛

國熱誠，但他擔心你會被那些走歪門邪道的人引入歧途，所以，他敦促你別再和以前的同夥沆瀣一氣了，最好馬上和他們分道揚鑣。坦白些說吧，大總統有個很好的建議，你不妨考慮一下，這無論對於你的職業生涯，還是對於國家的利益，都具有深遠意義。」

秦先生隨後對我和盤托出了他們的整個計劃：首先，我要把自己交到北洋政府手裡當人質。其次，作為交換條件，袁世凱同意南方國民黨成員組織一個委員會，調查內務部長和宋教仁之死有何關聯，如果內務部長指使兇手刺殺宋教仁證據確鑿，他將會受到懲處；但是，國民黨的領導人必須到北京法院出庭（原註：此舉已經暴露了袁世凱的真實意圖），解釋清楚他們為何派遣我到首都從事暴力活動。

秦先生說罷這番話，滿臉洋洋得意的表情，好像施捨了一件甚麼好東西給我似的。「這樣一來，」他又補充道，「你看起來也就是一位受到孫中山唆使的受害者，我們保證不會動你一根毫毛，倘若照此行事，我保證你會聲名鵲起。」

一聽此言，我差點兒情緒失控。好在，握在手裡的扇子救了我一命，倘若手裡沒有這把扇子，我早就握緊拳頭砸過去了。過了一會兒，我總算鎮定下來了，拿腔作調、優柔寡斷地說道：「當然囉，我很在乎自己的名譽。」為了拖延時間，我假裝對他的提議很有興趣。

「好吧，」我搪塞他說，「但是，我現在還沒法當面答應你。我明天再給你打電話，你看好嗎？」

秦先生同意了，敲定明天下午五點通電話。倆人握別時態度友好親善，似乎都對這次晤談有了結果感到高興 —— 儘管各自懷着不同目的。

我急匆匆回到客房。很明顯，我必須在電話答覆秦先生之前，趕快離開北京。

我在六國飯店度過了一個心急如焚之夜。次日早晨下樓用早餐，離開客房的當兒，我發現門邊站着個新來的「侍者」，他穿着一套灰色制服，但別的侍者穿的都是藍制服，我馬上意識到他是誰、為何站在這裡。我找到飯店的領班，用這個「侍者」聽得見的聲音說：我準備乘坐下午

四點的火車去天津。我還吩咐那個領班：要是上午有電話找我，就說我不在客房裡——出門辦點兒事去了；還有，我不回飯店吃午飯了。

我回到客房裡，戴上帽子，把手提箱留在那裡，然後又回到飯店大廳，發現那個扮成「侍者」的暗探果然溜走了。很顯然，他要趕回去稟報秦先生，我會在約定通話時間之前離開北京。我慢慢地走到街上，信步閒逛，時不時地停下腳步看看櫥窗，一副遊手好閒、輕鬆散漫的模樣。然而，一旦轉過街角，看見前面兩三百米處的火車站，我提起裙踞，拔腿狂奔，一口氣跑到月台上。我心裡早就掐算好了時間：那趟火車上午 9 點 45 分開出，我要趕在它啟動的一剎那上車。我跨上幾個台階，一個箭步跳上火車，急匆匆擠進車廂裡，火車果然啟動了。

火車到達天津兩小時之後，我乘坐一艘英國輪船去了上海。到上海後與朋友們取得聯繫，他們見到我都驚呆了，然後鬆了一口氣，高興得哭了起來——大家還以為我遇難了呢。我已經做好暗殺財政總長的充分準備，但在千鈞一髮之際被迫中止，改由其他鐵血志士予以實施。但是，這場暗殺行動最終功虧一簣——財政總長逃過一劫，鐵血志士們被捕後慘遭殺害。此外，報紙上有消息說，我的手提箱和個人物品一直留在飯店裡，一個大活人卻無影無蹤，因此，肯定遭遇了甚麼不測。稍後，有個警察接受記者採訪時，油嘴滑舌地回答說，我逃跑時捱了一槍，多半已經死於非命。

暗殺北洋政府財政總長事件發生不久，美國銀行（American banking）從其自身利益出發考慮，並根據華盛頓的相關指示，決定退出列強操縱的「國際銀行團」。袁世凱的獨裁統治繼續維持了一段時間，他逐漸變成了個徹頭徹尾的獨夫民賊。1916 年，袁世凱宣佈「登基」，自立為「中華帝國大皇帝」（Emperor of China）。稱帝之舉受到萬人唾棄，1916 年 6 月 6 日，內外交困的袁世凱壽終正寢。隨後接下來的若干年月，中國政治舞台上出現了各種爭鬥，孫中山先生及其追隨者們為締造一個真正的民主共和國繼續頑強奮鬥。1925 年 3 月 12 日，孫中山先生與世長辭，年輕的蔣介石將軍繼承了他的事業。兩年後，蔣介石委員長指揮的北伐

吳稚暉（1865—1953）
名脁，字敬恆，江蘇武進人。早年曾
參加過康梁發起的「公車上書」，主
張維新。後留學日、英、法等國，
追隨孫中山，加入同盟會，投身辛亥
革命。他是國民黨四大元老之一，
先後擔任國民黨中央監察委員、國
民政府委員等職；也是中央研究院
院士，學貫中西，建樹頗多，影響甚
大。1953 年病逝於台灣，終年 88 歲。

戰爭大功告成，並在南京建立了統一的中華民國政府。

　　與此同時，1913 年我在上海逗留期間得知，南京的國會議員吳稚暉先生以及其他幾位老同盟會會員，正準備結伴前往歐洲考察政治，他們也再三敦促我一路同行。出洋前夕，我回了趟廣東老家，在祖父營造的大宅院裡住了幾週，這才漂洋過海。

　　我在廣東老家逗留期間，唯一值得記下一筆的是，在祖父營造的鄭氏宗祠裡操辦了一場排場很大的宴會，藉此紀念我那位以「樂善好施」聞名鄉里的老祖父。除了邀請至親好友、左鄰右舍，我們還邀請了許多貧寒人家。這場筵會（「大盆菜」）既隆重又熱鬧，皆大歡喜，大獲成功——親戚鄰居融融泄泄，歡聲笑語，互致問候，互贈禮品。有位家境貧寒的遠房老親戚，好多年沒有享用這種大餐了，他在開席時站了起來，高高興興地舉起酒杯，祝禱我那位老祖父的在天之靈，並以驕傲的

口吻唱起了「彩頭」——「鄭姚大老爺回來了！鄭大老爺回來了！鄭大老爺的孫女把他的老規矩給我們帶回來了！」

出洋前的準備工作近乎史詩般壯觀。我們按照老祖母認可合適的樣式，足足花了兩天時間才收拾好行李。但是，家人捨不得這麼快和我分別，決定陪我一起到香港。我搭乘的那艘駛往歐洲的輪船，原計劃在香港停泊一夜再起航。那天晚上我本來打算上船，但是，香港的一位嬸嬸執意要為我舉辦喜慶家宴，盛情難卻，我只好吩咐董五帶上行李，先到碼頭等着我。

難分難捨的告別，百般叮嚀，千般忠告，萬般祝福。我在杯觥交錯、笑語掀天的宴席上耽擱了好久，感動得熱淚盈眶，以至於我們一群人風風火火地趕到碼頭上，這才發現輪船已經開走了，變成了海平面上一個模糊的黑點。

那一會兒，我很是懊惱不已，但是連一丁半點兒自責的時間都來不及。家人和親戚一個個樂不可支，我們隨後興衝衝地回到嬸嬸家，「開瓊筵以坐花，飛羽觴而醉月」，歡宴達旦。第二天，我給船上的朋友發了一封電報，告訴他們我為何錯過了上船的時間；但從朋友們的回電看來，並沒有絲毫責難或擔心的意思。他們很風趣地說，會在新加坡等着我同舟共濟。幾天之後，哥哥陪伴我到了新加坡的港口。

CHAPTER ELEVEN
College Days in Wartime Paris

歐戰時期的大學生活

從馬賽港（Marseilles）上岸後，我發現自己對法國的最初印象，竟然出奇地缺乏任何驚喜的成分。恰巧相反，眼前看到的林林總總，似乎都有一種熟悉的陌生感，也就是那種「我以前來過這裡」的詭異感覺。

之所以會產生這種印象，或許是因為我已經在有關書冊典籍裡浸淫多年，早就間接地熟稔了法蘭西：我流覽過的有關法國的畫冊，典籍裡對於法蘭西的描述，如今一覽無餘地展現在眼前。唯一令我感到驚歡不已的，是那些隨處可見、古色古香的歷史文化古跡。觸目處都是古老的建築與街道，甚至就連法國的那些鄉村農舍，也一概煥發出古典的氣息。以前在我的想像裡，與西洋有關的林林總總，全都是一幅幅嶄新的現代化容貌；事實上當然並非如此。然而，置身於這樣一個浸淫着悠久歷史文化氛圍的國度，我還是感到驚詫不已。

在馬賽港登岸之前，我早就是一個法蘭西文明最忠實的擁躉者。對於我來說，法蘭西是我信仰的所有美好事物的最初來源：自由（Liberte）、平等（Egalite）與博愛（Fraternite），所有這些詞彙都蘊含着人類共同追求的美好生活理念，而不僅僅是鑄刻在大理石砌成的古典門廊上的冷冰冰的銘文。而且，我從骨子裡對法國人產生了一種強烈的同理心與親切感——他們的祖輩曾經為了民主、自由捐棄了寶貴的生命。

但是，這種興奮感並未持續多久，失落感很快就接踵而至。1914 年4 月，我在巴黎一間小公寓裡安頓下來 [1]，也許是由於語言上的障礙（原

---

[1] 鄭毓秀英文自述《來自中國的少女》第四十六章寫道：「1914 年4 月，我在巴黎的一個寄宿公寓安頓下來，這是我們忠實的朋友李煜瀛先生替我安排的。」

巴黎先賢祠

註：當時我一點法文都不會講），也許是要面對新的生活，我很快就感到
孤寂難熬、鄉愁難剪。

　　大約三個月後，好歹總算過了口語關，出門不用翻譯陪同，也能到
處閒逛了。從那時起，事情就變得簡單輕鬆多了。法國人素以熱情好客
著稱，實在讓我獲益匪淺，我覺得一旦對巴黎居民及其世風民俗有所了
解，你就絲毫感覺不到自己此時身處異邦他鄉。我在巴黎過得既輕鬆又
愉快，陸續結交了幾個法國、英國、美國的朋友，也認識了許多中國留
學生，他們經常光臨我的小公寓，一坐下來就會聊到三更半夜，談論的
全是政治問題。他們大多數人待在歐洲的時間比我長得多，對當地情況
了解更多。因此，在大多數情況下，我只是靜坐一隅聽他們侃侃而談，
仔細聆聽他們闡述各自的見解與主張。

　　當時，幾乎所有的巴黎人都意識到，一場大規模的戰爭即將爆發。
從 1914 年 7 月開始，每天的新聞報導變得日益可怕。1914 年 8 月 3
日，德國正式向法國宣戰 [1]，我們感到震驚不已，但同時又覺得並不意

---

① 即第一次世界大戰（1914 年 7 月 28 日—1918 年 11 月 11 日），這場戰爭是歐洲歷史上破
　壞性最強的戰爭之一。

外;我們大家都曾認為在自由、文明的西方世界,戰爭這種災難性的事情是不可能發生的——然而,事實證明,人類在一段時間內仍然無法避免戰爭。

戰爭爆發一週後的某一天,我到巴黎蒙帕納斯火車站(Gare de Paris-Montparnasse)觀看法國軍隊出征儀式。火車站裡,成千上萬的士兵列隊集合,然後排成略顯凌亂的隊形登上火車。在離別的最後時刻,妻子與母親依然緊緊地抱着他們,難捨難分。蒙帕納斯火車站擠滿了送別的人流,卻陷入一片可怕的死寂,偶爾會聽到一些女性壓抑的啜泣聲。整個送別場面瀰漫着難言的哀傷與恐慌。

我在蒙帕納斯火車站幾乎待了一整天,無心吃喝,忘了休息。那天晚上回到小公寓裡,我在床邊泥塑木雕般地呆坐了好久,茫無目的地凝望着漆黑的夜空。我感到相對於大多數歐洲人而言,這場戰爭對文明的威脅,給我帶來的衝擊與震撼更大;因為,我剛從中國革命的漩渦中激流勇退,長期以來,一直認為西方社會成熟穩定、文明發達,我從充滿暴力的革命與挫敗中衝殺出來,滿懷景仰與渴望來到巴黎,追求新學新知,所以,這場戰爭對我來說是個雙重的悲劇性衝擊。

接下來的幾天裡,我思緒沉重、病薇薇的,但又不知道為何如此這般。我整日裡躺在床榻上,渾身乏力、疲憊不堪。但是,數日過後,我逐漸調整好心態,又變得身輕如燕,開始適應巴黎的戰時生活。

然而,從各種新聞報導看來,戰況變得日益嚴峻,壞消息雪片般飛來。1914 年 9 月初,大批巴黎市民開始疏散①;法國政府和各國外交使

---

① 鄭毓秀英文自述《來自中國的少女》第四十六章寫道:「日子一天天過去,消息變得越來越令人擔憂。最後,九月初,一場現代版的『出埃及記』開始上演了。法國當局建議巴黎居民疏散。政府將前往波爾多,大使館正在撤離巴黎,讓我與中國公使館成員一道疏散。我作出決斷的這一刻,心裡很是痛苦,但我已經開始更清楚地了解這場戰爭了。我決心不管發生甚麼事,我都會留在巴黎。」「1914 年 12 月,我姐姐、姐夫回廣東途中經過巴黎,懇求我和他們一起離開,我告訴了他們自己的決定。我解釋説,我為了到法國求學,作出了巨大的犧牲。我認為這場戰爭和目前的事件不僅重要,而且是世界歷史上的一個轉捩點,我必須看到結果。所以,我和姐姐、姐夫分手了,獨自一人留下繼續完成學業。」

團被迫遷到法國西南部城市波爾多。人們敦促我隨同中國公使館成員撤離巴黎。但在此時此刻，革命年代堅持到最後一刻的想法，再次在我的腦海中浮現，我決定繼續留在巴黎。我經歷了革命年代的重重艱難險阻，好不容易才來到法國求學，如今我不願僅僅由於有可能再次遭遇一些從前司空見慣的暴力事件就退避三舍。與此同時，我現在對政治以及戰爭背後的因素有了更多的了解；我覺得，這場戰爭實際上是世界歷史上的一個轉捩點，我希望盡可能靠近事物的中心去探究結果。

於是，我繼續留在巴黎，履行自己應盡的職責，並且發現在戰爭年代，生活在部分人口已經疏散的城市裡並不太難。我們常常聽見震耳欲聾的槍炮聲，宛若夏日裡傳來的一陣陣雷鳴。我還看到計程車滿載全副武裝的士兵駛離巴黎，奔赴前線，我和巴黎市民站在人行道上，為出征健兒大聲喝彩，同時又不禁熱淚滿面。法國最終頂住了德國的猛烈進攻，守住了巴黎，我們很快就奇跡般地避開了炮火，生活又回復到戰爭初期的常態。

1915 年，我準備進入巴黎大學（索邦大學）法學院（Law School of the University of Paris, the Sorbonne）深造。我之所以選擇法律作為自己的研究方向，是因為我覺得一旦完成了系統的法學訓練，我今後可以更好地為自己的祖國服務。毫無疑問，中國在從君主制向共和政體轉變的過程中，勢必需要熟悉法律專業的人才參與民主政府的運作並發揮作用，只有這樣才能維護民眾不可剝奪的權利，保障他們的呼聲得到最自由的表達。

與此同時，在我遙遠的祖國，兩種政見勢同水火的政治派別依然在繼續爭權奪利。這一時期的中國歷史經歷了幾個階段，但大致情況可以歸納如下：北京的北洋政府早已有名無實（原註：在沒有其他特殊情況下，列強對北洋政府任命他們的外交官），大部分省份依然實施所謂「分省自治」，即由各省制定本省憲法，依據「省憲」組織省政府，實行省自治，然後在此基礎上召開聯省會議，制定聯省憲法、成立聯省自治政府，力圖使中國成為統一的聯邦制國家。就當時而言，由於缺乏一個統一高

巴黎大學法學院

效的中央集權政府,「聯省自治」模式倒是頗受歡迎。此時,國民黨骨幹成員已經在廣東成立廣州軍政府,並以廣州為「大本營」,繼續對抗北洋軍閥反動勢力。

1917 年初,美國即將參戰之際,中國國內民意輿論也發生了深刻變化。有鑒於支持加入「協約國」集團的聲浪過於強烈,3 月 14 日,北洋政府發佈文告:自即日起對德國正式斷絕外交關係,同時宣佈收回天津、漢口德租界,停止支付對德「庚子賠款」與欠款。

1917 年 7 月,旅居歐洲的華僑、留學生齊聚巴黎,舉行了一場聲勢浩大的集會,表達我們對「協約國」的支持與同情。我當時被推舉為中國留法學生代表,在集會上用法語發表了一篇激昂慷慨的演講,呼籲我的祖國加入「協約國」陣營,並向來自各界的聽眾闡釋中國加入「協約國」的意義。令人深感慶幸的是,8 月 14 日,中國正式對德宣戰。

現在,歐洲戰局已經發展到了一個前所未有的新階段。巴黎中國留法學生社團議定,委派我作為中國留學生代表返國,對同胞們介紹歐洲局勢,以及我們應該採取何種最有效的方式幫助「協約國」集團贏得這場戰爭。

我啟程回國前夕,法國政府在巴黎大學的圓形劇場(amphitheatre of the Sorbonne)舉辦了一場大型群眾集會,以此表達對中國政府加入「協

保羅·班樂衛
（Paul Painlevé, 1863—1933）
法國學者、科學家、政治家，先後擔
任法國公共教育部長、國防技術發
明部部長、陸軍部部長，並於 1917
年和 1925 年兩次出任法國內閣總理。

約國」的敬意。數千人參加了會議，其中包括陸軍部長保羅·班樂衛
（Paul Painlevé）在內的諸多法國政要，其中還有一個中國代表團，而我
是中國代表團裡唯一的女性成員。

　　會議開幕之後，眾多政要、名流登台發表演講。然後，大會主持
人安排我站在中國女性的立場上發表演講。我走上舞台後發現，台下的
聽眾驚愕失色。我敢肯定，許多法國聽眾還是初次看見現實裡的中國女
性，想必他們認為我會像廣州外銷西洋瓷器或絲綢畫上的中國仕女——
身材嬌小、容貌精緻，羞羞答答的，裹着一雙「三寸金蓮」，穿着一件東
方情調的旗袍。但是，我大步流星走上舞台——一個來自中國的女大學
生，和他們法國的女大學生別無二致。當然，無論我本人還是我的一雙
「天足」，那可是一點也不「嬌小」或者「害羞」吶。

　　我開始面對法國聽眾發表演講，並且馬上意識到，抓住聽眾的既不
是我講了甚麼話，也不是我用法語作了暢快流利的表達，而是貫穿於整

個演講過程中的感情色彩。我闡述了「協約國」集團為了捍衛偉大的人道主義原則而戰 —— 這些原則已經在中國人民內心深處激起強烈共鳴。儘管中華民國只是一個年輕的共和國 —— 建國時間剛剛六年 —— 但是，那股推動中國進步的革命力量，勢必引導中國人民團結起來，共同反抗自由與民主的敵人。能夠與「協約國」並肩作戰，我們中國女性倍感自豪與榮幸。

毫無疑問，在我的整個演講過程中，法國聽眾肯定感受到一種鼓舞振奮的力量，儘管中國人民生活在遙遠的亞洲，卻對他們為之奮鬥犧牲、流血多年的理想，予以同情、理解和支持。我的演講結束後，聽眾席上那些原本沮喪疲沓的市民，立即報以最熱烈的掌聲，用掌聲宣洩愛國熱情。他們表現出來的熱忱令我動容。我不禁想到，全世界愛好自由和平的人們是如此緊密地結為一體，血脈相通、休戚與共。我覺得自己此刻既是一個中國公民，同時也是法蘭西民族的一分子 —— 因為中國是他們的盟友。我的祖國目前正與「協約國」一道並肩作戰，在世界歷史上一個如此關鍵時期扮演重要角色、發揮巨大作用，我深深地為自己的祖國感到驕傲自豪。

第十二章

CHAPTER TWELVE
A Mission Back Home

奉命回國

在巴黎大學圓形劇場會議結束大約一週後,我離開法蘭西,啟程返回父母之邦。回鄉之旅漫長而又艱辛,一路上危機四伏,堪比一部荷馬史詩《奧德賽》(*Odyssey*),而且,與這場戰爭中搭乘運輸船漂洋過海上戰場的士兵們的經歷頗為相似。1917 年 11 月 27 日,我們乘坐的輪船從馬賽開往賽德港(Port Said)①,這段航程通常耗時大約五天,這次卻花了兩週。地中海水域四處游弋着德國、奧匈帝國的潛艇,我們多次遭到襲擊;有一次,為我們護航的一艘船艦被魚雷擊中。我們終於在賽德港着陸並上岸休息了幾天,接着,我們被告知務必馬上回到船上,因為據當地可靠消息說,有兩艘德國戰艦「布雷斯勞號」(Breslau)、「戈本號」(Goeben),就在附近海域游弋,賽德港極有可能遭到轟炸。此前,德國軍艦從未在賽德港露過面,但是一系列相互矛盾的謠言迫使我們多次改變計劃,以至於我們在賽德港耽擱了個把月時間,這才得以重新啟程。

我們在賽德港滯留期間,港口發生了一起嚴重的爆炸事件(原註:具體原因從未查明),爆炸事件以及其他事件的接連發生,對我們來說無疑是雪上加霜。我有一陣子感到,自己這輩子再也無法活着離開賽德港了——但最後我們還是啟航了。這趟旅程的高潮抑或是餘波,就是即將抵達新加坡港口之際,我們乘坐的輪船觸礁沉沒,旅客們全部濕了身,我們損失了所有的行李,幸好並無人員傷亡。

---

① 關於動身歸國日期,鄭毓秀在《來自中國的少女》中寫道:「我們乘坐的輪船,原訂為(1917年)11 月 27 日從馬賽港啟程,但被推遲到了 12 月 20 日。」

與此同時，廣東老家的親人已經盼了我幾個月，一家老少焦急萬分。我那位親愛的老祖母以為孫女要麼已經香消玉殞，要麼也是命在旦夕，於是病情加劇，沉屙不起。我走進家門幾個小時之前，祖母已經駕鶴西去。令人不可思議的是，老祖母病篤彌留之際，自知大限已到，勉強扶着病軀坐起來，仔細穿戴好自己最隆重的禮儀服裝——壽衣，然後，小心翼翼地躺到床上，慢慢地閉上眼睛。

我剛剛跨進家門，就得知了祖母去世的噩耗，悲痛萬分，但卻發現家裡人多半認為，祖母的不幸辭世，我應該負有不可推卸的責任。他們很明確地表示，這些年來我的特行獨立、胡作非為，終於超出了年邁體衰的老祖母能夠忍耐的極限。倘若在平常，我肯定很快會從常識的角度反駁一通——我很容易推斷出「情況並非如此」的結論，或者至少表明，我不贊成他們的看法。但是此情此境，我為自己做任何申辯、解說都不恰當；此外，數百年來，家庭在我們中國人的心目中，一直是個神聖不可侵犯的有機整體，老祖母是家裡德高望重的老長輩，在家裡擁有近乎神聖的地位，如今老祖母駕鶴西去，對她的思念哀悼之情緊緊地纏繞着我，悔恨與悲悼的潮水瞬息把我淹沒。

按照我們中國的喪葬風俗，任何一個有名望的人物過世了，家人都要為他精心舉辦一場隆重的葬禮。對於歐美人士來說，「隆重」(extended)一詞或許有點過於籠統費解。首先，逝者的遺體經過防腐處理，斂入壽材，在靈堂裡(鄭氏宗祠)停靈七日做「法事」。孝子賢孫披麻戴孝守靈，反覆吟唱「哭喪歌」，表達他們的哀思。其次是，家人會請來 20 名道士或僧人做法事，他們在靈堂裡一邊念誦經文超度亡靈，一邊敲打法器驅趕惡魔。此外，家人還會為逝者備好各種祭品，諸如用竹紙精心糊好的房子，有如真人大小的丫鬟與傭人，以及紙紮的衣櫃、車馬、轎子、鮮花、水果、食物、書冊、元寶，以及各種珠寶，等等。事實上，祖母在陰間享用的生活用品，可謂一應俱全。所有這些精美的祭品，最後全都放在祭壇上，慢慢地焚化。

有好幾個夜晚，我參加了這種祭拜哀悼儀式，看着法師們環繞着祖

母的遺體做法事，嚎啕痛哭，誦頌經文，超度祖母的亡靈。直到天快亮了，我這才疲憊不堪地躺下睡一會兒。

就當時而言，我看到自己如此迅速地回歸舊日的風俗習慣，很是感到詫異不解。這些年來，我從事各種革命活動，此後奔赴法國，孜孜矻矻地尋求西學知識，無論是言行舉止，還是思維模式，早已西化了。而在祖母的喪禮上，所有這些習得的西學新知，彷彿剎那間飄然遠去。然而，必須強調的是，當時我只有二十一歲，我的現代意識在很大程度上仍然皮相膚淺、脆弱不牢。但我的內心裡一定產生了某種衝突：由於心理學中的所謂「客我」(me)，極力抵制祭祀儀式裡種種毫無積極意義的情緒宣洩，所以，在祭拜祖母的哀悼儀式結束後，我忽然發起了高燒，大病了一場。毫無疑問，這是由於兩個不同的觀念世界，在我內心裡展開一場「拉鋸戰」的結果。

我的身體之所以很快康復，源於我必須繼續完成歸國使命的衝動。我很快就來往南北兩地，開展民間外交工作。對我來說，整個巡迴演講過程真是一場考驗。我此行的任務是，竭其所能鞏固中國與「協約國」的關係。我們已經對「同盟國」正式宣戰，人們希望通過具體的援助支持「協約國」作戰。鑑於「協約國」當時遇到的最嚴峻問題是人力資源短缺，我們可以向亟需人手的歐洲戰場派遣勞工，分擔「協約國」各種戰時工作。

我後來很高興地看到，大批華工奔赴法國戰場。「協約國」把這支勞工部隊命名為「華工營」(Chinese Labor Battalion)。他們每個人都替換了一個士兵的正常工作。在嚴峻、殘酷的戰爭環境裡，「華工營」無論在前線配合作戰，還是在後方從事後勤保障服務工作，都表現得十分出色，獲得「協約國」成員一致好評。

「一戰」華工公墓

第一次世界大戰期間，法國和英國因勞力匱乏，與中國政府簽訂招募華工合同。約 14 萬華工遠渡重洋來到歐洲，積極參與了後方修築鐵路、公路、橋樑、戰壕及農業生產等工作。首批 1698 名華工於 1916 年夏天抵達法國馬賽。

CHAPTER THIRTEEN
Peace Conference

參加巴黎和會

　　我從北京返回廣東老家期間，參加「巴黎和會」（Peace Conference）的中國代表團即將由南北雙方代表組成。[①]國民黨此時已在廣東站穩腳跟，並且認為廣州軍政府是獨立政府，不受北洋政府箝制。但是，北洋政府當時以中華民國正朔自居。南北雙方協商的結果是，由北洋政府外交總長陸徵祥先生擔任出席巴黎和會的中國代表團團長，北方代表還有才華橫溢、思想開明的顧維鈞博士，南方代表則是王正廷博士。

　　當時，廣州軍政府正在廣州召開「非常國會」（Extraordinary Congress），國會議長林森先生決定，派我作為中國代表團成員參加巴黎和會。做出這一安排的考慮在於，不僅希望我能夠協助中國代表團的南方代表王正廷博士開展國民外交（people's diplomacy）工作，同時也寄望於我和北洋政府代表保持密切聯繫。而在非正式場合，我還有另外兩項工作：代表中國婦女在巴黎和會上發表聲明，代表中國新聞界獲取巴黎和會內幕消息並及時發佈新聞。

　　因此，我很快就做好了啟程準備，起先計劃經地中海前往歐洲，並且已經買好了船票。但是由於參加了一個黨內會議，我只好臨時更改既

---

① 鄭毓秀在《來自中國的少女》中簡略介紹了中國代表團中三名主要成員：「1918年夏末我到了北京。同年11月，交戰國簽署了停戰協定。我國出席巴黎和平會議的代表團團長，是北京政府外交總長陸徵祥先生，他一貫致力於維護中國與歐美國家之間的友好關係，所有那些有幸與他共事的人都對他仰慕有加；第二位代表顧維鈞博士，是位能力超絕中國年輕外交官，眾所周知，他畢業於哥倫比亞大學，在校期間曾率學生辯論隊出征常春藤盟校校際辯論賽，並榮膺大獎，此後擔任北洋政府駐華盛頓公使，在使館工作數年；第三位代表是王正廷博士，一個參與建立共和國的活躍的年輕人，1912年擔任南京臨時政府首屆內閣秘書，1926被任命為外交總長。」

定行程。我在那次會上得知，有位來自朝鮮的代表金先生，希望參加巴黎和會，他訂到的是經由美國前往歐洲的船票，但他現在擔心輪船停靠日本期間，自己有可能遭到日本警方拘捕。而我當時途經日本，不會有任何危險發生，於是就和金先生交換了船票，讓他搭乘經地中海到歐洲的輪船。

　　我在美國逗留期間，受到孫中山先生私人代表馬素先生的熱情款待。感謝他的悉心安排，我還參觀了加利福尼亞的華人聚居地（「唐人街」），從而有機會與同情我們事業的華僑晤談，對他們闡述南方國民政府的目標，剖析目前國內的政治局勢。

　　這也是我初次接觸美國媒體。此後，我在不同場合接受了幾次採訪。儘管人們老是抱怨媒體容易招惹「是非」，但幸運的是，我在隨後開展的一系列國民外交活動中，記者的採訪以及後來在報紙上發表的報導並沒有曲解我的原意。我樂於接受記者採訪，盡情講出自己真實的看法，媒體報導時也正確引用我的觀點，從未斷章取義、穿鑿附會。因此，我從未患上人們常說的「媒體恐懼症」。事實證明，善於利用媒體的力量對我後來的職業生涯意義深遠。

馬素（1883—1930）
字繪齋，廣東廣州人。中國民主革命家、外交官。1911 年起成為孫中山在上海的私人秘書。先後擔任國民黨駐美國、加拿大、墨西哥代表。1920 年，擔任廣州軍政府駐華盛頓外交代表。

由於和美國新聞界接觸效果良好，受此鼓舞，我回到法國後廣泛接觸歐洲記者，盡一切努力取得同樣的成功。巴黎和會期間，我們在山東問題上的立場堅定不移，中國代表團有必要在媒體上及時、公開表達對於山東問題的明確立場。我作為中國代表團的新聞代言人四處奔走呼籲、馬不停蹄，但並非每次努力都能取得預期效果。我對許多新聞記者闡述中國代表團對山東問題的態度，也接受了他們的訪談，但我特別感激安德莉·維歐利斯夫人（Mme. Andr'ee Violis），她是為數不多熱忱幫助我們的新聞記者之一。安德莉·維歐利斯夫人是首位在《巴黎每日郵報》（Daily Mail of Paris）發表採訪文章的記者，她的報導系統全面地表述了我的觀點，這篇文章對中國代表團在巴黎和會上的訴求以及現狀充滿了同情。

和會召開前夕，巴黎和整個西方世界都處於高度緊張狀態，歐洲國家的民族主義情緒毫無節制地肆意氾濫。相對而言，中國和日本這兩個遙遠的亞洲國家之間的利益紛爭，在他們看來似乎微不足道、無關大局。

我回國期間，巴黎這座城市發生了巨變。戰爭的創傷如今依然隨處可見，到處擠滿了戎裝在身的士兵以及祈求和平的市民。但是，雷鳴般的槍炮聲已經遠遠地消逝了，取而代之的是外交官在密室裡接頭交耳、竊竊私語，他們正在描繪一幅新世界的藍圖。而在密室外面，人民的聲音——那些為拯救民主、爭取公正和平而戰的呼籲——依然此起彼伏、不絕盈耳。但以我的個性看來，這些聲音未免顯得太過於蒼白空洞、疲沓乏力。

巴黎和會持續進行多時，取得了一些進展，然而，我們中國代表團在巴黎和會上提出的正義要求未能實現。山東問題對我們來說利益攸關，但就某種程度上而言，巴黎和會完全漠視了中國應有的權利與利益。

日本作為「協約國」之一員，牢牢抓住這場戰爭創造的「絕佳」機會。1914 年 8 月 23 日，日本以「永保東亞和平」、「維護日英同盟的利益」為藉口，突然對德宣戰，並出兵中國山東，佔領德國租界青島以及此前由德國控制的膠東半島；如今它們又在巴黎和會上要求接管膠東半

巴黎和會會場

1919 年，中國以戰勝國身份參加巴黎和會，提出取消列強在華的各項特權，取消日本與袁世凱訂立的「二十一條」等不平等條約，歸還大戰期間日本從德國手中奪去的山東各項權利等要求。巴黎和會在列強操縱下，不但拒絕中國的要求，而且在對德合約上，明文規定把德國在山東的特權，全部轉讓給日本。

島的所有權益，允許其發展鞏固自己攫取的「成果」。而事實上，這項要求等於給日本實現其「大陸政策」（Continental Policy）撕開一個缺口。日本的野心是首先必須征服中國，因為這是它征服世界的最關鍵一步。日本攫取銜接中國南北、戰略地位至關重要的膠東半島，有助於其一步步蠶食、滅亡中國。然而在巴黎和會召開期間，對於所有那些熟悉遠東局勢的中西人士來說，日本人的野心與其征服世界的迷夢早已昭然若揭。

　　參加巴黎和會的中國代表團大多數成員怒不可遏！留法學生、「一戰」華工以及像我這樣的代表團成員，一個個義憤填膺，我們立即敦促王正廷博士、顧維鈞博士拒簽和約。王正廷博士、顧維鈞博士與我們在中國應獲權益看法上不謀而合，所以，勸說他們拒簽條約並未花費太多力氣。時過不久，有人提議，中國代表團應該簽署一份抗議聲明作為「補充文件」，但此舉同樣遭到列強一致拒絕。也就是說，中國代表團在巴黎和會上簽署的，將是一份沒有任何保留意見的條約！因此，我們認為除

了拒簽條約，此外別無選擇。但是，中國代表團團長陸徵祥 —— 北洋政府派來的那位老先生 —— 此時卻變成了我們的「絆腳石」。他頑固地拒絕接受我們的意見，並直言不諱地表示：使命在身、無法違背，自己將遵循北洋政府的指令簽署條約。顯而易見，北洋政府當時也受到日本施加的壓力。

王正廷（1882—1961）
字儒堂，民國時期的外交官，長期在南方政府中任職，推行革命外交。他熱心體育事業，並致力奧林匹克運動在中國的開展，是近代中國著名的體育領導人之一，被譽為「中國奧運之父」。

顧維鈞（1888—1985）
字少川，中華民國時期社會活動家和外交家，被譽為「民國第一外交家」。一戰後，他作為中國代表團成員出席巴黎和會和華盛頓會議。在巴黎和會上，就山東主權歸屬問題據理力爭，為維護中華民族的權益作出了貢獻。

第十四章

CHAPTER FOURTEEN
Rosebush Gun

「玫瑰手槍」

巴黎和會期間,北京學生高舉「誓死力爭,還我青島」的標語進行遊行。

　　留法學生、旅法華僑以及「一戰」華工,在中國代表團駐地發起遊行示威活動,但此舉並未對陸徵祥先生產生絲毫作用,頂多只是讓他更加顢頇固執罷了。不久,陸徵祥先生就銷聲匿跡了,顯然是在躲避我們,拒絕聆聽我們的大聲訴求。簽署《凡爾賽條約》前一天[①],我們幾乎找遍了整個巴黎,但就是無人知曉其藏身何處。我深信負責聯絡中國代表團的法國外交官知道底細,卻又無法與他們及時取得聯繫。但我有充分理由相信,最有可能知道陸徵祥先生藏身之所的,要麼是中國代表團雇用的僕役,要麼就是代表團其他成員的夫人,她們或許會從丈夫私下言談或者其他小道消息裡得知一些蛛絲馬跡。

　　於是,我找到朋友的太太——中國代表團首席軍事代表唐在禮先生的夫人。幾分鐘旁敲側擊、拐彎抹角式的談話之後,唐太太面含微笑,很爽快地告訴我:「你很感興趣的那位老先生,他已經在巴黎郊區聖‧克盧德(St. Cloud)租了一棟房子。」毫無疑問,她指的正是陸徵祥先生。隨後,唐太太給了我一個詳細地址。聖‧克盧德離我們大部分人居住的巴黎市中心比較遠,但從那裡前往凡爾賽宮會場交通便利,倒真是個絕佳的藏身之地。

① 即 1919 年 6 月 27 日。

唐在禮（1880—1964）

字摯夫、執夫，江蘇上海人。1913 年晉授陸軍
中將，1914 年 5 月任陸海軍大元帥統率辦事處
總務廳長、兼任軍需處處長、總統府機要處長，
1919 年任巴黎和會中國代表團軍事代表。

　　我與唐太太匆匆道別，當即前往我們的總部[①]。我和幾個夥伴在總
部裡給一些學生和「一戰」華工打了電話，要求他們火速趕到市內的集
合地點。按照計劃，我們在那裡碰面後馬上出發，我要帶領大家前往
聖・克盧德。我和兩個朋友一同前往約定地點，記得是杜樂麗花園（the
Tuilleries Gardens）附近的某個地方。那時天色已經接近黃昏，我心急如
焚地等着同伴們，但他們尚未及時趕到。天色已晚，暮雲沉沉，我再也
按捺不住了，從外套上衣口袋裡摸出僅有的五十法郎，這點兒錢足夠搭
計程車去聖・克盧德了。事情就這樣決定了。我覺得最好有個同伴陪我
去，總比單槍匹馬好得多 —— 至於大隊人馬可以稍後趕到。我把詳細地
址留給另一個同伴，請他與其他夥伴儘快趕過來。然後，我叫輛了計程
車，吩咐司機開到聖・克盧德。與我同車奔赴聖・克盧德的李麟玉先生，
是李煜瀛先生的侄兒，李煜瀛先生則是我早年參加革命期間的老朋友。
（原註：就在最近，我收到了李麟玉先生的來信 —— 身為重慶政府的一

---

① 此處「總部」指中國留法學生組織「中國留法學生聯合會」、「中國國際和平促進會」辦公地點。

李麟玉（1889—1975）

前排右起第四人。字聖章，著名學者、教授。1910 年赴法留學，曾任華法教育會秘書。
巴黎和會期間，和同學組織「國際和平促進會」，與鄭毓秀等召集 100 多華僑、華工、學
生代表進入聖·克路德醫院，阻止因病住院的中國全權代表、外交總長陸徵祥在喪權辱
國的合約上簽字。1927 年獲法國騎士勳章。

名官員，他剛剛逃離淪陷的香港。他告訴我香港被日本人佔領後，香港
居民遭受了怎樣可怕的災難。他還講述了我姐姐和堂兄弟的近況：他們
在香港待了很久，因為一直相信，只要日本特使來棲三郎還在美國繼續
佟談所謂「和平」，日本人就不會對香港輕舉妄動！）

　　我們到了聖·克盧德，把車停靠在陸徵祥先生藏身之所旁邊，夜幕
已經降臨。我下車按響門鈴通報門房，提出緊急謁見陸先生。門房告訴
我：陸先生身體不適，無法接見任何人。這是我頭次得知陸先生飽受疾
病之苦，但這無非是個託辭罷了。當然，這個小花招騙不過我們。我們
決定在門口附近等待，倘若有必要的話，等上一整晚也沒關係，絕對不
能讓他有溜掉的機會。我們在門口把守了大約兩個小時，住在市中心區

的留學生、「一戰」華工陸續趕到，加入我們的行列。他們三三兩兩地輪流敲門，求見陸先生。門房給的答覆如出一轍。但是我們看得出來，住在這裡面的人已經發現我們在門外聚集、圍堵，因為，儘管已經夜深人靜了，每扇窗依舊燈火通明。

位於巴黎郊區聖·克盧德的這棟建築，是一座外觀完美、靜謐宜人的居所。正當我們圍着這棟住宅遊行示威之際，有輛汽車靠近我們停了下來，從汽車裡走出來的是中國代表團秘書長[①]——一位和陸徵祥先生共事多年的老先生。他下了車一看到我們，就露出驚詫、困惱的神色，很快就閃進屋內。我們正好注意到，老先生腋下夾着一個鼓鼓囊囊的公事包。

在這個潮濕陰冷的夜晚，我們圍着這棟住宅遊行示威，反覆商量應對策略。我們深信陸徵祥先生與代表團的秘書長肯定會施展詭計，裝在他公事包裡的文件想必非常重要，就是這個公事包，極有可能讓我們所有的努力付之東流。我們實在是一籌莫展。當然，我們也猜得出來，即便說服陸徵祥先生拒簽《凡爾賽條約》，或許私下裡還會簽署其他見不得光的「秘密協定」，只是我們不知道罷了。忽然之間，我們決定不惜任何代價，必須搶走那個公事包。

那一刻，我有點記不清自己的言談舉止了。我記得當時只有一個想法：萬不得已，我們必須「持械」搶劫（hold up）秘書長大人，強行奪走他的公事包。但要這麼做，必須有一件令人毛骨悚然的武器。

有鑒於大家手無寸鐵，我趕緊跑到後面花園裡，使勁兒扯出一根粗壯的玫瑰枝，用膝蓋拗斷它，折出一根直徑兩三厘米、長約三十厘米的樹枝。要是運氣好的話，倒可以憑藉着夜色冒充一把「手槍」呐。但是，玫瑰枝兩端碴口呈現青白色，看起來完全不像一把「槍」，我把它抵在

---

① 岳昭燏（1879—?），字鞠如，浙江嘉興人。曾任湖北、江蘇督撫署洋務文案，考察憲政大臣隨員。1915 年任駐比利時公使館二等書記官、代辦使事。1919 年 4 月，任駐法國公使館一等書記官、代辦使事。巴黎和會初期擔任中國代表團秘書長，後由於代表團內部的分歧辭任。1920 年回國，任北洋政府外交部參事。1921 年 8 月，派為和約研究會會書記長。1924 年 5 月，任駐墨西哥全權公使。1928 年辭職。

泥地上弄得黑黢黢的，然後靜候秘書長大人現身。我們在那棟住宅不遠處的一座涼亭（a summer-house）裡守株待兔；那把「槍」藏在我外套袖管裡，只露出末端兩、三厘米。我們已經商量好了，一旦秘書長跨出大門，我的兩名夥伴王先生、陳先生就會快步衝上去，威脅他交出公事包。

過不多久，秘書長大人果然現身。他站在大門口環顧左右，神色慌張。這位老先生是個前朝遺老，屬於那類膽小怕事的守舊派官吏，任何暴力示威都會把他嚇倒；其實，他早就被我們嚇破了膽，而且知道我們為了在巴黎和會上爭回山東權益，可能會鋌而走險、無所不用其極。老先生出門後的舉止，把內心的焦慮恐慌暴露無遺；他腋下緊緊地夾着那個公事包，緊張得簡直就要站不穩了。

我的兩個同伴突然衝到門口的燈光下，果斷地攔住了他的去路。老先生大吃一驚，期期艾艾地說了一通話，我們完全都聽不懂。然後，他拐到旁邊另一條路上，巴望着早點兒脫離險境。就在那一刻，我從陰影裡一閃而出，牢牢地擋在他面前，用那把「玫瑰手槍」對準他。老先生驚恐萬狀，一不小心，夾在腋下的公事包掉到地上，他來不及撿起來，馬上落荒而逃。

我們現在「搶到」了公事包，暫時代為「保管」起來。但我們知道，老先生脫離險境回過神來，很快就會給陸徵祥先生打個電話，稟報情況危急，房屋外面圍了一群荷槍實彈的留學生（armed students）。

果然不出所料，他真的這麼做了。因為，時過不久，有個僕人從房子裡走出來，以陸徵祥先生本人的名義保證，倘若我們現在撤離這裡，他明天早上準會接見我們。這顯然是個調虎離山計，我們才不會輕易上當。我們只是說：「感謝您的一片好意，但我們會繼續留在這裡，我們哪兒都不去。」我們十分清楚，只要大家繼續圍住這棟小樓，陸徵祥先生就不會打電話報警，因為在《凡爾賽條約》即將簽訂前夕，巴黎警察居然逮捕中國留法學生，勢必在國際輿論上造成諸多負面影響，這會令陸徵祥先生顏面盡失。因此，我們就地安營紮寨，展開了一場漫長的「守夜」行動（long vigil）。

那個昏天黑地之夜，冷風嗖嗖，但我們的興奮勁兒有增無減，沒有

一個人打瞌睡。我早已身無分文，有人掏了大把的錢說服門房，讓我們到他的「辦公室」裡暫避風寒。我們輪流繞着房子遊行示威，然後去那個小房子裡取暖。

「守夜」行動果然沒有白費功夫。第二天上午十點鐘，陸徵祥先生接見我們的代表。我們進屋時看到，這位降貴紆尊的老紳士的臉上寫滿了焦慮與疲憊。我們的代表再次闡釋了拒簽《凡爾賽條約》的訴求；當然，如同往常一樣，我滔滔不絕地說了很多話。其他代表也表達了相同的意見。我們反覆重申：陸徵祥先生目前尚未接獲北洋政府明確指令，根本不能簽署這份放棄中國主權的不平等條約。我們特別提醒陸徵祥先生：另外兩名全權代表——王正廷博士和顧維鈞博士——在中國政界的影響同樣不容小覷，但他們已經答應拒絕簽署這份條約。因此，陸徵祥先生現在必須對自己的行為負起全部責任。

這一天，正好是 1919 年 6 月 28 日，《凡爾賽條約》當天即將在凡爾賽宮著名的鏡廳（Hall of Mirrors）簽署。一個鐘頭過去了，陸徵祥先生依然呆坐在椅子上，紋絲不動，面對來自四面八方的舌槍口劍，老先生萎靡不振、臉色陰沉。最後，在即將起身離座之前，他總算是答應了我們的籲求。時間分分秒秒過去，簽署條約的時間到了。陸徵祥先生拒赴凡爾賽宮簽署這份條約，中國從而避免了一場將其最寶貴的疆土割讓給外國勢力的悲劇。[①] 的確，日本暫時以武力佔領了膠東半島，但在 1921 年召開的華盛頓會議上，那份不平等的《凡爾賽條約》終於得到修改。

---

① 關於中國代表團拒絕簽約一事，陸徵祥在 1945 年出版的《回憶與隨想》中寫道：「接近和約最後簽署日期，多個代表團都在極力打聽中國代表團的態度。面對中方在德佔領土回歸問題上的堅決態度，西方列強紛紛通過各自駐京公使向中國政府施壓，迫使其對我下令。突然面對這麼多國代表的一致態度，北洋政府認為我們的不簽字做法會讓中國陷入孤立，是一種不夠謹慎的做法，於是，正式發來指令，命我簽約。」「職業生涯中第一次，我覺得不服從命令是我的責任。我們的國家不該繼續任人割。我不願意再次簽署一個不平等不公正的條約，兀自決定拒絕簽署。當天夜裡，已經很晚了，和約簽署結束好幾小時之後，政府發來電報，讓我拒簽，這正是此前我通過冷靜思索所做出的舉動。」

陸徵祥（1871—1949）
字子欣，一作子興，上海人。近代著名外交家。巴黎和會中國代表團團長。和會期間，陸徵祥在鄭毓秀等巴黎學生、「一戰」華工以及國內進步勢力的聲援鼓動下，頂住來自北洋政府的壓力，拒簽不平等條約。

我仔細收藏起「玫瑰手槍」（Rosebush Gun）①，畢業後隨身帶回國內。現在②，我坐在華盛頓哥倫比亞特區寓所裡，偶爾還會這麼想：1937 年「淞滬會戰」失利後，日本侵略軍把我們上海的那個家洗劫一空，倘若他們從抽屜裡捯飭出這根用紙張仔細包裹起來的玫瑰樹枝，不知該作何感想？他們肯定大惑不解：這樣一件東西，有何「珍藏」價值可言？他們當然不知道，我的這件「收藏品」與他們企圖通過《凡爾賽條約》奪去我國膠東半島有何關聯。事實上，就是這件微不足道的「收藏品」，遏制了日本軍國主義氣焰囂張的「南進」野心——至少阻止了許多年。

① 關於自己在巴黎和會期間的作為，鄭毓秀在《來自中國的少女》中簡略提到：「1918 年夏末我到了北京。同年 11 月，交戰國簽署了停戰協定……」「1919 年春季，我被南方政府委任為出席巴黎和平會議婦女團體的代表，同時作為中國新聞界的代表，獲取內部消息並及時傳播信息。」「在巴黎和會這個具有歷史意義的時空段裡，我的冒險活動也許是微不足道的。但我曾多次在法國律師、政治家的小型集會上發表演講，協助組織召開大型公共集會，抗議列強在巴黎和會上對山東問題達成的協議。我們經過一番不屈不撓、堅忍不拔的努力，終於促使年輕的中國及其代表團拒簽《凡爾賽條約》。」

② 本書出版於 1943 年。

第十五章

CHAPTER FIFTEEN
A Trip to Inland China

山城重慶之旅

　　儘管巴黎和會宣佈了一場戰爭的終結，但它並沒有採取任何真正有建設性的措施，以此確保持久的世界和平。巴黎和會滿足了少數國家的貪婪私慾，更多的國家則淪為無辜的犧牲品。我們唯一感到欣慰的是，中國代表團並沒有在《凡爾賽條約》上簽字。

　　親歷了世界歷史上這樣一場具有里程碑意義的重大事件之後，我非常渴望再次回到祖國。此前，我一直在心裡盤算，倘若能夠對祖國同胞講述戰後歐洲各國人民的生活狀況，以及他們是如何珍惜和平，也許對祖國人民會有所啟迪與幫助。於是，我在回國前夕與一批歐美記者結伴，對歐洲各國進行了一次廣泛的訪問。①

　　佛蘭德斯戰場（battlefields of Flanders）是我們此行第一站。而在當時，這些大型公墓尚未建成供旅遊者朝聖觀光的景點。它們既沒有被健忘的時間蒙上一層輕柔的面紗，也沒有來得及豎起死氣沉沉的陣亡者紀念碑。佛蘭德斯戰場的墓園裡，此時大半還是剛剛建好的新墳——簡陋而又原始的墳墓，陣亡者一排排比鄰而居，他們的埋骨之地豎起一個個

---

① 關於此行，鄭毓秀在《來自中國的少女》寫道：「1919 年 7 月初，我與一批外國記者結伴訪問比利時和意大利。我們的行程向北穿越法國和佛蘭德斯戰場。看到陣亡士兵墳墓上成千上萬個十字架之際，我想起了 1914 年 8 月那個漫長的下午，當時我目送着軍隊離開巴黎，開赴前線。這些年輕的士兵為了爭取世界的自由而戰，現在他們為了理想而捐棄了自己寶貴的生命。」「在布魯塞爾，我面對歡迎我們記者團的民眾發表演講。談吐之間，深厚的同情心似乎拉近了中國與西方在其心目中固有的距離。那感覺足以寬慰。」「在羅馬，我的經歷也是一樣的。但我也意識到，對於當時大多數歐洲人來說，中國似乎比火星（Mars）還要遙遠、陌生——那塊土地上只有古舊的絲綢、破敗的廟宇；至於那裡的居民，吃貓，吃老鼠，還吃燕子的窩巢（swallow's nests）。」

嶄新的十字架。我瞭望着這片籠罩着悲傷的曠野，思緒不禁回到 1914 年那天下午在巴黎蒙帕納斯火車站，親眼目睹法國軍隊開赴前線的情景。我彷彿見證了這一幕的開啟與收場：那時我揮着手説「au revoir」（法文：再見）；如今我循着將士們的腳踵來到他們長眠的墓園，對他們道聲「adieu」（法文：永別）。

我先是在比利時觀光，後來又到意大利遊覽，陸續見到、結識的大多數歐洲朋友，都對中國的進步及其在維護世界和平中發揮的作用，表現出濃厚興趣。戰爭年代迸發出來的振奮人心的理想主義（idealism）光芒，此時（1919 年）尚未從歐洲人民心中完全消散。但是到了二十世紀二十年代後期，人類理想逐漸幻滅，犬儒主義開始成為一種潮流時尚，那些曾經激動人心的口號，譬如：「戰爭拯救民主」（War to Save Democracy）、「以戰爭終結戰爭」（War to End All Wars），等等，也只是讓人不以為然地聳聳肩罷了。當時，對於國際大局的整體發展趨勢，只有某些國家首都裡極少數歷經世故的博學之士才更為了然於心。

此次離開歐洲返回父母之邦 ①，我再次途經美國。在美國，不知何故，我感覺極其輕鬆自在，有種遊子歸家的錯覺。美國那些非同尋常的現代化大都市，讓每個初來乍到的外邦人震驚不已、大受刺激，我在目接不暇的同時，又感到筋疲力盡。但是，與美國人談天説地之際，我感到安閒隨意、了無障礙，這是一種精神上的愉悅親密感 —— 與其他種族的人相處，可能很難找到這種感覺。美國人對我這個外來客的了解，或許並不比我對他們的了解更多；我們雖然屬於不同的種族、有着各自不同的文化，但美國人也和我一樣為同樣的事情歡笑或者哭泣。就整體而言，美利堅合眾國正處於我們中國「辛亥革命」開啟的那種朝氣蓬勃、意氣風發的活力高峰期，我們內心深處都有一種日益高漲的興奮感，似

---

① 鄭毓秀離開法國的時間為 1919 年 11 月 7 日，據《旅歐週刊》第二號（1919 年 11 月 22 日）刊登的《鄭毓秀女士赴美》記載：「華僑協社社員、女子儉學會幹事鄭毓秀女士這次來法，對於我國在法之外交及教育上盡力極多。近又因協社的事務及女子儉學竭力擴張，決計取道美洲回國一行。女士已於七日離法云。」

乎身上都有一股可以把老成世故、欲振乏力的老牌歐洲帝國遠遠拋在後面的力量。

我在美國旅遊觀光期間，參觀了各個城市的「唐人街」，還接受了幾次媒體採訪。山東問題仍然是旅美華僑最關心的頭等家國大事，我利用一切機會詳盡剖析並反覆強調：巴黎和會不顧中國的反對和抗議，決定把德國原來在中國山東攫取的一切權利交給日本，《凡爾賽條約》在處理山東問題時並非持平執正。我曾經說，持久的和平必須建立在公平正義原則的基礎上。《凡爾賽條約》將中國一處神聖之地——山東（原註：孔夫子生於斯、葬於斯）的權利割讓給了日本，這種強權政治與公平正義背道而馳。在日後的歲月裡，人類災難的導火索一旦點燃，必然與膠東半島問題密切相關。

環美之旅結束後，我在舊金山（San Francisco）登上一艘開往上海的輪船，並於 1920 年秋天抵達上海。[①] 和久別的家人團聚欣喜若狂，與舊雨新交歡宴其樂融融，歡快的時光裡點綴着幾許肅穆，偶爾穿插着對國際局勢與中外關係發展趨勢的討論。此時此刻，我常常想起那些自己在歐美國家見過面、交談過的普羅大眾，尤其渴望到內地省份遊覽觀光，希望藉此機會考察與比較中西普通百姓的生存狀況。此外，我還希望有機會對同胞們講述自己在歐美國家的見聞與感想。

恰巧就在這時，我接到楊庶堪先生邀請我赴四川觀光遊覽的函柬——四川省省會山城重慶正是如今聞名於世的抗戰「陪都」。楊庶堪先生是我在辛亥革命時期結識的老朋友，後來擔任四川省省長一職。

我欣然接受了楊庶堪先生的邀請，乘輪船穿過長江三峽去重慶。拍攝長江峽谷裡激流險灘、懸崖峭壁的風景照片，是一次令人振奮不已的經歷。沿途景色極為壯觀，兩岸懸崖陡壁起伏，頭頂上奇峰萬丈，巍然聳立。與此同時，整個航程中急流洶湧，猛浪若奔，波谷浪峰，漩渦翻

① 據鄭毓秀《來自中國的少女》第 49 章說：「1919 年 10 月，我啟程祖國。一年裡走遍了全國大半省份，敦促為人父母者鼓勵女兒出國留學。」

楊庶堪（1881—1942）
字滄白，晚號邠齋，四川巴縣人，中國近代民主革命家、孫中山先生的忠實追隨者、辛亥革命元勳。先後任四川省省長、中國國民黨本部財政部長、中華民國軍政府海陸軍大元帥大本營秘書長、廣東省省長、北京政府司法總長等要職。參與了中國國民黨的改組、中國國民黨一大的籌備等重要活動。

滾，要想避免覆舟之災，必須具備最熟練高超的行船技巧。此時此刻，人與大自然相依相偎，誰要是無法從如此雄奇偉岸、壯麗炫目的風景中獲得某種深刻的啟迪，那人大概就是個笨伯吧？

忽然之間，輪船駛入一段平靜開闊的水域。這番場景的瞬間切換，令人難以忘懷。我情不自禁地想：人類究竟甚麼時候、找到何種方法，才能度過唯利是圖、衝突碰撞的湍流險灘，安然抵達和平與饜足的港口？

1920 年的重慶尚是一座安謐、沉睡的內地城市，這座城市建在山坡上，幾乎是從嘉陵江岸邊拔地而起，與廣州、上海等繁忙喧囂的現代化都市形成了鮮明對比。當然，此後尤其是隨着 1938 年國民政府首都由南京遷至重慶，它已經發展成為全中國最繁忙、最重要的大城市。初次造訪重慶，令我感到震驚不已的是，儘管人們的生活方式依然嚴格地遵循傳統習俗，但他們同樣渴望了解世界大勢，迫切希望趕上時代的腳步。

重慶總商會當即決定邀請我在群眾大會上發表演講。這份邀請就當時當地而言，其本身有悖於傳統習俗，因為按照當地風俗，女性應該出現的場所是在廳堂與廚房，而不是在講壇上拋頭露面。當然，我很高興能有個機會與內地民眾面對面交流，殷切期盼這個時刻的到來。

我出席這個活動前夕，一所女子學校的幾個女學生前來徵詢我的意見，問我能否到學校裡開場講座？我建議她們參加商會舉辦的演講會。她們看起來有點兒垂頭喪氣，並且埋怨說，她們的校長是個思想守舊的老古董，平時反對婦女解放，這回更是明令禁止她們參加演講會。我對她們說：這種做法太荒唐了 —— 你們應該站出來爭取自己的權利，要麼就是請求校長改變這些做法，要麼就是呼籲當局撤換校長。最後，不知道這幫女學生想了個甚麼辦法，她們還是設法參加了演講會。看到她們那一會兒，我真是驚喜交加。

我發表了長篇演講，演講中談到了「一戰」與巴黎和會，以及中國在世界上必須扮演的角色，我還強調了女性必須在社會生活中發揮重要作用。我說：倘若女性希望能夠行使自己的權利，就必須抓住每一個接受教育的機會。接下來，為了那些認真聽講的女學生自身權益起見，我特別強調實現男女自由平等的願景，並敦促女子在未成年之前務必堅持自己的權利，獲得適當的良好教育。

我很是擔心自己發表的這篇演講，極可能對重慶市民當時的平靜生活產生某種「不良影響」。事實證明，演講會結束後，那所女子學校的學生拒絕回校上課，並且宣稱，除非官府給她們派來一個新校長。倘若不是我悄悄地找到老朋友楊庶堪先生，女子學校「罷課」風潮鬧到最後，很可能騎虎難下、兩敗俱傷，因為女學生的這番「罷課」之舉，既未徵得家人同意，也未獲得重慶耆紳賢達的支持。我明確告訴楊庶堪先生，讓那個思想僵化保守的校長把持青年的教育，實在是一件很糟糕的事情。楊庶堪先生由衷地表示贊同。二十四小時之內，那個思想觀念落伍守舊的老學究就被趕下了台，換上了一位思想開明、進步的新校長。此外，還安排了六個女學生隨同我赴法國繼續學業，其中就包括

楊庶堪先生的妹妹和侄女。

那天晚上，登上輪船準備離開重慶之際，我對自己取得的這番成績很是感到心滿意足。這次帶着六個女生赴法留學，人數雖然並不多，但畢竟是個好開端。接着，就在登船的跳板拉起來、船向下游稍作停泊的當兒，我聽到船艙陰影裡傳來一陣樂不可支的「咯咯咯」笑聲。突然之間，燈光下站出來 20 個年輕姑娘，而不是 6 個！那一會兒我完全嚇懵了 —— 原來，那所女子學校裡還有 14 個女生受到我那場演講的啟發，不計後果地逃出家門，決心跟着我到歐洲留學。這些豆蔻年華的姑娘，年齡介於 15 歲到 20 歲之間；她們既沒帶換洗衣服，也沒買船票，更沒有帶上錢糧，而是把全部希望全都寄託在我身上，這就無形之中加重了我的心理負擔。一開始，我真是驚慌失措 —— 想着怎樣設法把她們送回去；但是，想起自己和她們年紀相仿時的一段經歷，一股惻隱之感油然而生。不知怎麼地，我決定盡一己之力帶上她們奔赴法國，我要親眼看到她們實現各自的抱負與夢想。

接下來，我吩咐她們保持安靜，別讓旁人發現了。我說，我會和船長好好商量一下，協商解決她們的船票問題。

嘉陵江水流湍急、變幻莫測，夜間航行十分危險。因此，儘管我們的船離開了碼頭，當晚還是用纜繩固定在江邊。我坐在甲板上，一邊絞盡腦汁想辦法，一邊凝視着夜色，突然意識到，錨泊地方向的那盞航標燈似乎在移動，如果不是這樣的話，莫非，錨泊地那裡有幾盞航標燈不成？我開始警覺起來，仔細地觀察了幾秒鐘，突然驚恐地意識到固定在岸上的那根纜繩，可能已經磨損斷裂，而這艘船正在緩慢、無助地捲入江流，很快就會順流而下，一場舟覆人亡的大災難迫在眉睫。我高聲大喊 ——「救命呀！快來人呀！」幾分鐘之後，幾個睡眼惺忪的船員急匆匆趕到，身後跟着一位衣衫不整的船長。他們看到這種險況，全都嚇了一大跳。船長和船員似乎無法在短時間控制住輪船了，但是經過半小時的艱辛努力，我們的船再次牢牢地固定住了。

船長走過來，激動得渾身直發抖，感謝我及時發現險情，阻止了一

場災難。就在他表達謝意的當兒，我想到那些沒錢買船票的女學生，決定好好利用這個機會。我對船長講了那些女學生遇到的難處，詢問他能否為她們安排鋪位。船長頗是慷慨大方，滿口應承下來了；不一會兒功夫，我把女學生們都安置進了頭等艙。

當然，從離開重慶到取得法國領事館簽證那段時間，我遇到了許多意想不到的困難；即使我自掏腰包付了一大筆錢，女學生們的出洋經費依然捉襟見肘。但是最後，我設法從幾個本來打算與我同行的重慶姑娘家裡募集到了一大筆錢款，這樣一來，我總算可以帶上那些家境貧寒的女學生出洋留學了。當然，她們「集體出走」之後，重慶輿論一片譁然，有謠言說我「誘拐」了這些女學生。但是，四川省長楊庶堪先生以及其他知名人士支持我，儘管有些當父母的仍然焦慮不安，這則謠言很快就煙消雲散。此後我把全部女生安然帶到法國留學，她們的父母總算不再擔驚受怕了。

出洋之前，我們在上海停留了一段時間，為這次旅行做好詳細的計劃安排。我們在上海逗留期間，孫夫人 [1] —— 她和孫中山先生當時寓居上海 —— 專門設家宴為我們餞行。他們夫婦對我的女弟子們興趣盎然、關懷備至，並對我朝着正確方向所做的努力感到高興。

這也是我最後一次謁見孫中山先生 —— 他不幸於 1925 年 3 月 12 日在北京病逝。而在 1920 年深秋季節，孫中山先生特意抽出寶貴時間接待我們。那段時間裡，孫中山先生正處於「賦閒」狀態，但是，從他身上看不出絲毫苦身焦思、憂心如搗的躁慮情緒，而在某些被「雪藏」起來的政治人物身上，此時通常表現出咄咄書空、搓手頓腳、惶惶然若喪家犬之醜態。孫中山先生對最終實現「中國夢」(China's dream) 抱有堅忍不拔的信心、無與倫比的信念。此外，孫中山先生具有獨特的思維天資，他能夠從歷史的角度洞察、審度當前遇到的癥結之所在。對於孫中

① 指宋慶齡。

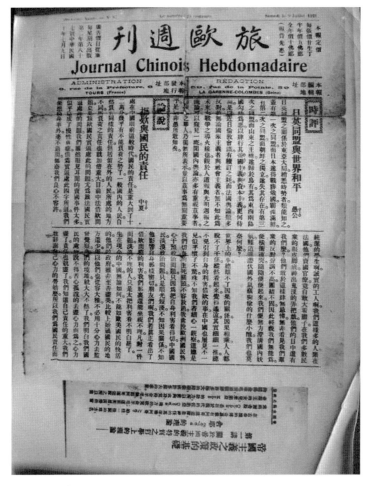

《旅歐週刊》

《旅歐週刊》是旅歐華人團體主辦的刊物。1919 年 11 月 15 日創刊。據
《旅歐週刊》第六十一號（1921 年 1 月 8 日）記載：「與蔡先生（指蔡元
培──譯者註）同行有女生十八人，係鄭毓秀女士同行照料。現已分別
送入女子中學矣。」

山先生來說，他付出自己生命中數載、十數載的艱辛努力，換來的只是中國歷史上微小的進步。孫中山先生利用「賦閒」時光廣泛閱讀與寫作，制定規劃，思考問題。至於孫夫人，我對她的印象則是：容顏靜若處子，內心勇猛如獅（as a shy doe with the heart of a lion），她與孫中山先生肝膽相照，全力以赴地獻身於丈夫及其理想與事業。孫夫人對中國的未來同樣懷抱偉大而又持久的信心。這兩個人身上體現出來的完美個性，以及他們身上散發出來的那種勃發的精力與穎異的靈性，令人覺得與他們相處的時光宛如聆聽 —— 我並非誇大其詞 —— 一闋神聖、曼妙的樂曲。孫中山夫婦與客人晤談，能夠讓對方感覺到自己的內心變得更加平靜、信念變得更加堅定，令人對自己懷抱的理想 —— 或者更重要的是人性本身 —— 油然萌發全新的信心。倘若你對人類最終獲得拯救這個目標尚未抱持堅定的信念，那就不可能理解孫中山先生與孫夫人；倘若人類社會裡每個時代都能夠培育出兩個這樣的人物，那麼，人類的未來注定不會走向衰亡與墮落的深淵。

我們在上海晤面後，我與孫夫人魚雁往來經年。我帶着這批勤工儉學女生在法國求學期間，與孫夫人書信往返，故園音書，函綿尺素，催人奮進，她屢屢勉勖我努力幫助一代年輕的中國女性。

來到法國後，我擔任這些青春少女的「監護人」（protégées）。她們一個個聰明伶俐、求知若渴，很快就分別進入法國各地高等院校深造，學習不同的科目和專業。她們的想法是學成後早日歸國效力，用自己掌握的專業知識為百姓謀福利。有些女孩子到里昂攻讀紡織工業，有些學習法律，有的研讀醫學，還有些女孩子讀的是師範教育。至於那些留在巴黎並和我朝夕相處的女弟子，有一陣子頗是把我這個「監護人」折磨得夠嗆。毫無疑問，她們的確是一群你見到過的最乖巧聽話的好姑娘。但是，倘若你想體驗一下每天都要處於焦慮疲憊狀態，只需嘗試一下「管教」一群花樣年華的女孩子就夠了。讀書學習很容易，偷運炸彈也不難，但要「對付」十幾個正處於青春期的花季少女，可不是一件輕鬆簡單的容易事兒。倘若我把她們全部「關」在一間房子裡，她們就沒完沒了講

中文，而不會一門心思練習法文；要是把她們一個個分開了，她們又會亂嚷嚷「好想家啦」「讀不進去書啦」，等等。總之，她們初來乍到那陣子，整日吵吵嚷嚷沒完沒了，讓人片刻不得清閒。

「誘拐」女學生這個故事的「尾聲」，大約發生在二十年之後。1939年，我重返抗戰初期的「陪都」重慶。當我從南京疏散、輾轉漢口等地，最終抵達重慶之際，有個「女子代表團」專程前來拜訪，歡迎我再次蒞臨重慶，我頗是感到驚訝。她們都是重慶女界的精英人物。其中一位是負責一家大型婦產科醫院的醫生，兩位是法官，還有一位是紡織業的領袖人物——原來，她們全都是當年隨同我赴法勤工儉學的女弟子。我們互致問候，寒暄了幾句，感歎能在烽火連天的抗戰年月見面，然後坐下來緬懷往昔歲月，笑着談論她們年輕時為了出洋留學，不惜鋌而走險、孤注一擲的往事。接下來的日子裡，她們帶着各自的父母、丈夫和孩子來看望我——其中有些小傢伙還喊我「奶奶」呐！在我看來「奶奶」這個稱謂，既是開開玩笑，也是一種家常地道的恭維。

我們這次初抵「陪都」重慶，感到這座城市充滿了蓬勃朝氣，一座座嶄新的建築物拔地而起，各種新建的廠礦猶如雨後春筍——當時的山城重慶，尚未遭到日本侵略者慘絕人寰、持續數年之久的車輪式大轟炸。

但在 1941 年 7 月，我和魏道明博士赴重慶機場乘坐飛機，準備開啟我們的歐美外交之旅①，沿途看到許多不久前建造起來的建築物，已經在敵機「無差別級」地毯式大轟炸之下淪為廢墟。與兩年前剛到重慶時看到的景色相比，眼前的市容市貌瘡痍滿目、百孔千瘡，令人悲不自勝、熱淚盈眶。

對於我來說，眼前看到的這番殘破景象，似乎包含了某種象徵意義——我不由得暗自喟歎：每當我們試圖建造甚麼東西，總是尚未來得及完成一半，就被野蠻的暴力殘酷地摧毀了，而我們只能默坐一隅、黯

---

① 國民政府 1941 年任命魏道明為駐法大使，1942 年轉任駐美大使。

然無助。我把自己的一些想法告訴了以前的女弟子。她們帶着各自的家人到機場送別,再次感謝我在她們青春歲月裡付出的一番辛勞。我不禁觸目傷懷地問她們:「究竟甚麼時候,我才能再看到戰爭爆發初期重慶的容貌?」

有個女弟子神情冷靜、語調篤定地對我保證:「鄭先生,您就放心吧,會很快的!您三年前看到的重慶市容市貌,與您數年後載譽歸來再看到的山城景象相比,根本算不了甚麼。我們會重建這座被敵機轟炸得幾同廢墟的城市,但不會像以前那樣花費二十年光陰,這一次,花個兩三年時間就足夠了。」

字字句句,平靜如水。我從她的語調與神情裡覺察到,這番話語並非隨口説説而已,也不是聊以自慰。我看着眼前的這些女性,她們逃離了被敵機炸毀的家園,失去了辛苦多年添置下的全部家業,她們從南京、杭州撤離時帶出來的,僅有一點點兒可憐的積蓄,現如今,好不容易在山城重慶找到一處小小的容膝之所。然後,我終於意識到絕對沒有甚麼東西,能夠阻止她們穩健、踏實的腳步。於是,在這座炸彈晝自天而降、烈焰熊熊燃燒的城市裡,我很欣慰地發現,自己往日的努力和付出有了一番最初的收穫,這足以讓每個「農夫」(farmer)都在骨子裡對土地和種子充滿信心:苦難的大地將會復甦,飽滿的種子即將萌芽。的確,這些新女性是新中國的中堅力量,在她們(他們)的手上,中國的未來絕對不會失敗,只會一天天變得更加美好、強大。

鄭毓秀此行帶到法國的劉清揚（前排右二），日後成了周恩來、朱德的入黨介紹人。1921年春部分勤工儉學生在法國巴黎合影。左起：張申府、陶尚釗、周恩來、張家俊、劉清揚、李錫智。

女界之明星
（參看二六頁）

劉清揚女士

鄭毓秀女士

在這份20世紀20年代初的舊畫報上，「女界之明星」──鄭毓秀、劉清揚「同框」。

CHAPTER SIXTEEN
Graduation and Return to China

畢業與歸國

1920 年至 1924 年之間，我作為這批留法勤工儉學女生的「監護人」，除了操心她們的日常生活和學業之外，這也是我人生中的一段相對寧靜祥和的時光。[1] 我繼續在巴黎大學完成學業，不參加任何黨派活動。去國萬里，遠隔重洋，除了繼續關注變幻莫測的國內政局之外，我能做的具體事務實在微乎其微。偶爾也會萌發回國的強烈衝動，渴望早日投身於喧囂混亂（mêlée）的黨爭。但是，既然已經下決心完成學業，我就拒絕一切誘惑，按捺住一腔衝動，不再去考慮回國參與政治活動之類的事情了，繼續住在巴黎，孜孜矻矻地完成自己的學業。

就總體而言，我在巴黎的生活過得頗為愜意；我騰出有限的閒暇時間參加社交活動，結識了一些美國、英國和法國的朋友，我們當時成立了一個小型的國際社團組織（international society）。我那座位於塞拉河畔的拉丁區寓所，時常被人戲稱為「小公使館」（little legation）。此外，我還從廣東老家帶來了一個很會做菜的廚娘，通常無論是下午茶還是自助式晚餐，大家都會品嚐到中式菜肴。

---

① 據 B．凡．沃斯特為鄭毓秀《來自中國的少女》（該書英文版於 1926 年在紐約出版）所作序言記載：「在過去的十年裡（1914—1925），鄭毓秀一直是巴黎中國留學生的精神領袖。她位於拉丁區的寓所實則是個頗受歡迎的沙龍，經常光顧這裡的，既有地位卑微的一戰華工、求學歐洲的中國女性，也有赴巴黎觀光訪問的中國最卓越的政治家、學者以及外交官。」

　　1924 年，我終於從巴黎大學畢業了。[①] 畢業那天是我人生中一個最美好的大日子，與其說是因為我榮獲法學博士學位，倒不如說是經歷過那段艱苦卓絕的革命歲月之後，我的人生終於邁入了一個具有建設意義的新階段。我夢寐以求渴望能夠為新中國建設竭盡一己綿薄之力。如今完成了學業，意味着我現在有了為國效力的資格。

　　想起畢業論文答辯那一天，我迄今依然有種心花怒放的欣慰。那天我精心梳妝打扮，宛若舉行自己的婚禮那般隆重。我穿着一襲剪裁得體的淺藍色旗袍，佩戴的玉耳環、玉胸針展現出東方情調，但髮式則剪成巴黎最時尚的齊耳短髮。

　　巴黎大學為首位來自中國的女性舉辦博士論文答辯，這種場面非同小可。法學院院長預定了最大的禮堂舉辦這場博士論文答辯會，以此獎勵我獲得的這份榮譽。大禮堂空闊寬敞，牆壁上裝飾着華美的哥白林壁飾掛毯，禮堂正中央擺着一張巨大的長案台，案台對面是聽眾席。幾位主考官走進禮堂，他們頭戴黑色方帽，身穿傳統紅色鑲貂皮禮袍，聽眾席上立時闃無人語。主考官們在巨大的案台後面一一落座。我站到主考官面前，屏息靜氣，一一回答他們有關我的博士論文 ——《比較憲法：中國憲法之趨勢》（*Le Mouvement constitutionnel en Chine. Étude de droit comparé*）—— 的各種提問。我在論文答辯時激動得嗓音直打顫，隱約聽到這座寂靜的哥特式建築裡激起了回聲。

　　幾乎與我同時獲得博士學位的，還有一名年輕的中國留法學生，他後來成為我的丈夫。他名字的讀音是 Tao Ming Wei，中文寫法是「魏道明」。在我看來，他名字的字面含意 —— 象徵意義上，我覺得 —— 是「清晰、明確的道路」。魏博士勤奮好學，性格溫和鎮定，對自己的同胞有

---

① 此處記憶有誤。據鄭毓秀《來自中國的少女》第五十章《我身後站着兩萬萬同胞姊妹》中寫道：「1925 年 6 月，我終於獲得了巴黎大學法學博士學位，我是中國或亞洲首位獲得此項殊榮的女性。」法國作家 B‧凡‧沃斯特也在該書「序言」中寫道：「1925 年 7 月，首位中國女性鄭毓秀（Soumay Tcheng）通過論文答辯，獲得巴黎大學法學博士學位。這是一個具有歷史意義的時刻，標誌着一位東方女性以平等身份成功登上了西方學術舞台。」

鄭毓秀博士論文中譯本《中國比較憲法論》（凌其翰譯），世界書局1927年7月出版（柳江南藏書）

魏道明（1901—1978）

字伯聰，江西德化縣（今九江縣）人，中華民國時期政治家、外交家。早年留學法國，獲巴黎大學法學博士學位。1925 年回國，在上海從事律師事務。1927 年起先後擔任國民政府司法部主席秘書、司法部次長、司法行政部部長。1930 年任南京特別市市長。1941 年任駐法國大使。1942 年任駐美國大使。1978 年在台北病逝。圖為青年時期的魏道明。

一種體貼入微的同情。我們在大學時代曾經一起度過許多歡樂時光，倆人都有社交天賦，喜歡交朋結友，也都有一種敏銳的幽默感。

魏博士畢業後歸國效命，任職於北洋政府法典編纂委員會（Codification Committee of the Government），但我在法國多待了一年，繼續擔任那些女弟子的「監護人」──當時她們尚未完成學業。

我的人生故事裡面，除了 14 歲那年主動出面解除依「媒妁之言、父母之命」訂下的「婚約」之外，極少甚至根本沒有絲毫的羅曼蒂克色彩。之所以會這樣，其中有兩個因素：一是那些年月裡，我全身心傾注於革命事業，根本沒時間考慮個人感情方面的事情，也無暇與朝夕相處的同齡異性進一步發展親密關係；二是我對自己的生命和婚姻，始終抱着一種「宿命論」態度。在經歷了革命歲月的諸多困厄以及如此眾多的死裡逃生事件之後，我開始有一種感覺：我的生命似乎早就不再屬於自己了，它只是為了服務公眾才得以倖免於難、延續至今。

回顧我的革命生涯，不管身陷何種艱難困窘境況，我似乎都能夠奇跡般地逢凶化吉、轉危為安。我不覺得這是由於我擁有某種神奇的特殊能力，抑或純粹是幸運之神眷顧使然。我想起眾多冰雪聰明、才華洋溢的革命夥伴，尤其是早年革命歲月裡，那位為暗殺良弼將軍而捨生取義的俊彥之士彭家珍，他就沒有我這麼幸運。因此，我心裡一直有個揮之不去的念頭：我之所以能夠倖免於難、死裡逃生，被「留」了下來，那是因為「革命尚未成功，同志仍須努力」──我肩負的使命迄今還未完成。這種宿命論般的信念使我決定拒絕婚姻，今生不婚不嫁。所以，這麼多年來，我追求的人生目標是投身公眾服務事業，而不是個人婚姻生活。我相識的年輕夥伴裡面，偶爾也會有人琴心相挑，甚或直截了當地求婚，但都被我不假思索地婉拒了。

因此，在我當時看來，我與魏博士之間的情誼，完全屬於那種「柏拉圖式友誼」（Platonic）──一種源於共同志趣和職業愛好的彌足珍貴、溫煦暖心的夥伴關係。魏博士樂於助人，無論對我的年輕學生和我自己的學業，還是對我遇到的大小難題，他都會及時提出切實可行的解決方

案。魏博士畢業後比我早一些回國，兩人之間魚傳尺素、驛寄梅花，從未間斷。每當我陷入困境或遇到費解的難題，總會馬上給他寫信，想聽聽他的建議、請他幫我拿定主意，而他通常會及時回信，給出一個客觀、明智而又令人欣慰的答覆，免去了我彷徨無助的懊惱。

我學成歸國、海輪抵達上海的當兒，看見魏博士隨同我的家人，已經站在碼頭上迎候我了。

接下來的十幾天裡，與朋友聚會、與親戚團聚，忙得車輪般團團轉，弄得我疲倦不堪。於是，我決定暫時離家一段時間，與母親、哥哥、姐姐一道，去了杭州的度假勝地西湖。對於今後究竟應該從事何種職業，我一直大感困惑、猶豫不決，也想藉着休閒仔細考量一番。在我的一再邀請之下，魏博士和我們舟車同行，傾蓋如故，侃侃而談，希望他能幫我做出抉擇。

西湖是我們中國最美麗的度假勝地之一。它位於絲綢文化與茶葉之鄉的中心地帶，四周山巒逶迤起伏。蔭蔭嘉木藏起一座座香火不斷的千年古刹，遮掩住一處處別有天地的名勝古跡；從廟宇、古塔隱身的處所，可以俯瞰湖光山色，領略鄉間宜人風物。西湖岸邊的別墅與旅館鱗次櫛比，佳日裡遊人如織、絡繹不絕。

我們在西湖度假消閒時光，正值春回大地、萬物復蘇的季節，而春天是我們中國一年四季裡最長的季節，花朵盛開，草木葳蕤，宛若歐洲文藝復興時期佛羅倫斯畫家波提切利（Botticelli）的畫作那樣充滿勃勃生機。蘇堤從西湖中間穿過，把它分為內湖和外湖，蘇堤春曉，景色如畫，最適宜晨間踏青漫步。西湖裡游弋着各式各樣的畫舫，大小不一，形狀各異，畫舫上掛着藍色、橘黃色的風帆，在春陽下游弋不定，綴滿湖面。概而言之，西湖實在是個令人流連忘返的好地方。

某個月色皎潔的夜晚，我和魏博士泛舟西湖。我開始對魏博士談起自己目前的兩難抉擇：北洋政府給我提供了國府司法部駐京調查委員的

職位，還有一所大學①聘請我擔任校長。但是，我不願擔任北洋政府提供的任何職務，因為至少就目前而言，北洋政府依舊顢頇保守、了無進步。無論在任何情況下，如果擔任政府部門職位的話，我當然更願意與自己革命時期的夥伴一道，為廣州的國民政府效力。

我還告訴魏博士，自己目前更傾向於從事與政治毫無關涉的工作。我覺得，至少要有個保持自由、獨立的時空段，這樣一來，我就可以從容淡定地觀察國際局勢發展，研究目前國內政局走向，並在必要時採取下一步行動。當然，我並不喜歡那種無所事事、優哉游哉的閒散生活。我必須找到一份適合自己的職業，好讓自己儘快忙碌起來，但同時又能保證行動的自由。

就和往常一樣，魏博士此時靈機一動，提議兩人在上海以合夥人的身份開辦律師事務所。經他這麼一說，我知道所有困擾我的難題全都迎刃而解了——他不僅為我即將從事何種職業量體裁衣，還替我選定了從事這一職業的最佳地點。上海是全國經濟、文化中心，在這裡從事律師行業，將為我了解國內政局之變化，看清並解決各種社會問題癥結之所在，提供了一個絕佳機會。上海是世界上人口最稠密的地區（原註：或者更準確地說「曾經是」，日寇佔領上海後強迫居民疏散，目前上海人口規模驟減）。作為一名執業律師，我可以為服務普羅大眾做些力所能及的小事，還可以結識社會上各個階層、各種類型的人物。所有這些，對於任何一個關心國家福祉的人來說，都是一筆有益的財富。

---

① 即北京女子師範大學。

CHAPTER SEVENTEEN
I Practice My Profession

我的律師生涯

我決定從事律師職業生涯，起初並非一帆風順。其實，我早就預料到了，自己必須面對「男尊女卑」這種根深蒂固的傳統偏見，更何況，通常還要遭到法律界某些既得利益者的阻擾反對；當然，這些「既得利益者」並非中國獨有。但是，我既然已經花了那麼多時間，竭盡全力接受法律教育並完成了學業，就不會被眼前這點兒小小的障礙嚇倒。

20 世紀 20 年代的上海流行所謂「治外法權」[①]（extraterritoriality），這裡的司法制度可以說是全世界最複雜的。有鑒於某些法院後來被取消，以及最近國民政府和英國、美國分別簽訂了取消在華「治外法權」的《中英新約》《中美新約》，我就不再贅述舊上海的法院組織。簡單點兒說，上海這個城市當時分成三個部分 —— 中國居民區、法國租界區以及公共租界區。正統中國法庭管轄的是中國居民區範圍，而每個外國租界區都有各自的「會審公廨」[②]（Mixed Cour）。針對在中國居民區發生且僅有華人涉入的案件，中國法庭有絕對審判權；混合法庭處理的則是原告為外國人、被告為華人的案件，或者訴訟當事人是華人，但居住於租界區的案件；此外，如果案件中原告為華人、被告為外國人，則由被告國籍領

---

① 也稱「領事裁判權」，外國在華領事裁判權是指以英國為首的西方列強在強迫中國與之訂立的不平等條約中規定的一種司法特權。依照這種特權，凡在中國享有領事裁判權的國家，其在中國的僑民不受中國法律的管轄，不論其發生何種違背中國法律的違法或犯罪行為，或成為民事刑事訴訟的當事人時，中國司法機關無權裁判，只能由該國領事或由其設在中國的司法機構依據其本國法律裁判。

② 上海公共租界會審公廨，又名「上海混合法庭」，成立於 1864 年，主審涉外並兼理中國案件。法庭由上海知縣擔任主審，一名外國領事擔任副審列席審判，審判程式一如西方。

事館法庭審理。因此，上海法庭負責審理的案件有四類，有多少國家擁有治外法權，就有多少法律條款，此外還包括中國法規和兩個外國租界區的當地法則。整個上海地區存在着如此混亂、複雜而且互相衝突的審判、法律程式。毫無疑問，這裡將會被精明律師（Philadelphia lawyer）視為名副其實的執業天堂。

我首先申請的是中國律師執業證，但困難在於，北洋政府頒佈的《律師暫行章程》《律師登記暫行章程》，並未載明有關女性可以進入律師行業的相關條款。我的申請基於以下理由：儘管事實的確如此，但是，這兩份「章程」裡同樣沒有載明禁止女性加入律師行業的相關條款；特別是，倘若提出申請的女性符合法規中其他條件，那就沒有任何正當理由拒絕她們進入這個頂級行當。當然，我的這項申請的最終裁決權，最後落到北洋政府保守派官員手中，漫長的延宕拖沓表明，他們正在謹慎權衡我的訴求，並為這份申請的先例性、重要性大傷腦筋。

令人感到欣慰的是，我卻毫無困難地獲得「公共租界會審公廨」（Mixed Courtof the International Settlement）律師執業許可證；但在「法租界會審公廨」（Mixed Court in the French Concession）法庭上，按照既往規定，只允許擁有法國國籍的律師出庭。我很快就意識到，某些法國律師試圖阻攔我提交的這份申請。直到後來得到法國總領事那齊亞（Naggiara）先生的支持，我遞交的申請才終獲通過。那齊亞先生是一位富有遠見卓識的紳士，他後來被任命為駐華大使。

然而，即便我獲得了律師資格證，貶低我的流言蜚語當時仍然滿天飛，說甚麼女律師是個「新手」，既缺乏辦事能力，又沒有絲毫經驗。儘管這樣，許多同行和我們關係良好。直到我們成功地處理了一宗宗重要案件，這才逐漸奠定在專業領域的堅實地位。

我和魏博士開設的「魏鄭大律師事務所」設在法租界，事務所辦公室是個長方形大房間，倆人的辦公桌各踞一端。隨着律師事務的開展，我們制定了一套運作程序：我們一起處理困難和複雜的案件；至於其他案件，涉及婦女的案子由我接手，其餘案子由魏博士負責處理。

鄭毓秀魏道明英法華大律師
9 Avenue Edward VII　C. 7697

Soumay Tcheng &
Wei Tao Ming
Doctors in Law and Advocates

Wu Yu Ling, interp.
Walton, F.,　　　,,
Celestin, Yu.　　　,,
Ziang Ting Cheng, translator
Chow Tan Tse,　　　,,
Tcheng Whei Shun, Miss, sec.
Tsiang Chei Yuing, sec.
P'an Yung Hsi,　　　,,

這是律師事務所開張後，鄭毓秀、魏道明刊登的一則廣告。

　　我們「魏鄭大律師事務所」拒絕接手那些性質可疑、證據不足的訴訟案件，因為這類案子不僅枯燥乏味、傷筋費神，而且多半注定敗訴，一旦敗訴會對我們的聲譽造成不良影響。

　　對於我們來說，維持自己在法律界的名譽與地位，並非只是意味着有了賺錢的手段。倘若我們能夠幫助那些不幸的普通市民，並為改善上海的公共事務做些力所能及的事情，那麼，我們必須保持自己在法律界正直的聲譽和誠信。

　　有天傍晚，一位年輕女士來到「魏鄭大律師事務所」。她徑直走到我的辦公桌前，既緊張又興奮，一坐下來，馬上開始傾訴自己的煩惱。這是「魏鄭大律師事務所」接手的第一樁離婚案。我為此振奮不已，覺得這是一個機會，我甚至認為這是一個幫助我們中國眾多不幸的女性爭取自由平等的良好開端。

在舊中國，幾乎無人知曉「離婚」為何物，直到 1927 年，離婚仍然是件「稀罕事」。不幸的婚姻——儘管絕對沒有西方國家那麼普遍——比比皆是，我覺得自己應該有一番作為才對。

對於任何一對年輕夫婦來說——不管是美國夫婦，還是中國夫婦——李太太的故事都具有典型意義。李太太結婚兩年了，小倆口一直琴瑟和諧。最近夫婦感情卻起了變化，李太太覺得丈夫現在對自己日益冷淡，對剛出生的孩子不理不睬（原註：他們的新生兒剛彌月數日），她感到再也無法回到新婚燕爾好時光了。而且，李太太還疑心，丈夫移情別戀，和她的堂姊妹關係曖昧，因為丈夫每天很晚才回家，每次問他為何晚歸，又說不出個所以然。

李太太在我面前哭哭啼啼的，花了好長時間才講完這個戚戚哀哀的故事，中間還穿插了一些毫不相關的牢騷話。最後她宣稱，丈夫不忠誠、不感恩、不老實、不靠譜。總而言之，丈夫的人品太壞了，良心全給狗吃了，裡裡外外幾乎一無是處。所以，她決定和丈夫一刀兩斷、各奔前程。我對李太太深表同情——覺得她丈夫看起來簡直就是個十惡不赦的「上海灘」大惡棍。我告訴李太太：這場離婚官司很容易打，你過幾天再來就是了。

李太太離開辦公室之後，我把椅子轉過去對魏博士說：「嗯，你覺得怎樣？那個可憐的年輕女子——她丈夫待她太壞了，我一定要幫她打贏這場離婚官司。」

就像通常情況下一樣，魏博士沒有直接回答提問，他只是說：「你是想詢問我法律方面的建議嗎？」

「當然啦，」我說，「我問你的只是個法律問題。除此之外，還會有其他甚麼問題嗎？」

「嗯……那麼，你有甚麼法律上的依據？離婚這件事，目前在咱們國家仍然是個新鮮事物。你也知道，夫婦雙方要想獲准離婚，必須提供感情破裂的確鑿證據，法官認定情況非常嚴重，才會判決他們離婚。」

「但是，」我不以為然地說，「我不擔心甚麼證據不證據的。你剛才

也聽見她的哭訴了——我們要找到證據，看起來一點也不難。」

魏博士又沉默幾秒鐘，我好奇地打量他一眼——意識到他心裡有些不同的想法。最後他開口說：「但是，離婚案件簡單好辦，是這個案子重點所在嗎？」

「啊哈——」我有點不懷好意地說，「我現在總算明白了，你不是以律師的身份考慮問題，而是站在一個男人的立場看待這件離婚案，尤其是，你是站在她丈夫這一邊的。」

魏博士急得直搖頭，他說：「這不是一個站在男女雙方哪一邊的問題，而是關涉到我們律師事務所的原則。我們究竟應該怎樣處理離婚案件？難道，我們僅僅因為離婚案打起來輕鬆簡單、容易賺錢，就要幫他們打贏離婚官司不成？或者，我們更應該從人性的角度出發，多為客戶着想一下，盡可能挽救更多的家庭和婚姻？」

魏博士提出的問題合情入理，但我此時卻正在氣頭上，簡直是怒不可遏。他剛才那句話觸及到我心裡最脆弱的一部分。我以一個女權主義者（feminist）的身份站了起來，憤怒地反駁道：

「我們以前，不是經常探討有關自由、民主和社會改革等一系列問題嗎？我還從來沒有想到過，你在女性這個問題上，居然抱有中國傳統的老套觀念和陳腐偏見！就中華民國而言，除非它的女性獲得了自由解放，否則，這個國家毫無自由可言！你心裡很清楚，在舊中國，女性從未享有與丈夫同等的各項權利。」

魏博士說：「等一等——你等等。我並沒說自己對女性心存成見。我們可以繼續接手離婚案子，可以幫助婦女打贏離婚官司，但我提醒你務必考慮一下——難道打贏離婚官司，她們就會真的歡天喜地嗎？你渴望能夠為推動社會福祉努力工作，這難道不意味着，一旦接手離婚官司，我們首先考慮的是調和男女雙方當事人，共同謀求美滿幸福的婚姻生活嗎？幫助女同胞們打贏一場場離婚官司，難道就是實現這個目標的唯一途徑嗎？不是的，也許，那才是通往極度不幸的歧路？」

「但是，」我氣急敗壞地說，「女性在婚姻生活中遭受折磨虐待，法

律上並沒有提出絲毫援助辦法。」

「有些婚姻的確如此，」魏博士同意我的說法，「但是，大多數婚姻並非這樣。每一場糟糕的婚姻背後都遮蔽了無數美好的婚戀時光，而它們之所以美好，是因為婚姻維繫期間，彼此必須學會怎樣和睦相處、怎樣讓對方感到快樂幸福。」

時鐘敲了六下，該回家了。我們離開辦公室，回家路上，還在繼續激烈地爭論。

「你對女性的心理幾乎一竅不通，」我激憤地說，「否則，你就不會說這種話了。」

魏博士泰然自若地說：「啊！但是我了解啊，這就是我為何這樣看待離婚官司的根本原因。婚姻不僅對男人來說是最佳生活方式，對於女人來說同樣是最佳選擇。舊愛勝新歡 (Old friendships are better than new ones-old loves)——尤其是初戀，那是人生最美好的饋贈，聰明人應該珍惜一生。否則，兩個人都會感到痛不欲生。」

魏博士接着說：「在極少數情況下，離婚當然是迫不得已的選擇。但是在歐洲國家，很多鬧離婚的夫婦只要嘗試着努把力，婚姻生活就會琴瑟和諧，但他們卻在這種情況下很草率地選擇了離婚，其結果是雙方都感到苦不堪言。及至年紀大了，他們才發現，除了孩子缺乏安全感、自己感情無處寄托、孤單寂寞之外，他們當初堅持的所謂『婚姻自由』，也就沒有任何意義了。我們在巴黎街頭見過一些歐美離婚女性，她們一個個衣着光鮮、楚楚動人，但你能否告訴我：她們離婚後真的過得幸福嗎？不會的，除非她們明白了婚姻是建立在雙方互愛與寬容基礎上的，否則，她們永遠不會有任何幸福可言。」

我默不吭聲，悶悶不樂，因為實在提不出強有力的反駁意見。

魏博士轉過身來看着我，他說：「我們還是現實點兒吧。我並非要你告訴那些打離婚的客戶，我們不會為她們提供法律援助。不管怎麼說，遇到找上門的離婚官司，我們當然還是要接手的。但是首先，你不覺得先看看我們能否協助當事人雙方和解，豈不更好？換句話說，

反正,我們執業並非完全着眼於經濟利益。我想,我們的首要目標應該是為當事人雙方的幸福着想,其次,才是為他們爭取婚姻關係上的合法權益。」

話語都講到這種地步了,魏博士幾乎就説服了我。儘管我當時心裡不願承認,那種渴望幫助同胞女性的強烈使命感,實在讓我有點兒反應過激了,但我不得不欽佩魏博士的深思熟慮,因為他考慮的問題已經遠遠超出了這宗離婚案的範疇。

我於是問他:「但是,你也贊同,離婚在某些情況下是必要的吧?尤其是對於極少數人來説,離婚可能是最恰當的選擇,你説對吧?」

「當然啦,」他回答道,「離婚可以讓兩個人從難以忍受的婚姻狀態中解脱出來,不管是東方還是西方,每個社會或多或少都有這樣的婚姻。但我認為離婚不值得鼓勵,尤其是沒必要鼓蕩出『離婚潮』。婚姻適合每個人的社會生活,但離婚不是;只有極少數人選擇了離婚,他們這樣做就客觀上而言恰恰維護了婚姻制度的完整性。我們且以剛接手的第一椿離婚官司為例,在採取任何法律措施之前,讓我們先來試試能在多大程度上促成當事人雙方和解;倘若和解無效,接下來,你依然認為那個女子的確受到了虐待,我看再走離婚程序也不晚。」

面對魏博士這種合情合理、真正的「利他主義」(altruism)看法,我不得不讓步。「但是,我們現在還能做些甚麼呢?」我問魏博士。「那個年輕女子已經妒火中燒、怒不可遏,倘若勸她和丈夫重歸舊好的話,我看她是無論如何都聽不進去的。」

最後,我和魏博士一致認為,最好的解決方法是延緩初審程序,為我們的客戶提供一個冷靜期。我們可以藉口説,出庭流程很繁瑣,要耗費大量時間做準備。

李太太第二次來,事無巨細地重複了一遍自己的婚姻多麼不幸,我只是洗耳恭聽,偶爾表示同情,並未發表任何實質性的評論。然後,她有點遲疑不決地問我:離婚官司進展怎樣?我們告訴她耐心點兒,開庭之前需要做大量的準備工作,我們還要多花點兒時間,請她過幾週再來。

　　李太太第三次來，情緒顯然不像前兩次那麼激憤了，儘管她詢問了官司進展情況，但她聽我說進展很順利，臉上並沒有流露出丁點兒高興的表情，也不再急於敦促我們趕緊辦理。我與魏博士意識到，嘗試調解當事人和好的火候到了。

　　李太太離開後，我們打電話把她丈夫叫過來，直言不諱地告訴他：李太太找我們打離婚官司。李先生大吃一驚。等他回過神來，告訴我們，他非常疼愛自家太太，沒料到她打算分道揚鑣了。然後，我們逐條列舉李太太的訴狀，並要求李先生一一給出說法。李先生說每天很晚才回家，是因為家庭生計現在遇到困難，但自己晚上兼差賺錢還債這種事，又很難在太太面前啟齒，只希望早日還清債務、確保妻兒未來的生活。由於晚上兼差勞累，回到家裡有點煩躁，太太挑剔的時候，自己免不了大發脾氣，覺得她這是無理取鬧。不管怎麼說，自己在外面絕對沒有「金屋藏嬌」這類事。

　　第二天，我們在當事人雙方毫不知情的情況下，邀請他們到事務所見面。

　　小夫妻倆前後腳都來了，在辦公室裡不期而遇，起初誰都不說話。接下來，魏博士開始以父輩的口吻和他們交談，告訴他們打離婚官司有何弊端——親戚鄰居說三道四，三姑六婆指指點點；此外，離婚還會帶來其他種種不愉快。魏博士最後建議：當事人雙方不妨現在當場申訴、抗辯，由他自己臨時擔任法官，作出公正的裁判。李太太開始說話了，剛講了幾句就不吭聲了，李先生接着辯解、反駁。夫婦倆互相看了一眼，都哭了起來，接下來破涕為笑、握手言歡（原註：夫妻公開擁抱，在當時屬於一件聞所未聞的稀罕事兒）。我和魏博士這時覺得，我們現在是不是應該迴避一下才對？

　　我們辦理的第一樁離婚官司，以當事人雙方冰釋前嫌、皆大歡喜的方式結案了。借鑒該案的辦理經驗，我們建立了一套處理離婚案的具體流程，繼續開展這種非正式法庭調解，至少百分之七十的離婚案經過調解，以重修盟好、盡釋前嫌的感人場面告終。很多時候，我和魏博士深

鄭毓秀（右二）、魏道明與王寵惠（左一）、朱學勤（左二）夫婦，前一為王寵惠之子王大閎。

為這種場景感動，我有時感動得忍不住想哭一場。

我在辦理離婚官司的過程中，與這麼多夫婦密切接觸、協商，也常和魏博士討論婚姻關係與離婚案話題，可能在很大程度上幫助我調整了心態，讓我對婚姻制度有了較為積極、正面的看法。我開始隱隱約約地意識到：個人不是一座自成一體、與世隔絕的孤島，誰也無法超越「男婚女聘」這個社會法則。中國的一句諺語「獨木不成林，單弦不成音」（Without the family, the individual is nothing），也引起我心裡的共鳴。

在我們中國，家庭一直是維繫情感、經濟甚至政治上的最強大的社會紐帶。一個龐大的族姓「聚族於斯」，只要飯鍋裡還有飯菜，就不允許任何一個家族成員忍飢捱餓。道德、法律、哲學和宗教信仰，等等，由德高望重的老祖母傳授給牙牙學語的孫輩，這種家族文化傳統一脈相承、綿綿不絕，使得世世代代積累下來的智慧與經驗，不至於泯滅遺忘。

家族文化最終演變為宗族制度，這就是為何歷經數千年滄海巨變，中華民族依然能夠屹立於世界民族之林的根本原因之一。每個宗族都具有照顧家庭成員的功能，就像一個「迷你版」的自治政府。宗族制度自然有其自身缺憾——因循守舊的傳統勢力，目前依然在很大程度上阻礙着中國現代化進程——但是，就總體而言，宗族制度對社會發展依然有着無法替代的穩定功能。從我們的宗族制度文化裡面，還孕育出了最古老的民主形式——「多數人的統治」(the rule of the majority)，或者「多數人說了才算數」，而不是「堂上一呼、階下百諾」。

我在上海執業的第一年，中國發生了諸多重大歷史事件。其中之一就是，廣州的國民政府宣佈，國民革命軍開始完成統一中國的艱巨任務。1926 年 7 月，新任陸軍總司令蔣介石先生在廣州誓師，正式發動「北伐戰爭」(March to the North)。

北伐戰爭勢如破竹、節節告捷。1926 年底之前，國民革命軍已經佔領許多省份的重要城市。北伐戰爭取得這些勝利的根本原因，不僅取決於國民革命軍採取的戰略戰術和高昂的士氣，還得益於平民百姓對國民革命事業的普遍認同與支持。據我所知，北伐戰爭期間首次有效地採用了「宣傳戰」(political warfare) 這種政治作戰方法。一支政工宣傳隊先於正規部隊出發，通過沿途廣泛宣傳鼓動，爭取民意、贏得民心；一旦北伐軍正規部隊開到、臨近決戰的重要關頭，敵方指揮作戰的將領及其手下的士兵，要麼逃之夭夭，要麼倒戈反水，加入了蔣介石總司令的陣營。

國民革命軍收復了許多省份之後，蔣介石總司令的行轅由江西遷到浙江，矛頭所向，直指上海。而在上海，我和魏博士早已與其派到上海的「地下組織」接上了頭，不遺餘力地密切開展合作。

上海當時尚在北洋軍閥孫傳芳將軍 (Ceneral Sun Chuan Fang) 的統治之下，我們發起的大部分抵抗工作，都是針對他進行的。由於我們在上海具有特殊的社會地位，與不同階層的人士建立了密切聯繫。

這段時間裡，除了繼續開展「魏鄭大律師事務所」業務之外，我們

孫傳芳(1885—1935)
直系軍閥首領,與張作霖、吳佩
孚並稱為「北洋三大軍閥」,是直
系後期最具實力的大軍閥。1927
年2月組織兵力阻止國民革命
軍北伐,主力軍消耗殆盡一蹶不
振。「九一八」事變後,隱居天
津佛堂,拒絕與日本人合作。

在多個領域均有所作為。令我深感欣慰的是,畢業歸國後我決定遠離政
治,並且選擇上海執業,這實在是個正確的決定。在我們所有的抵抗行
動之中,最重要的一項,就是與蔣介石總司令的諜報人員接洽合作。蔣
總司令的行轅抵滬之前數月,這些諜報人員已經秘密潛入上海。作為從
事法律職業的個體,我們可以為他們提供諸多幫助。一旦獲悉至關重要
的內幕消息,我們就會及時傳遞給他們,提醒他們逮捕行動即將開始,
必要時則協助他們隱藏起來。我們還經常利用自己與政府官員、租界巡
捕房的關係,阻止上海當局的逮捕行動。當然,所有這些都以「公事公
辦」的名義作掩護。

　　曾經有一次,上海市當局對租界發出了一份逮捕令,要求立即拘
捕二十多名國民黨黨員,指控的「罪名」可謂荒謬絕倫——亂黨賊盜。
上海市當局這樣做的唯一目的,就是讓他們落入孫傳芳的魔掌。我要求
法租界巡捕房延緩拘捕行動,務必等我面見法國駐上海總領事那齊亞先

生，具體商討此事。我正告那齊亞先生：在這份即將被捕的名單裡面，大部分是中國的傑出公民，倘若法租界以「亂黨賊盜」罪名執行逮捕令，法國駐滬領事館將會鑄成大錯。那齊亞先生覽罷這份名單，贊同我的意見，於是，馬上致電巡捕房，拒絕執行逮捕令。

一個月後，國民革命軍佔領上海，孫傳芳逃到了天津。

第十八章

CHAPTER EIGHTEEN
Marriage — and Judicial Robes

我的婚姻與司法工作

國民革命軍佔領上海之際，鑒於北洋政府派駐上海的官員早已逃之夭夭，國民黨開始接管舊政府的行政工作。或許考慮到我的職業生涯，國民政府擬委任我擔任上海審判廳廳長（President of the District Court of Shanghai）。這項委任當然很誘人，但不知何故，我並不喜歡這個前景。一旦從事司法工作，也就意味着我的活動範圍在某種程度上受到限制，對我來說，這個職位遠不如律師更具有吸引力。此外，我覺得自己最需要的依然還是自由，作為一個職業律師，我可以隨時從事某項十分重要抑或令人振奮的工作。但是，倘若答應出任此職，勢必要每天堅守崗位、嚴格維持司法公正；所以，我婉言回絕了這份任命。

有個老朋友得知這個消息，頗是大為吃驚。這位老友是國民黨元老人物，深知我對國家的未來滿懷希望，也知道我熱衷於奉獻公共事務。但他不明白，我為何婉拒這個職務。而且，後來的事實證明，他當時有一種強烈的感覺，認為由我擔任上海審判廳廳長一職，對於新政府總體發展前景而言非常重要 —— 不僅由於我是一位著名的革命者和女律師，而且在實現中國婦女權利奮鬥過程中，我是一位頗具代表性的現代女性。

但是，這位老朋友對我的性格了若指掌 —— 他知道我有時候會「認死扣兒」，而且，很難說服我去做任何一件自己不願做的事。所以，他來探望我時的一番精彩表現，更像是一個明察秋毫、神機妙算的心理學家。

「好吧，」我們坐下來一邊喝茶，他一邊說，「我聽說，你婉拒了上海審判廳廳長一職？坦率點兒說吧，我實在感到驚詫莫名。我本來以為在中國現代女性裡面，你是最後一個承認有些事務只限於男人去做而女人無權染指的人；但我覺得你拒絕這項職務，實在是覺得自己心餘力

絀、不勝其任，或者更確切地說，擔任這個重要職位，對於一個女性來說實在是心有餘而力不足。」他略微停頓片刻，對我露出一絲揶揄的微笑——「也許，你內心裡一直認為，女性根本不適合擔任政府公職。」

　　老朋友這番話令我火冒三丈，我差點兒就要痛快淋漓地懟回去了。但我及時意識到，唯一能證明「閣下此言差矣」的最好辦法，就是接受自己先前婉拒的這項任命。於是，我成了中國歷史上首位地方審判廳女廳長——純粹是想代表女性接受挑戰。

　　當然，一旦接受了這項任命，也就意味着我不得不解除與魏博士的合夥人關係。此時，不僅是我要全身心忙於新工作，魏博士也接受了國

（滬藝光）　上海審判廳廳長鄭毓秀博士
Dr. Zung Yu-Sui. She is newly appointed as the Chief Justice of the Chinese District Court of Shanghai.

1927 年 3 月《圖畫時報》第 346 號刊登上海審判廳廳長鄭毓秀照片。

民政府的一項重要任命。所以，非常遺憾，我們的「魏鄭大律師事務所」只能關門大吉。

但是，就在「商業夥伴關係」(business partnership) 結束之際，倆人之間的「個人夥伴關係」(personal partnership) 悄悄開始了。早在幾個月前我就意識到了，我對魏博士的感情不再屬於那類「柏拉圖式友誼」，他也頗有同感。然而，我對婚姻的想法仍然猶豫不決；早在幾年前，我就認定婚姻生活並不適合自己，我的一生將完全奉獻給自己選擇的職業。對我來說，要做出這樣一個徹底的觀念轉變煞是困難，但我更在乎魏博士的想法。

最後，有位頗有名望且與我們私交甚篤的名媛，願意出面作伐。她說，我倆不僅志同道合，而且情投意合，實在是天造地設的一對！倘若倆人能夠在感情上修成正果，無論在事業上還是其他任何方面，都會芝麻開花節節高。她這番話打消了我心中的最後顧慮。

1927 年 8 月，我們結婚了。婚禮是在上海近郊的杭州舉辦的。婚禮儀式規模很小，並沒有大操大辦，參加婚禮的只有男女雙方的至親。[①]婚禮結束後，我們匆匆回到各自的工作崗位上。

南京不僅是新中國的新首都，也是江蘇省省會所在地。國民政府下轄的各省政府委員會，一般由 9 人組成，省政府主席相當於美國各州的州長。江蘇省政府在南京成立之後，我被任命為江蘇省政務委員。而事實上，這個新職位佔用了我更多時間，再加上「燕爾新婚、如兄如弟」，我更願意和丈夫過上「相敬如賓，相濡以沫」的夫妻生活（原註：他擔任南京國民政府司法部秘書長），所以，我只好辭去上海審判廳廳長職務。但時過不久，我又奉命赴國外執行一項外交工作。

儘管國民黨已經控制長江流域以南廣大地區，但西方列強國家照舊

---

① 蕭碧珍、陳惠芳編《台灣省主席年譜·魏道明》記載：「1927 年，（魏道明）先生與鄭毓秀在杭州結婚。所購新宅『范園』，坐落在上海馬斯南路的別墅，佔地 4 畝，客廳富麗堂皇、庭園花木扶疏；夫妻倆廣事交遊，飲宴無虛夕，上海名士黃金榮、杜月笙、張嘯林等均為常客。」鄭毓秀夫婦的「范園」位於今華山路 1220 弄（江蘇路西）。

魏道明、鄭毓秀夫婦

1927 年 5 月 9 日，《上海畫報》刊登江蘇省政務委員、上海檢察廳廳長鄭毓秀近影。

法國駐中華民國
大使館舊址

奉北洋政府為正朔（原註：北京政府當時由張作霖元帥掌控），尚未承認
南京新政府為中國的合法政府。然而，南京成為中國的新首都不久，法
國駐華公使由北京趕來參加一些「非正式」會議。我們很是興高采烈。
這表明法國認同並支持我們的新政府。而且，隨着「非正式」會議在友
好氣氛中繼續進行，南京政府決定向法國派遣一個非官方代表團。

　　考慮到我擁有長期在法國求學、生活的人生閱歷，結識了許多法國
朋友，而且對法蘭西有深入的了解，因此，南京政府責令我牽頭執行這
項任務。我雖然並沒有一個具體頭銜，但我是南京國民政府正式任命的
「官方特使」[1]，此行職責是開展國民外交，盡一己所能促進雙方關係、增
進彼此了解。

　　有鑒於此，1928 年初，我辭去江蘇省政府政務委員一職，與魏博
士依依惜別（原註：他當時擔任司法部次長代理部長，並兼任建設委員
會常務委員，無暇陪同我故地重遊），再次啟程，首途歐羅巴。

---

[1] 據華南新聞社編行、蘇裕德主編《廣東現代人物志》「鄭毓秀」詞條記載，1928 年，奉派考
　　察歐美政治及駐歐美代表。

CHAPTER NINETEEN
France Again

銜命重返法蘭西

我這次重返法蘭西，發現好多朋友殷切渴望幫助我開展工作。與八年前相比，他們現在對中國的需求與目標有更多了解。我在法國外交部的聯絡人，以及許多忠誠的法國朋友，給了我很大的幫助。但我當然知道，圓滿完成此行使命，仍需假以時日。我馬不停蹄地參加各種「非正式」會議，與政府官員舉行「非正式」談話，與法國媒體長期保持良好的溝通互動 —— 所有這些工作千頭萬緒，令人心力憔悴。

而在我的祖國，蔣介石總司令開始發動第二次北伐戰爭 —— 向北京推進的最後決勝階段。國家的統一看起來似乎指日可待，但人們也預

濟南五三慘案紀念碑

計到，日本為了維持其攫取的權益，難免不會節外生枝、從中作祟。果然不出所料，在北伐軍進軍途中，日本以「維護秩序」「保護本國僑民」為藉口，頻頻挑起事端、阻撓干涉。北伐軍推進到山東之際，日本軍隊公然進攻山東省會濟南，阻止北伐軍繼續向北推進。於是，雙方之間的武裝衝突接踵而至。連續好幾天，日本切斷了山東與外界聯繫的所有管道，外界只能從日本單方面發佈的消息了解事態進展。

　　我當時的任務是，及時對法國民眾講述這場中日衝突的真相，徹底揭露日本製造「濟南慘案」的真實目的。我指出，日本人在實施其邪惡計劃之際，採取了他們慣用的卑鄙伎倆。

　　我在法國開展國民外交期間，予我幫助最多的友人當數于格儒夫人貝茜①（Mme.Bessie Hugues Le Roux）。貝茜是位來自美國的優秀女性，嫁給了一度擔任法國參議院議員的于格儒先生。貝茜祖上是一個傑出的美國拓荒者家族——她祖父搭乘着大篷車穿過莽莽大草原，移民到了伊利諾斯州，曾經兩度擔任該州州長。我在巴黎求學期間與貝茜相識，倆人一直是親密的朋友。我學成歸國那段時間裡，得知貝茜的丈夫不幸病逝。她遭遇喪偶之痛，再加上疾病纏身，只好居家消磨時光；實際上，她已經逐漸淡出了公眾視野。但是由於我的到來，貝茜決定告別離群索居的生活，為昔日舊友盡一臂之力。貝茜接受過良好教育，是個文筆暢達犀利的優秀作家，她不僅是我的知心好友，而且還是個出類拔萃的「多面手」。

　　我們這次重逢，看到貝茜變化如此之大，我感到非常震驚——她看

---

① 于格儒夫人貝茜不僅是鄭毓秀的密友，她與鄭毓秀對中國留法勤工儉學學生亦多有幫助。周恩來 1921 年 5 月 9-17、19 日在天津《益世報》連載長篇通訊《留法勤工儉學生之大波瀾》，亦有多處提到法國議員毓具勒奧氏之夫人（即于格儒夫人貝茜）、鄭毓秀資助中國留法學生一事：「四川同鄉會因鄭毓秀女士之贊助，曾向某法人借得佛郎一萬，因人數眾多，每人只分得二十餘方。」「然而來巴黎者終非勤工儉學女生之全體，其不主張『直接行動』參與其役者，彼在巴之女生固未嘗過問，於是彼等之苦狀，乃不得達於毓具勒奧夫人之前，而一年之借款，亦無從請得，是少數勤工女生所難解決之問題，現今尚無人注意，諒亦由人少無聞之散也。」

起來蒼老了很多，瘦骨嶙峋，弱不禁風，臉上寫滿了哀傷愁苦；但是，聽我談起遙遠的中國，談起新中國目前正在發生的事件，她的眼眸裡馬上又開始閃爍着往昔熱情的光芒——這是對一項事業的熱情與摯愛。貝茜對中國的興趣與關懷一如既往，她對新中國事業的摯愛幾乎和我一樣熾熱、強烈。

於是接下來，貝茜全力以赴地投入工作，馬不停蹄地拜訪社會各界名流，為報刊頻頻撰寫文章，竭其所能以各種形式幫助我，讓更多的法國朋友了解中國的處境。貝茜與法國政要以及新聞界關係密切，這份私人關係對我開展國民外交彌足珍貴。倘若沒有她的肝膽相照、俠義相助，我或許根本無法圓滿完成此行使命。

那是一段歡樂幸福好時光。我每天忙碌而又充實，總是處於最佳狀態，我有最親密的朋友貝茜陪伴，我倆在我的第二故鄉法蘭西，為我的祖國從事令人興奮、意義重大的工作。此外，我有孕在身，預產期在五月份。時過不久，我丈夫也來到法國，中法關係此時已經得到很大改善，國民政府派他赴法牽頭執行另一項任務。但是，這種陽光明媚的美好生活注定不會長久。

我的好友貝茜患了病，病情日益嚴重。起初只是一場普通感冒，但她一直身體虛弱，已經病榻纏綿多年，過去數週過度奔波勞累，無疑導致病情加劇。一開始她拒絕看病，由於我一再堅持，最後還是去了醫院。然而，偏偏就在這時，巴黎爆發流行性肺炎，貝茜不幸染上了這種疾病，接連好幾天，我們都為她的病情擔驚受怕。有天拂曉時分，我喚醒了丈夫。我剛剛做了個噩夢，夢境令人痛苦而又震驚。其實，這個夢並沒有甚麼特別之處，但是夢境裡卻瀰漫着某種不祥之兆——貝茜身着一襲白衣，飄飄然而至，一言不發，隨後轉身離我而去，直到消失得無影無蹤。我從夢裡驚醒了，渾身顫抖不已，感到不是個好兆頭，啜泣了一陣子，試圖不再琢磨夢中的情景。就在這時，電話突然響了起來，有個朋友抽抽噎噎地告訴我：半個小時前，貝茜不幸過世了。

對於我來說，貝茜之殤是個沉重打擊，我打算回國休養一段時間。

蔣介石給魏道明的信函

但在歸國之前，我要等待孩子呱呱墜地。 1928 年 5 月，我們的兒子出生了。喜得麟兒，樂何如之？！我們給孩子取了個乳名——「招妹」①。孩子彌月後，我們一家三口離開法國，取道美國返回故土，向南京國民政府報告此行開展國民外交詳情。

我們一家三口抵達上海之際，欣悉國民革命軍此次北伐大獲全勝，完成了國家統一大業。全國人民歡欣鼓舞地迎接一個新時代的降臨，對於國家步入了發展建設新階段充滿信心。

考慮到母親年事漸高，我打算今後定居上海，陪她安度晚年。寶貝外孫的出生，給她帶來了福樂。她整天樂得合不攏嘴，為照看好這個寶貝疙瘩，讓小傢伙舒舒服服、不哭不鬧，母親忙得團團轉，一刻都閒不下來。

這段時間裡，西方列強國家已經陸續承認南京國民政府的合法地

① Tchow Mei，音譯。

位。於是，由誰出任駐法公使更為合適這個議題，也就擺到了桌面上。

有一天，外交部一位副部長到家裡看望我。他正色相告好消息——政府正在考慮任命我為駐法國全權公使，並詢問我是否願意接受這項任命。倘若能夠成為新中國首位女外交官，代表南京國民政府出任一個如此重要的歐洲國家的特命全權公使，那將是一份莫大的榮譽。但要不是考慮到兩個因素，我就接受這項任命了：一個原因是，我已經在國外學習、生活十多年，覺得目前最好還是留在國內，以便跟上共和國新時代大變革、大發展步伐；另一個原因是母親年事已高，我想留在國內，陪她安度暮年。

我很想聽聽魏博士的建議，但他顯然認為這個問題太微妙了，自己無法替我拿定主意。我覺得魏博士其實並不贊成我再次出洋，但他並沒有給出一個明確答覆。相反，他說我最好和母親商量商量。

與此同時，母親也聽說了國民政府正考慮授予我駐法全權公使這項頗為榮耀的新頭銜，但她一點兒也高興不起來。倘若我出任駐法使節，一去至少兩三年，母親擔心自己年紀大了，或許從此再也見不到女兒了。我曾經對母親保證，假如我出任駐法公使的話，頂多只在法國待上一年。但她覺得，要是政府施加足夠的壓力，我可能無法履行自己的諾言。

這樣一來，我母親給外交部副部長朱先生打了個電話，請求面見。那天，朱先生很驚訝地看到部裡來了這麼一位老太太。

後來，我也聽說了這件事。朱先生那天對我母親說：「您請坐，老伯母，今天是甚麼風把您吹來的呀？」母親雙手合十，一副懇求的姿勢，她央求道：「求求你們，別派我女兒去法國吧。我年老體衰、來日無多，想在壽終正寢之前，多看自家寶貝女兒幾眼。」

其實，我在得知這段「小插曲」之前，已經決定婉拒這份任命。上次赴法開展國民外交工作結束後，我迄今尚未緩過勁兒來。還有就是，我一直對從事政府公務抱有某種本能的拒斥，希望儘量遠離政治事務中心。也就是這樣，我婉拒了這份唾手可及的榮譽。

第二十章

CHAPTER TWENTY
Brief Interlude in Legislative Work

制定民法典

　　南京國民政府統一國家不久，政府的立法部門開始組建完成。1928年10月，國民政府頒佈《中華民國國民政府組織法》，作為永久憲法通過之前的國家大法，規定國民政府總攬中華民國之統治權。於是，孫中山先生提出的「訓政時期」（period of tutelage）開始進入實施階段。

　　根據《中華民國國民政府組織法》的規定，國民政府由五個部門組成，各部門稱作「院」。其中行政院（Executive）、立法院（Legislative）、司法院（Judicial Yuans）類似於西方民主國家政體之下的政府機構。另外兩個「院」——監察院（Control Yuan）、考試院（Examination Yuan）——則是根據中國傳統政體設置的，監察院的職責為監督政府工作，行使彈劾權、糾舉權以及審計權；考試院的職責為選拔人才、為國求賢，審查政府機關候選人，等等。

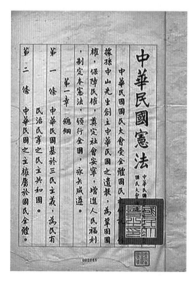

《中華民國憲法》

　　1928 年 11 月，國民政府召開第一屆立法院（原註：類似於美國國會）院會。這個機構裡只有兩名女性立法委員——蔣介石夫人和我本人。

　　這是我職業生涯中一個巔峰時期。回眸革命運動初期與同志們在北京苦鬥，以及革命成功後狂喜與沮喪相交織的嚴峻時刻，我感到欣慰而又驚愕的是，此後若干年裡，我不僅親眼目睹國家發生了怎樣的重大變革、取得了何等進步，我自己也一直追隨着時代的腳步。無論我們多麼渴望美夢成真，確信它即將勢不可擋地一步步實現，夢想成真那一刻，總是令人屏息驚呼、熱血沸騰。當然，我們的使命尚未完成，還要繼續戮力前行；儘管未來的工作林林總總、千頭萬緒，但在登臨第一個階梯的過程中，我們已經獲得了許多人認為有生之年難以完成的巨大成就。

　　「訓政時期」必須採取的首要步驟之一，就是起草《中華民國民法》。因此，國民政府成立了民法編纂委員會，成員由五人構成，我是民法編

鄭毓秀（前排左二）與部分民國政要合影。

纂委員會委員之一。這是一個我特別希望得到的職位，因為儘管男女絕對平等的觀念已經逐漸獲得一般民眾普遍認同，但在法律層面上體現這一原則，仍然是一項前所未有的艱巨任務。

民法編纂委員會必須完成的是一項漫長而又艱巨的任務。我們花了兩年多的時間才最終完成這部《民法典》。編纂委員會在起草這部法典時，負責為國家提供一個具體的法律框架，既要體現可以與西方最先進的法律體系相媲美的法律原則，同時也有責任保留國人數百年來形成的公序良俗、道德準則之精髓。因此，編纂委員會努力研究參考世界歐美國家主要法典，並把那些適應或符合中國國情的條款篩選出來，納入民法「草案」內容，而我國傳統的公序良俗與道德準則中的精華部分，也予一一以保留。

經過反覆的起草、修訂，並多次舉行聽證會，國民政府於 1931 年正式予以頒佈實施《中華民國民法》。

這部新法典成為中華民國的正式法律條文，確保了中國女性在公民權利和財產權方面的平等。女性除了享有絕對平等的政治權利之外，還享有以下這些權利：

根據這部新「民法」，女性和男性都享有法律規定的同等權利並履行義務。未婚單身女性有訂婚或解除婚約的權利；有權以自己的名義擁有或轉讓其個人財產或不動產；有權擔任他人的代理人；女性作為繼承人或遺產受贈人享有繼承權。

已婚女性經與丈夫商量取得共識，擁有保留原本姓氏而不冠夫姓的權利。

在財產權方面，已婚婦女可與丈夫協定根據「分別財產制」原則（Separate Property Regime），妻子有權擁有其婚前財產之所有權、管理權及使用收益權；妻子以其財產之管理權付與於夫者，推定丈夫有以該財產之收益供家庭生活費用之權，前項管理權妻得隨時取回，取回權不得拋棄。妻子的婚前財產亦不受丈夫所負債務（夫於結婚前所負之債務，夫於婚姻關係存續中所負之債）影響。但是，倘若丈夫不能贍養家庭的，妻子有義務以其個人婚前財產供給家庭所需，丈夫亦有權要求妻子撥出

鄭毓秀參與制訂、國民政府頒行的《中華民國民法》，
上海文明書局 1931 年 4 月初版（柳江南藏書）

其個人婚前財產，支付家庭開銷所需。

倘若家庭發生重大變故，妻子可視為丈夫之默許代理人，有權簽訂可約束丈夫之契約。然而，在影響到妻子婚前財產之際，她有權以其個人名義處理，無異於單身、未婚之時。

由此可見，這部新頒佈的《中華民國民法》明確規定，中國女性在公民權與財產權方面享有絕對平等權利，但也應承擔平等的責任義務——男女雙方真正平等，無偏頗對待任何一方。

這段時間裡，我們的家庭生活也步入了正軌，整體說來琴瑟相和、和諧美滿，裡裡外外都安排得井井有條。魏博士當時擔任國民政府司法部部長[①]，我倆分別供職於立法院、司法部，各司其職，勤奮工作。每天下班後回到家裡，倆人會詳細商榷當天工作進展情況，分享各自聽到的內幕消息，增廣見聞，拓展視野。

《中華民國民法》正式頒佈實施後，民法編纂委員會的工作暫時告一

① 1928 年 11 月，國民政府司法部改組為司法行政部，28 歲的魏道明出任首任部長，係當時最年輕的部長。

段落。我發現，擔任政府公職固然令人精神振奮，但我依然渴望繼續從事律師職業。於是，我又重返上海執業。魏博士當時已經轉任南京特別市市長[①]，根本無法介入私人性質的律師事務所的工作。但是，好在寧滬之間交通便利，兩地相距大約三百五十公里，倆人經常抽出時間探望對方，正所謂「小別勝新婚」。

此外，我當時參與的另一項事務，與上海法政大學的發展密切相關，迄今回想起來，依然深感欣慰。中華民國進入「訓政時期」之後，日益需要大批法律專業的畢業生進入政府職能部門。事實證明，隨着一個嶄新的民主共和政體的建立，必須由一大批學有所長、拔萃出類的人才履行政府的職能。繼續仰仗依賴數量有限的歸國留學生，顯然既非長遠之計，亦非明智之舉。因此，上海法政大學進行了改組，易名私立上海法政學院我當選院長。在我擔任院長的七年時間裡，經過全體同仁長期不懈的努力，上海法政學院的辦學水平與教學質量得到了穩步提升。[②]

鄭毓秀 1930 年簽署的私立上海法政學院學生畢業證明書

① 1930 年 4 月，魏道明調任南京特別市市長。

② 私立上海法政學院創立於民國 13 年（1924 年）9 月，係國民黨元老徐謙奉孫中山指示創建，初名上海法政大學，首任校長徐謙。初創為女子法政學校，民國 15 年，校董馮玉祥出資 5 萬元，在法租界打浦橋金神父路口購地建舍，同年秋遷入。鄭毓秀 1927 年 10 月被推舉為上海法政大學校長，次年改名私立上海法政學院。淞滬會戰期間，鄭毓秀提議把校舍改造成傷兵醫院（參見本書第二十三章）愛國師生紛赴抗日前線。

CHAPTER TWENTY-ONE
Japan Invades China

日寇大舉侵華

近些年來，江西的廬山牯嶺成了頗受追捧的避暑勝地。牯嶺海拔高度約 4000 英尺（1 英尺 =0.3048 米）——這裡氣候涼爽宜人，周圍山峰環繞，峭壁林立，雲蒸霞蔚。雲霧之間散佈着錯落有致的別墅，遠遠望去宛若一排排白色的蜂房。山腳下當時尚未修通直達牯嶺的公路，只有一條崎嶇不平的羊腸小徑，沿着太古年代形成的地形地貌移步換形、曲折往復。要想到牯嶺去，唯一的辦法只能是坐滑竿。但是，一旦登臨峰頂，頓覺心曠神怡，人們感到旅程中遇到的種種困難實在算不了甚麼。牯嶺是個靜謐祥和的好地方，也是個供人休憩與退想的理想場所。

蔣委員長夫婦早就對牯嶺風景之美耳熟能詳，也深知其不同尋常的魅力，所以，一度把它當成政府官員避暑勝地，以及召開非正式會議的重要場所。經過這樣一番宣傳，牯嶺日漸廣為人知，名聞遐邇。自從國民政府奠都南京之後，蔣委員長每年都會在牯嶺召開會議，邀請各界名流前來商榷國計民生問題。設在廬山腳下海會寺裡的軍官訓練團的學生，偶爾也會奉命集結牯嶺，聆聽蔣委員長的演説。在過去的兩年裡，由於南京夏季炎熱，國民政府各行政院部索性在牯嶺設立夏季辦公總部，避開南京城裡的暑氣薰蒸。

1937 年 7 月初，我離開上海前往牯嶺休養，藉此機會與丈夫團聚——他位於牯嶺的夏季辦公室已經開始辦公。我們有一棟舒適安逸的花園洋房，外面的空地闢作花園，種滿花木，周圍是灌木形成的籬笆，不遠處則是一片黑黝黝的樹林子。回眸這段祥和寧靜的時光，還有那片令人流連的小樹林，所有這些如今看起來，宛若一場曼妙的美夢，它離當下烽火連天的現實世界竟然如此遙遠！而在當時，我們站在門廊上欣

賞壯麗的日落景觀，接着，月亮又升起來了。隨着暮色冉冉降臨，在某個特定時刻，山谷裡和山下各處寺院傳來一記記梵鐘，鐘聲久久迴蕩，聽起來彷彿遠處有個多聲部大型樂隊。

公務餘暇，我們偶爾外出野餐，或是沿着山間小徑漫步，儘管一路上談論的話題，大都圍繞着國內外波詭雲譎、令人揪心的時局政治，但牯嶺實在是個名副其實的香格里拉，與我們生活的大城市環境相比，有着天壤之別。

有天早晨，魏博士接到辦公室打來的一通緊急電話，急匆匆離開家門。不一會兒功夫，魏博士的秘書趕過來看望我，激憤萬分地說：日本軍隊對北平附近的一座城市發動突然襲擊，局勢正在迅速惡化，形勢嚴峻，刻不容緩。日本人詭稱，1937 年 7 月 7 日晚上，他們在距北平不遠處的盧溝橋舉行軍事演習期間，有一名日本士兵「失蹤」，日軍要求進入盧溝橋附近的宛平縣城搜查。當然，這只是一個包藏禍心的託辭，中國守軍斷然拒絕了日方的無理請求。於是，日本步兵及炮兵立即向宛平城發動進攻，中國守軍奮起抵抗。「盧溝橋事變」爆發後，在中國政府竭盡全力尋求和平解決途徑之際，日本源源不斷地從滿洲（Manchuria）派遣部隊大舉增援。所有跡象表明，日本正在全面發動一場大規模的侵華戰爭。

得知「盧溝橋事變」這個壞消息，我們不約而同地想起 1931 年發生於瀋陽的「九一八事變」。毫無疑問，「盧溝橋事變」只是日本大舉侵華的開始，接下來還會發生更多、更嚴重的軍事衝突。正所謂「好事不出門，壞事傳千里」，很快地，麋集牯嶺的中外人士都在議論「盧溝橋事變」。我們稍後接獲消息，日軍已於 7 月 8 日佔領豐台。中國留日學生在東京發起請願抗議活動，呼籲日本軍隊立即撤退，但是無濟於事。戰鬥仍在繼續進行，戰火依然蔓延不息。7 月 12 日，上海的局勢已經岌岌可危，駐紮上海的日本海軍陸戰隊頻頻做出威脅挑釁舉動；到了 7 月 16 日，日本已經向中國派遣了數十萬援軍。最後，7 月 17 日，在中國避免全面戰爭的所有努力均告失敗之後，蔣委員長在「盧山談話會」上發表了一篇具有歷史意義的演說。

蔣委員長演說的大致內容是：「我們希望和平而不求苟安，準備應戰而決不求戰。『盧溝橋事變』是轉捩點或是最後關頭，從後續行動判斷，顯然敵方已經準備入侵中國。我們應以性命保衛領土。對日本，我們將不再妥協——我們要麼戰鬥，要麼滅亡。」

蔣委員長的公開演說獲得熱烈反響。這麼多年來，國土大面積遭到蠶食，仇寇磨牙吮血，百姓流離失所，我們忍辱含垢、殫精竭慮地想方設法抵禦日本的陰謀詭計，現在我們的領袖人物已經發佈命令，我們可以執干戈以衛社稷，為家國挺身而戰，就像我們所有人多年來渴望的那樣。

在我們看來，日本的野心早已昭然若揭，其對中國構成的威脅日益嚴峻。自從 1931 年扶植建立「滿洲國」傀儡政權之後，日本開始繼續南侵。1935 年，日本外務省要求國民政府承認其在華北的「特殊」地位。這一無理要求遭到斷然拒絕。接着，日本枉費心機地挑起多起「意外事件」，企圖加速發動全面侵華戰爭的步伐。但是，直到「盧溝橋事變」發生之前，國民政府一直在努力緩和局勢、設法拖延時間。毫無疑問，「盧溝橋事件」是日本人精心策劃的一場陰謀，他們認為發動全面戰爭的最佳時機已經成熟。

我在牯嶺又逗留了幾天，整個避暑勝地人聲鼎沸、群情激憤。但是，異邦人士的態度卻與我們大相庭徑，他們從容淡定、不慌不忙，一副「事不關己、高高掛起」的樣子。對於這些異邦人士來說，「盧溝橋事變」充其量不過意味着，接下來會爆發更多的「零星」戰鬥。中日衝突已經持續多年，最壞的結果無非是，他們無法在各國炮艦的保護下輕鬆愉快地撤離罷了。這些異邦人士裡面許多人是我的朋友，儘管他們贊同我對局勢的分析判斷，但依然無法想見「盧溝橋事變」釀成的最後惡果。我敦促他們務必明白：日本軍國主義此舉，只不過是實施《田中奏摺》的起點，《田中奏摺》已經勾勒出了日本軍國主義的勃勃野心與戰略目標，田中義一在這份奏摺中十分明確地寫道：「為了征服世界，日本必須首先征服中國。」

1935 年 12 月 19 日延安《解放日報》刊登的有關《何梅協定》的報導

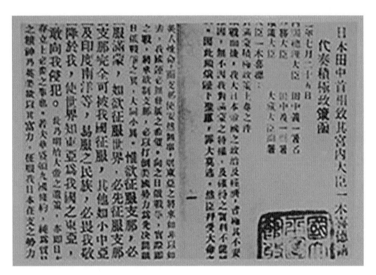

1929 年 2 月南京《時事月報》披露的《田中奏摺》

　　我強調「為了征服世界，日本必須首先征服中國」這句話時，異邦友人只是露出揶揄的笑容。他們同樣很清楚日本的野心膨脹已久，但他們尚無法想像日本為了實現其狼子野心，會採取不惜危及世界上其他地區和平的任何卑鄙手段。我繼續堅持自己的觀點，用現在廣為人知的一段話結束這場對牛彈琴式的辯論——

　　我說：「和平或戰爭，二者密不可分。倘若中國遭到日本大舉入侵，全世界必將遭到軍靴的踐踏蹂躪，毫無疑問，美國同樣無法獨善其身。任何一個國家與地區都無法逃脫這場災難。倘若世界大國不及時採取積極措施，果斷遏制日本的侵華行徑，星星之火可成燎原之勢，戰火最終勢必蔓延全球。」

　　但是「言者諄諄、聽者藐藐」，大多數異邦人士聽罷我的一席話，也只是不以為然地聳聳肩而已。我一時間怒不可遏，最後引用了一句中國諺語，斥責這幫愚鈍麻木的異邦人士。「我們中國有句老古話，」我大聲痛斥道，「『玩火者，必自焚。』隔岸觀火者，注定免不了火燒眉毛的下場。」

CHAPTER TWENTY-TWO
Hostilities Spread to Shanghai

親歷淞滬抗戰

　　遵照蔣委員長的敕令，全部政府官員必須在二十四小時之內離開牯嶺，前往首都南京嚴陣待命。我本想再逗留幾天，但一想到局勢日益嚴峻，我決定立即動身回上海。

　　我搭乘一頂滑竿下山。回眸周邊景色，依然風景如畫。廬山林木茂密，雲霧繚繞，彷彿披着一層神秘的面紗，頭頂上方山巒巍峨，危峰兀立，寂然無聲，雄偉壯麗。但是此時此刻，我再也沒有心情欣賞風景，時不時地扭過頭去，催促腳夫加快步伐。到了山腳下的九江碼頭，我很快就搭上了一艘開往上海的輪船。

　　船到上海這個遠東大都會之際，我發現日本軍艦集中停泊在黃浦江上，並增派海軍陸戰隊進駐所謂的「日佔區」——受日本控制的上海虹口區——上海局勢危在旦夕，戰爭一觸即發。我家位於上海「公共租界」附近，距事態發展日益嚴峻的地方尚有一段距離。於是，我在「法租界」租了一套公寓，以便提前介入戰爭爆發後的各項準備工作——募集資金，籌建協助前方將士的「戰地服務團」，協調安排各種建築物作為指定的傷兵醫院或平民避難所，等等。

　　居住在上海的中外人士全都意識到，日本很快會再次製造「事端」，並以此為藉口正式進攻上海。或許，他們索性不再採取這種繁瑣的「禮儀」，而是在毫無預警的情況之下不宣而戰。上海特別市政府絕不允許這座城市坐以待斃，絕不甘心被侵略者打個措手不及——各式各樣的組織機構火速動員，虹橋軍用機場更是戒備森嚴。蔣委員長向上海派遣了一支精銳之師——這支部隊新近接受過良好訓練，正如人們後來所看到的，儘管國軍缺乏先進的武器裝備，但是將士們的戰鬥力與高昂士氣幾

魏道明、鄭毓秀夫婦位於上海思南路 60 號的舊宅

乎彌補了裝備的嚴重不足。

　　8 月 13 日，這一天——終於到了！8 月 9 日下午 5 時 30 分，日本海軍陸戰隊軍官大山勇夫中尉和擔任駕駛的一等水兵齋藤要藏，駕軍車沿虹橋路由東向西急駛，直衝虹橋軍用機場大門，機場守兵 ① 喝令停車無效，遂果斷開槍射擊攔截。挑釁者駕車突破兩道警戒線後，在第三道警戒線前被中國保安團擊斃。「虹橋機場事件」發生不到四十八個小時之內，日軍就向上海集結了大約三十艘軍艦，並投入了數千兵力增援。8 月 13 日，日軍以「虹橋機場事件」為藉口向上海展開大舉進攻，遭到中國駐軍迅猛反擊。

　　據我所知，就現代戰爭史而言，從來沒有一場戰爭像「淞滬會戰」

---

① 虹橋軍用機場大門在今虹橋飛機場內；機場守兵隸屬上海保安總團第一團。

那樣，發生在一個人口如此稠密的大都市裡。幾乎是一夜之間，日本侵略軍以「日租界」虹口和黃埔江上的軍艦為作戰基地，炮擊閘北一帶，上海變成了炮火連天的戰場；由於上海奇特的地理格局，這場惡戰圍繞着人口最密集的市中心地帶全面展開。

上海的中國居民區大致分成兩個部分，中間是「公共租界」（英美租界）與相鄰的「法租界」。「公共租界」當時分為西、中、北、東四個區，大致是沿着黃浦江和蘇州河沿岸延伸。上海實際上不存在所謂「日租界」，但人們通常習慣於把「公共租界」中日本人聚居的虹口一帶稱為「日租界」；幾個星期以來，這裡成了日本人做各種軍事準備工作的「馬蜂窩」。就在我們的眼皮子底下，敵人仰仗所謂「外交豁免權」，公然向「日租界」輸送士兵與槍械、物資（matériel：法語，器械），完全不受任何約束。

日軍開始大舉進犯上海之際，成千上萬的平民百姓源源不斷地逃入相對安全的租界。他們亂哄哄擠作一團，焦慮不安地聽着戶外的廣播。然而，無論如何，我們必須保護無家可歸的同胞，設法為他們提供食物和住所——除此之外，我們還必須竭盡全力為火線上的國軍將士們提供一切可能的援助。

國軍將士一旦請求援助，上海廣大市民立即踴躍響應。儘管市民們身處險境，倘若國軍需要卡車、司機以及食物等，他們及時伸出援手，提供的援助物資遠遠超過要求的數量。國軍將士奮勇抵抗，戰績輝煌。日本決定進攻上海之際顯然以為，數日之內就可以將其收入囊中，「淞滬會戰」無非是一場「閱兵式」而已——事實上，從純粹的戰術觀點來看，日本人的這種迷夢本來無可厚非，因為儘管我方將士訓練有素、紀律嚴明，但我們只有老舊落伍的武器裝備，而且戰略資源極度匱乏。

我們只有屈指可數的幾架戰機，沒有海軍，而日本卻陸、海、空三軍傾巢出動，聯合作戰。此外，位於虹口的「日租界」成了日軍作戰的後方補給基地，他們可以仰仗「外交豁免權」隨時進出「日租界」——休整重組，補充彈藥，增援部隊，捲土重來。

然而，國軍將士堅守陣地、浴血反擊。本來，「淞滬會戰」大有可

能數日之內結束，結果卻拖延到數週乃至數月之久，日本侵略者遭到重創，損失慘重。或許，正是「淞滬會戰」期間受到我軍重創，日本最高統帥部首次大幅度修改其「征服世界」的罪惡計劃；倘若沒有遭遇淞滬戰場上的迎頭痛擊，以及其他接二連三的挫敗，「珍珠港事變」爆發的時間會來得更早。

儘管我在「法租界」租賃的寓所，與雙方激烈交戰地段尚有一段距離，但上海此時沒有寸土尺地是真正安全的。槍炮聲震耳欲聾、此起彼伏，震碎的窗玻璃落滿一地。從二樓上眺望這座城市，我看到戰火紛飛、硝煙瀰漫，一條條長長的火舌竄上天幕。夜晚炮聲隆隆、火焰沖天，照得夜上海宛如白晝。受傷者、殘廢者、無家可歸者絡繹不絕，紛紛湧入我賃居的租界區。戰爭爆發幾天後，我已經很難回憶起和平時期的上海是甚麼模樣了，覺得自己似乎一直生活在血污、死亡與爆炸聲中，心中充滿悲傷與憤怒。但是，偶爾也會有歡欣鼓舞的時刻，讓我們有勇氣咬緊牙關挺下去。有一天，我們的戰機呼嘯而來，轟炸停泊在黃浦江上的日本軍艦。居民們看見我軍戰機劃過長空，聽到炸彈命中目標的爆炸聲，大家紛紛衝到戶外開闊的地方，置生死存亡於不顧，興高采烈，拍手稱快，高聲喝彩。

哪怕你只是一介平民百姓，並未披堅執銳上戰場，但是對戰事進展依然全神貫注，看到自家的戰機投下的一枚炸彈準確無誤地命中目標，或者看到自家兄弟槍管裡射出的一粒子彈，乾淨俐落地幹掉一個日本兵，你滿腔的仇恨就會得到一種奇妙的宣洩釋放。從邏輯上講，你可能也知道，我軍展開的一輪輪軍事行動，或許全都微不足道、最終於事無補，根本無法扭轉戰局，而且，戰火正在逼近你最後的棲身之所；但是，那種親眼目睹戰機直接命中目標、徹底摧毀敵艦的狂喜，使你獲得了新的力量和勇氣，對未來充滿生生不息的希望。

在炮火連天、血流成河的大上海，親眼目睹國軍將士奮起抵抗、浴血苦鬥，我在振奮之餘開始思考將士們的心態和舉止，有時候不禁自問：他們的堅強意志、犧牲精神，究竟源於何處？我得出的結論是：在

潛意識裡，他們每個人都認為捨身報國是自己的職守。這是一種與生俱來的態度，並不需要太多的辭藻描述。國軍將士這種執着堅韌、越挫越強的心態，與日本侵略者的瘋狂行徑相比，有着天壤之別。

我們中國人本質上是個與人為善、通情達理的族群，個性幽默風趣，崇尚人格力量；正因為有了這樣的氣質，偏執狂熱從來與我們無緣。恰恰相反，國軍將士在戰場上表現出來的大無畏犧牲精神，來自深入骨髓的愛國情操，他們意識到：大敵當前，亡國滅種之災難迫在眉睫，個體生命與和國家未來、民族命運相比，實在微不足道。近代以來，我們屢遭外敵入侵蠶食、壓迫掠奪，但中國人民逐漸意識到——中國不能亡！而在今天，中國人民從未像現在這樣對新中國秉持如此火熱的信念，中國人民已經從炮火聲中醒來了，精神昂揚向上，摒棄消極悲觀，取而代之的是烈火乾柴般的愛國主義情懷。一個披堅執銳的戰士，可能會在戰場上壯烈殉國，這種犧牲固然令人痛惜，但是中國——新中國——卻因此能夠從血泊裡存活下來。所以，從某種意義上來說，「身既死兮神以靈，魂魄毅兮為鬼雄」，殉國捐軀者雖死猶生、浩氣長存。

我認定普通士兵具有如此強烈的民族意識與家國觀念，或許會冒着被人揶揄一通的風險。而我敢於得出這番結論，是因為我時常從普通士兵漫不經意的言行舉止裡，窺見他們潛意識裡流露出來的想法。此外，我自己當年也曾經冒險犯難、直面死神，所以，這或多或少也夾雜着我的個人體驗，就像有次我銜命暗殺袁世凱北洋政府的財政總長，從天津到北京的火車上，我有兩三個小時反覆權衡得失利弊，心中充滿巨大的恐懼感。其實，我隨時都可以懸崖勒馬，放棄這項暗殺行動，保全自家性命。但是，臨陣逃脫從來不是我的個性特質。

「淞滬會戰」期間發生的一場小規模戰鬥，充分展示了我國士兵身上的另外兩項特質：第一，儘管日軍武器裝備精良，我國士兵依然唾棄蔑視對手；第二，無論處境怎樣艱難險惡，國軍將士總是士氣高昂、嚴陣以待。

　　上海當時麋集着一批外國記者，很自然地，他們殷切希望進入戰地採訪，盡可能獲得更多的「淞滬會戰」第一手資料。首先，外國記者請求日本人允許他們赴前沿陣地觀察戰事。日本人素來憎惡、害怕西方媒體，斷然予以拒絕。然後，我方接獲了外國記者同樣的請求，當即獲得許可。戰地指揮官把記者們帶到前線戰壕裡，並給他們詳細介紹戰況。聽到記者們說戰鬥似乎暫停了，長官告知他們，目前的確如此，大部分戰鬥是在夜間進行的。但是，我方有幾個士兵看着這些記者，聽懂了一丁半點對話，並意識到客人們有點兒失望。於是，他們私下裡嘀咕了一陣子，並向長官報告了自己想法。長官同意了。接下來，他們紛紛脫下頭盔，用刺刀挑起來，放在戰壕邊上，故意讓敵方看見。很快地，日軍向我方陣地密集開火，子彈紛紛打到頭盔上。我方士兵馬上把頭盔拉下來，好像真的有人頭部掛彩或陣亡了。

　　接下來的幾分鐘，敵我雙方陣地陷入一片死寂。然後，一大群日本兵爬出戰壕，開始朝我方陣地小心翼翼地摸過來。我方官兵屏聲靜氣、嚴陣以待。這時，外國記者尤其渴望以「無冕之王」的身份，化解這場迫在眉睫的軍事衝突，換來和平與安寧；他們躍躍欲試、緊張萬分，但被我官兵及時制止了。

　　敵寇步步逼近，我方將士巋然不動。突然之間，就在日軍摸到距我方戰壕數米遠之處，我方機關槍開始密集掃射，日軍被紛紛撂倒在地，猶如被砍倒的玉米杆子，少數幾個沒中彈的轉過身去奪路狂奔，一路上驚慌失措，「嘰哩哇啦」大喊大叫，狼狽不堪地竄回自己的陣地。我方士兵興高采烈、樂不可支，他們趴在戰壕裡，一個個笑得前仰後合。這場戰鬥不僅僅略使花招、誘敵深入，殲滅了一批日本兵，還讓這些「客人」終於沒有妙手空空、「敗興而歸」。

　　這只是「淞滬會戰」期間眾多戰地故事之一——其他的故事，聽起來就不會這樣輕鬆風趣了；譬如，我方士兵自告奮勇，身上綁滿手榴彈，從高處一躍而下，以「人肉炸彈」的方式摧毀了一座日軍運輸輜重的橋樑；譬如，國軍「敢死隊」夜間潛入敵軍陣地，搶奪武器或摧毀敵人的彈

藥庫。事實上，如果說這場中日戰爭給人們帶來了一些甚麼啟迪的話，那就是：國軍將士的勇敢和堅韌在很大程度上彌補了武器裝備方面的嚴重不足。有人說，滇緬公路是用勺子和希望一點點挖掘出來的；也有人說，我們中國人用彈弓和信念保衛自己的大地與天空。

第二十三章

CHAPTER TWENTY-THREE
Running the Gauntlet to Nanking

穿越火線赴南京

「淞滬會戰」期間，我在公共租界夜以繼日地工作。當時正值暑假，上海法政學院校舍處於閒置狀態，作為一校之長，我立即提議將其改作緊急用途。於是，曾經有數千名莘莘學子聽課的教室，很快就改建成了收容傷殘士兵與平民的戰地醫院。

這所戰地醫院的具體管理工作，並非由我直接負責。我的主要任務是組織「勞動婦女戰地服務團」，發起各種慈善募捐，負責難民保護與安置計劃，等等，忙得焦頭爛額。如今住在生活安逸舒適的華盛頓哥倫比亞特區的雙橡園官邸，回首淞滬抗戰歲月，歷歷往事如在眼前，我依然心速加快、熱血沸騰。那段時間裡工作千頭萬緒，四處奔波不停，模糊的記憶中，一天到晚疲於奔命，幾乎沒時間吃飯、沒時間睡眠。事實上，我在上海堅持了很久，一直堅守到了十月份，當時，「淞滬會戰」已經進入第三個月了，成千上萬市民正在陸續撤離上海。

有天上晚，在熬過了一個特別糟糕的白晝之後，我走到庭院裡，在月光下散散步，想仔細梳理一下思路。我心裡很是沮喪難過。戰場上傳來的壞消息接連不斷，我知道這座城市遲早都會陷落敵手，留給我們的時間已經不多了。前景一片灰暗，看不到勝利與和平降臨的絲毫跡象。可以想像，在日寇被趕出中國之前，我們的同胞將會遭受大規模的毀滅、苦難和殺戮。我想起少女時代，自己對國家的未來抱有怎樣的渴望與夢想 —— 那個夢想，當時尚未被日本人的槍炮洞穿 —— 如今看來，我的渴望與夢想現在似乎只能無限期地擱置下來了。想到這裡，我幾乎是怒火中燒、忍無可忍。就像往常一樣，我的腦海裡此刻浮現出丈夫的面容。突然之間，我覺得必須見到丈夫，多少年來，他一直是我的精神支

淞滬抗戰中國紅十字會第十九救護醫院上海市救護
委員會熱心服務紀念章

柱。這時我才記起來，再過兩天就是他的生日了。於是，我決定奔赴南
京找丈夫。

　　如同往常一樣，一旦產生了某種衝動，我會當即付諸行動，誰也攔
不住、擋不着。此時我甚麼事情也做不下去了，唯一的念頭是馬上動身。
我的好朋友王夫人——外交部長王寵惠博士的夫人朱學勤女士——此
時也滯留在狼煙四起的上海。此前，王夫人反覆敦促我與其結伴離滬，
否則，她不會撇下我，獨自去南京與丈夫團圓。王夫人囑咐我早日打點
行李，而她早就收拾好行裝，已經等了我好久。她知道我一旦決心下定，
馬上就會動身。

　　就這樣，五分鐘之前我還是一副垂頭喪氣、萬念俱灰的模樣，現在
卻精神振奮、大呼小叫起來。我馬上衝進屋內，趕緊叫出女傭人和司機
老李。

　　老李已經跟了我們多年，他無疑是個盡職盡責的好司機。但是，他
總是覺得可以就某些問題商榷一番，最後貢獻「高見」，「僅供參考」（原
註：說真的，傭人一旦摸清主人的脾性後，常常會像老李這樣）。老李

鄭毓秀（中）、王寵惠夫人朱學勤（右）、楊肇熉夫人鄭慧琛（左）選自民國二十一年十月九日出版的《世界畫報》第三百五十六期（柳江南 收藏）

受過的教育很有限，並非「生而知之」一類人物，但是，他的第六感有時偏偏準得驚人。在接下來的故事裡，你會知道我說的是甚麼意思。老李這夥計冥頑不靈、固執己見，我是個比他還要固執的人，這樣一來，我們經常吵得不可開交。

「淞滬會戰」爆發之前，我習慣於抓住任何一個難得的機會，驅車離開上海鬧市區，到郊外稍作休息和放鬆。老李總想走同一條熟悉的老路，可我老是想嘗試走一條新路，結果是走着走着，老李迷路了——而且總是迷路。我們的每次爭吵都像是一場滑稽劇。老李不知道身處何地，連東南西北也分不清了，但卻還能繼續往前開。老李開着開着，時不時用拳頭狠狠地擂起自己的額頭，用這種方式表示心裡越來越沒把握。

老李每次這樣做，我都會大吼大嚷一通：「老李！你這樣瞎折騰，搞得我心裡好緊張！快快快！快停車！快想想！我們究竟這是在哪兒呀？」

老李這時會怒氣衝衝地懟幾句：「我們本來就不該走這條路呀！我

早就說過了，走這條路肯定會迷路的。」然後，他又拐了一個彎，結果這次又迷路了，直到把整個迷路過程再搬演一遍。

那天晚上，我把老李叫到房間裡，直截了當地對他說：「你考慮一下，我們今夜開車去南京。」他困惑不安地眨巴着眼睛，一副拿不定主意的樣子。但是，我不想留給他一丁半點兒反嘴的機會，又開始急急忙忙地說起話來。老李突然讓步了，他說要是現在動身的話，也許明天能趕到南京吃早飯。當時大約是晚上八點半。老李心裡很清楚，他那天晚上要是不聽話，我肯定會吵着堅持當晚離開上海。而他也覺得，今晚上路是個最佳選擇，月亮很大很圓，不開車燈也可以看清道路，這確實對我們趕夜路很有利。

我們在一刻鐘之內就出發了。這是一次小小的冒險性旅行，王夫人的傭人開了一輛車，老李負責為我開車，我還帶上了女傭和管家。

想到很快就要離開上海了，我和王夫人頗有點兒興高采烈。能夠逃離這座充滿絕望的「圍城」，我們都覺得鬆了一口氣，同時，各自又對很快就能和丈夫團聚興奮不已。但是，我們很快就遇上了大麻煩——我們走的第一條路無法通行，蘇州河大橋已經被日寇炸毀。我們嘗試了走其他幾條路，卻一次次發現「此路不通」，根本無法離開上海，每次都得掉轉頭再來。我們在城裡兜來轉去，忽然發現已經繞到敵我交戰區了，在若明若暗的光線裡，敵人的眼睛清晰可見。最後，我們拐進一條看起來勉強可以通行的小路，儘管那條路坑坑窪窪、粗糙不堪，好歹也是一條逃生之路。

老李開了一會兒車，頭頂上突然傳來一陣敵機的轟鳴聲。我和王夫人大為恐慌，大家想起來了，敵機經常掃射這條路上行駛的車輛，就連外籍人士也無法倖免。幾天前，英國大使驅車前往南京的途中受了傷，儘管他的座駕上，英國國旗標誌看得一清二楚。

老李趕緊停下車，我們急忙跑出去，穿過一片莊稼地，跑到附近的山坡邊。那裡正好有個小小的墳場，我們臉朝下趴倒在地，草地上露水正濃。

此時此刻，我有種靈魂出竅、魂遊天外的感覺。我還記得自己哭笑不得地想着：我們這一回，可真是挑揀了個等待死神的好地盤！那些墓碑正對着我，我甚至漫不經心地讀起了上面的銘文，一邊讀着一邊想：我的墓碑上該寫些甚麼呢？我甚至琢磨起為自己寫一篇中規中矩、恰到好處的墓誌銘來。但就在這時，我看到鼻子旁邊有根草梗，那些螞蟻在草梗上爬來爬去，分散了我剛才的想法。

敵機刺耳的轟鳴聲漸漸遠去，幾分鐘就消逝了，大家毫髮無傷、虛驚一場。我們從墓地裡站起來，氣急敗壞地回到車上。這時，一陣濃霧從公路兩邊的稻田裡瀰漫開來，我們繼續趕路，只是辨認路況比剛才更加困難了。一輪明月依然高掛天上，但是月光無法穿透霧靄。此外，現在道路兩旁各有一道深不見底的溝壑。我擔心老李打瞌睡，就坐到副駕駛的位置上，一整個晚上陪他熬夜、說話，幫他辨認路況。是夜大霧彌天，車子走走停停，蹣跚而行。

拂曉風起，寒月將落。我們發現車子正在駛近一座城市——卻不是我們期待中的南京！原來，我們在彌天大霧裡迷了路，汽車開到了上海南邊幾十公里外的蘇州城。但是，蘇州畢竟也是個小縣城，尤其是大家現在筋疲力盡，趴在墳場裡躲敵機那陣子，一個個狼狽萬狀，渾身上下髒兮兮的。我們在城裡最大的旅館前停下車，進去隨便洗漱一下，吃了點甜點，剛喝上一口熱茶，旅館的人急忙跑過來，催促我們趕緊離開。他們說，隨時可能會有新一輪空襲。我頗有點猶豫不決，但對方明確告訴我們，昨天敵機已經對蘇州實施了十二輪轟炸。我這才意識到，日軍已經鐵了心打算徹底摧毀蘇州這座歷史悠久的城市。倘若現在不及時離開的話，我們可能就沒有機會了。因此，儘管疲乏勞累、飢腸轆轆，我們還是強打起精神繼續趕路。不久之後，我們發現車子開到了無錫郊外，不遠處的山坡上矗立着古塔的剪影。

忽然，老李把車子停了下來。可是，我並沒有吩咐他停車呀！老李整個人往椅背上一攤，宣稱想停下來休息一會兒。我對他說：「但是，老李！我們必須抓緊時間趕路呀！」

老李遲疑了片刻，然後語氣含糊地說，實在是太累了，真的沒力氣再往前開了，只想休息一下。我明確告訴他，離無錫城已經很近了，我們到那兒再好好休息罷！但是，老李置若罔聞、紋絲不動，滿臉的困惑與執拗。然後，他又開始像平常一樣，用拳頭擂自己的額頭——我真想掄起手提包揮過去，這最後的挫折，氣得我簡直都快哭了。但是，就在我再次試著苦口婆心地說服老李的當兒，忽然聽見一個聲音，接下來，我閉上嘴，十分敬畏地看著老李——敵機出現了，正朝著我們行駛的這條公路飛來，這次的轟炸目標，毫無疑問是無錫。老李此前，根本沒聽見敵機的轟鳴聲，就算是他聽到了，也不知道敵機即將轟炸無錫古城。我覺得，這是第六感在警告老李——他要麼就是長了一雙「千里眼」，要麼就是上帝在冥冥之中指引他。老李和我一樣驚詫不已。他後來對我說，自己只是忽然覺得「行乎其所當行，止乎其當止」，那一會兒就是應該停一下——儘管好幾個小時之前就很累了，也很想停下來喘口氣。

周邊鄉村的莊稼人，這時已經開始下田勞作了，有幾個人見狀，急忙跑了過來，敦促我們趕快下車，趕緊找個安全地點躲避一下。我們跟著這幾個莊稼人，跑到河邊一個不起眼的小山上，山上有座小小的廟宇。我們手足失措地站在那裡，眼睜睜地看著無錫這座無辜的城鎮，遭到敵機狂轟濫炸——彷彿無錫建城的目的，只是特意為敵機炸毀它而準備似的。

這群莊稼漢的言行舉止，實在嚇了我一大跳。他們對著敵機頻頻揮舞拳頭，大喊大叫，惡罵連聲，罵出他們能夠想得到的、最不堪入耳的髒話；其中有個人轉過身來，怒不可遏地對我說：「小鬼子的日子，不會一直都這樣好過的！早晚有一天，我們的人會發動全面反攻，那一天，很快就會到來了！」

此時此刻，我比以往任何時候都更加深刻地意識到——我們苦難深重的中國，終於從抗戰烽火中覺醒了！在這場偉大的抗日戰爭中，人們空前地覺醒、空前地團結，奮起抗擊日本侵略者。這些普普通通的老百姓知道，我們正在打一場怎樣的戰爭，他們滿懷贏得最後勝利的決心和信心。

半個小時之後，空襲結束了，敵機揚長而去。我們又回到車上，老李開車進了無錫城。進了城才知道，他剛才的那份直覺何等準確——倘若他不是在郊外磨磨嘰嘰地停下車，我們準會進那家大飯店歇歇腳，可是現在，那家飯店剛剛被夷為平地。防空志願者正在挖掘遇難者的遺體，據悉，空襲造成數百人傷亡。

我們在震悼之餘拐進一家小餐館，要了幾碗湯麵。吃了幾口後，體力逐漸恢復，我這才意識到自己原來這樣餓，大口大口飛快地喝完剩下的麵湯——這碗湯麵，比我以前吃過的任何一種山珍海味都要美味。吃罷飯我們又動身趕路了，走的是一條穿過常州附近村落的公路。

汽車駛近一個大村落之際，再次遇到呼嘯而來的日軍轟炸機。敵機這次是低空飛行，顯然是準備掃射公路上行駛的車輛。老李緊急剎車，猛地打開車門，一下子把我拽了出來，吩咐我趕快跑到野地裡，趕快臥倒在地。

我一路上戴着墨鏡，過去連續十二個小時內，一直幫老李辨識道路，一刻也沒有眨過眼。肯定是由於以上因素，此刻，我眼前忽然一團漆黑。不管怎樣說，我掉進了汽車旁邊的一條溝渠裡，只好趴在那裡一動不動，目瞪口呆地等了好幾分鐘。汽車離我不到幾米遠，很容易成為敵機掃射、轟炸目標。離開上海之前，我把貴重物品匆忙塞進手提包，如今手提包掉在幾米遠的地方，裡面的東西全都撒在不遠處的泥地上。過了一會兒，溝渠裡的冷水讓我恢復了意識，我從水溝裡慢慢地爬出來，雙手撐地，匍匐而行，爬過一塊曠地，躲到一處樹叢下。那一會兒，我的心砰砰直跳，口乾舌燥，頭痛欲裂。但是，奇怪的是，我記得當時與其說是驚恐萬狀，還不如說是怒不可遏。我簡直被自己的無能激怒了，尤其是這次跳下汽車躲敵機，在泥地上匍匐爬行之際，我簡直是火冒三丈，恨自己這樣不爭氣，為何不爬得更快點兒！

敵機飛得愈來愈近、愈來愈低，距離我們藏身之地大約只有400米。我迄今記得敵機飛來之際自己有種怎樣的感覺——就像一隻禿鷹突然從天而降、獵殺小雞。但是，我畢竟還是爬到了樹叢旁，深色的衣

服與樹影融為一體，形成了很好的保護色。我現在得空兒轉過身去，盯着呼嘯而至的轟炸機群。忽然之間，我對它們滋生出強烈的好奇心，原先所有的恐懼消失殆盡，覺得自己就像個看馬戲的觀眾，儘管雀躍、緊張不已，卻又感到事不關己。其中一架敵機飛得很低，不斷地盤旋着尋找目標，我甚至可以看到駕駛員的那張醜臉，看清畫在機身上的「膏藥旗」。但是，敵機盤旋了幾分鐘就離開了，並沒有對我們投彈、掃射。他們要麼是找不到掃射目標，要麼就是轟炸常州時耗光了炸彈，此時手中再無殺人利器。

看着敵機飛遠了，我剛剛喘了一口氣——就在這一剎那，我聽到身後又傳來了轟炸機的轟鳴聲，而且不止一架轟炸機。我在心裡祈禱說：「哎啊！不呀！別再來呀！」但是，當我再次抬起頭來，視線穿過庇護我的樹枝丫，終於看清楚了——這次飛來的是我空軍健兒，他們咬緊逃竄的敵機，一路上窮追不捨。

經歷了一連串驚險事件之後，剩下的一段旅程順風順水、平安無事，運氣好得不可思議，也就顯得平淡乏味多了。夜幕降臨時分，我們終於抵達南京，簡直連自己都半信半疑。

我丈夫和王寵惠博士見到我們，起初覺得簡直難以置信，後來想到我們冒險穿越火線這種瘋狂舉動，他們就十分惱火。但是能見到魏博士，我實在是心花怒放。夫婦終於團聚了，我的精神勁兒特別高。我對丈夫說：這一路上走來，簡直就像演了一場沒完沒了的滑稽劇——鑽到墳場裡躲避死神，趴在溝渠裡躲敵機，肚子貼地匍匐爬行，諸如此類——我一邊說着一邊比劃，差點兒笑岔了氣，接下來蒙頭大睡，昏沉沉睡了將近十個小時。但是，一整個夜晚，我又在夢裡從頭到尾回放了一遍整個冒險過程——那可真是個名副其實的「萬花筒」之夢，奪路狂奔呀，摔倒在地呀，彌天大霧呀，敵機大轟炸呀，還有，就是敵機駕駛員那張令人生厭的醜臉。

CHAPTER TWENTY-FOUR
The Capital Under Fire

炮火下的首都

抵達首都次日，我謁見了蔣委員長和蔣夫人。中央政府已經成立了「國防最高會議」[①]，由軍事委員會委員長、國民黨總裁蔣介石先生擔任「國防最高會議」主席；國防最高會議負責全權指揮這場戰爭。此外，他還擔任陸海空軍大元帥，肩負着統率全國陸、海、空軍的重任。與其他職位相近的同僚相比，蔣委員長肩負的擔子和責任比任何人都要重的多。然而，就是這次拜訪，蔣介石先生給我留下了深刻印象：誠毅鎮定、從容不迫、胸有成竹、精力飽滿。人們情不自禁地被他的樂觀精神感染。他既沒有描繪一幅幅玫瑰色的遠景圖案，也沒有低估目前遇到的諸多困難。但是，與此同時，蔣介石先生對於徹底打敗日本侵略者充滿信心，他腦海裡似乎已經有了一個確切的時間表，決定他會在何時何地、採取何種方式徹底結束這場戰爭。

蔣夫人此時擔任航空委員會秘書長一職，為建設空軍做了大量工作。戰爭爆發初期，我國空軍無論在品質上還是在數量上，均與日本相差懸殊，但在蔣夫人竭力襄助之下，我國空軍發展速度迅猛。

我已經有很長時間沒有見到蔣夫人了——自從「廬山談話會」結束後，倆人再未謀面，此番相見，歡欣雀躍。蔣夫人對空襲的反應給我留下了深刻印象。敵機輪番轟炸南京之際，蔣夫人一再拒絕進入掩蔽所躲

① National Defense Council. 1937 年 8 月 11 日，中國國民黨中央政治委員會第五十一次會議決定設立「國防最高會議」，為「全國國防最高決定機關，對中央執行委員會政治委員會負責任」，並在其下設國防最高會議參議會。1939 年 1 月，中國國民黨五屆五中全會決定用「國防最高委員會」代替「國防最高會議」。

南京總統府

避空襲。恰恰相反，不管是在自家庭院，或在其他甚麼地方，她都會來回踱着步，觀看空中激戰。無論何時何處，只要看見敵機被我空軍擊落，蔣夫人就無法控制一腔喜悅之情——她會歡欣跳躍，大聲喝彩，向我們的藍天健兒頻頻揮手致意。

南京城裡上到政府官員，下至工農階層，人人同仇敵愾。各界市民自發組成預備隊，並在軍官指導下演習操練，每人都參與了至少三四項防禦活動。軍民合作無間，精誠團結，眾志成城，甚至就連年邁的農夫也被新的愛國主義精神感染了，心中燃起了家國情懷的烈焰。我有位朋友的家裡，有個名叫王富的老傭人，年齡六十歲左右，他唯一的兒子在鄉下種田，早已成家立業，育有五個兒女。但是，王富老大爺實在恨透了無惡不作的日本兵，給兒子寫了封家書，敦促他放下手頭的莊稼活，趕快到首都報名參軍。

這個年輕人很快趕到南京，王富老大爺對兒子說：「你爹我年紀太大了，軍隊不會要。但我就是嚥不下這口氣，不忍看到日本人踐踏咱們的同胞、奴役晚輩子孫。你馬上報名參軍吧，我會替你照顧一家老小，

等打敗了日本人，毫髮無損地回來，咱們再闔家團圓喜慶一場。菩薩保佑，託老天爺的福，你會平安無事的。但是，假如你在戰場上殉國了，當爹的只有一個要求：能殺多少就砍多少，砍殺到最後一口氣！」

另一則空軍健兒保衛南京的故事證明——中國知識分子、富裕階層的態度，和那位王大爺的想法如出一轍。有個聰明伶俐、如花似玉的姑娘，大學畢業後嫁給了一名年輕的空軍飛行員，小倆口兒如膠似漆。戰爭爆發之際，他們正在南京度蜜月，新郎聞訊火速趕回軍營，蜜月也就匆匆結束了。新郎隸屬於空軍戰鬥機中隊，其使命是保衛首都。由於我們的防空力量很薄弱，尤其是無法有效完成夜間空中作戰任務，所以，首都的大部分空中防禦工作，只能仰賴隸屬於陸軍的炮兵完成。

每天晚上，只要南京遭到空襲，新娘就會把身子探出窗外，焦急不安地觀看空中激戰，拒絕進入掩護所躲避。她知道其中一架戰機是丈夫駕駛的，但是，夜間辨清敵我雙方戰機已經很困難，更別說要看清楚哪一架是丈夫駕駛的戰機了。所以，每次得知我方戰機墜毀，她就猜想丈夫可能殉國了，一次次地想像自己不幸成了寡婦。女伴們勸她別再觀看這種空中激戰——場面太慘烈了；女伴們無法想像她怎能如此勇敢地忍受。但她對女伴說，每次空戰一爆發，她就徹底放棄了任何希望。每次觀看空中激戰，她放棄為丈夫平安歸來而祈禱，甚至想都不敢想。恰恰相反，她只能祈求丈夫在空戰中為國捐軀，因為這樣一來，丈夫就會永遠活在自己心中。她丈夫英勇作戰，在無數次空中激戰中僥倖活了下來，並且擊落了數十架敵機，但最終還是不幸被敵機擊落。不巧的是，那天晚上，新娘正在窗前觀戰，親眼看到我方有架戰機墜毀。幾個小時後，有人上門通知她：你丈夫不幸為國捐軀。但她非常冷靜地回答說：你們帶來的這個消息，對我來說已經不是新聞。新娘看到戰機墜毀時，直覺告訴她，這正是丈夫駕駛的那架戰鬥機。這位空軍戰鬥機中隊烈士的遺孀，已經鎮定地做好未來計劃，發誓為夫復仇、為國效力。

戰爭爆發前幾年，我們初次搬到南京家裡居住，那時候的南京已經建成了一座現代化氣息濃郁的大都市。我丈夫魏道明博士擔任南京特別

市市長，肩負城市規劃建設重任。寬闊的現代化大馬路取代了過去狹窄的街道。一棟棟政府大樓拔地而起；一大片住宅區業已竣工，足以容納蜂擁而至首都工作的人們。

戰前南京最出色的景點，就是紀念國父孫中山先生的中山陵了。孫中山先生的陵墓建在紫金山附近的古城牆外。這是一個美麗、莊嚴的聖地，陵墓四周是個大公園，裡面種滿了從全國各地移植過來的喬木、灌木以及各種奇花異卉。

國民政府曾經發佈通令，中山先生的追隨者們可以在陵園內租賃房屋，營造房舍。陵園裡有兩個居民區，分別是東村、西村。魏博士在西村的山頂上建了一座舒適的住宅，作為工作之餘休憩放鬆的寓所。

在戰爭爆發前的那些美好歡樂歲月，春光明媚的日子裡，我們夫婦經常驅車前往中山陵，沿途垂柳依依，還有盛開的櫻花、桃花。每天下午到了下班時間，城裡的男男女女都會出來散散步，呼吸新鮮空氣，和親朋好友歡聚。我最後一次享樂這種美好時光，是在一個風光明媚的春天，那時與眾多密友相聚中山陵，歡聲笑語，融融泄泄。很自然地，正是基於這種美好回憶，我與王寵惠夫人回到南京不久，就結伴造訪中山陵，遊覽我們最喜歡的那些景點。我倆都需要改善一下心情，及早從「淞滬會戰」痛苦的經歷中走出來。

我們驅車離開城市，路上的行人逐漸稀少，直到最後只剩下我們兩個人了。但是，中山陵園的風光已大不如往昔，冷風颼颼，木葉凋零。花園裡寂無人語，一片荒蕪，此外就是偽裝起來的防空高射炮，還有偶爾出現的幾輛接送換崗士兵的軍用卡車。東村和西村的房舍都變了模樣，警衛人員一律換成了荷槍實彈的哨兵。陵園裡的別墅和洋房全都門窗緊鎖，所有的道路都有崗哨巡邏執勤。

儘管我與王夫人曾經身陷被敵軍包圍的上海，一起結伴冒險穿越火線，克服重重困難險阻來到南京，但是，走過這座死寂、沉悶的園林，處處看到觸目驚心的防空設施，我們比以往任何時候都更加真切地體會到，這場侵略戰爭帶來的痛楚與悲傷，感覺到戰爭又是怎樣滲透進我們

國家的每個角落。回到西村的家裡，我們默然無語，灰心泄氣，幾乎沮喪得無法忍受。我們覺得，與其在寂靜落寞的中山陵園消磨時光，還不如待在不斷遭到空襲轟炸、混亂得令人窒息的城市裡，心裡更好受一些。

南京的平民住宅和非軍事目標，諸如文化機關、傷兵醫院、難民收容所等，一無例外地遭到敵機輪番轟炸。國民政府向日方提出嚴正抗議，但是敵方的回覆是一概否認。譬如，倘若敵機炸毀了一家醫院，他們就詭稱此次轟炸目標是軍事學院附近的機場。但是很顯然，這種糟糕的投彈技術絕非意外。我們知道，日本侵略者對南京實施「無差別級」瘋狂轟炸，是為了達到其企圖削弱中國軍民士氣的目的。但是，外籍人士當時尚未看清日軍的這種野蠻行徑，倘要他們相信這個事實，仍然需要提供一些具有說服力的「證據」。

有一天，一群外國新聞攝影師決定拍攝南京大轟炸實景照片。他們開始四處尋找一個可以架設照相機，同時又安全、有利的拍攝地點，最後選定在收治傷兵的中心醫院一棟建築的屋頂上進行拍攝。醫院周邊所有的軍事目標，早已摧毀殆盡，所以，他們認為這裡相對安全。但是，日機開始發動新一輪突襲之際，炸彈並沒有投到幾個街區外的所謂「目標」上——它們直接命中附近的一所醫院大樓。外國攝影記者英勇無畏、堅守崗位，設法拍攝了一幅幅醫院遭到敵機轟炸的照片，他們拍到炸彈命中醫院大樓、建築物倒塌瞬間的照片，以及遇難者、受傷者、垂死病人的特寫鏡頭。

作為全世界都能看到的證據，這組南京大轟炸照片意義非常重大。外國新聞記者用照相機完成的客觀公正的忠實紀錄，揭露了日本人的喪心病狂、殘忍無道；這些鐵證如山的南京大轟炸照片，讓小日本無法掩蓋自己犯下的滔天大罪。

起初，日本發佈的戰地新聞公報曾經讓我們感到沮喪泄氣。但是，我們很快就發現，日本人習慣了信口雌黃、顛倒黑白。譬如，我記得有一天，敵機對南京發動大規模空襲，隸屬於我戰鬥機中隊的 15 架戰機，從空軍基地火速升空，迎頭攔截，痛擊來犯之敵，打下了幾架敵機。我

軍大部分戰機安全返航。但是那天晚上，日方卻宣佈：此次空襲行動戰果輝煌，摧毀了 35 架中國戰機。這個消息傳到南京，有個見證了整個空戰過程的路透社記者，馬上給倫敦總部發了份電報。他說，據我所知，此次空戰，升空攔截的中國戰機不足 15 架，而且大部分戰機業已安全返回基地。我們採取這種「糾偏正誤」做法，可以及時抵消日本人捏造的大量「捷報」宣傳；這些子虛烏有的「捷報」宣傳，即使不是為了誤導全世界輿論，讓人相信中國在這場戰爭中敗局已定，至少對日本的「國內消費」是有好處的。

　　南京遭到長達數週之久的「無差別級」大轟炸，魏道明博士與王寵惠博士一致決定：為了安全起見，我與王夫人必須儘快離開南京，疏散到相對安全的漢口。他們還說，只要我們在南京多待一天，他們就要時刻擔心我們的安全，簡直無法高效工作；我們現在能夠提供的最大幫助，就是儘快離開南京，減少他們的精神壓力。我根本不願意離開丈夫，想到他孤身一人留在炮火連天的南京，我就擔驚受怕、坐臥不安。戰爭爆發九個月來，我們夫婦分居兩地、聚少離多，而在危難面前倉皇離去、獨自偷生，這根本不符合我作為革命者的性格。

　　戰爭爆發初期，魏博士擔任國民政府行政院秘書長一職，公務蝟集，宵衣旰食，我只是在晚餐時才能見到他。每天晚上，我都抱着一絲希望，盼着他帶回家更多好消息，這樣一來，我就可以繼續留在他身邊。但我很快就發現，不管他的態度看起來多麼安詳愉快、體貼入微，戰爭局勢仍在繼續惡化，而且越來越嚴重，倘若我繼續堅持留在南京，只能加重他的精神負擔。

　　日軍沿着滬寧鐵路與公路，向南京發起猖狂進攻。我終於意識到，倘若自己執意留在南京，不僅發揮不了絲毫作用，還成了丈夫的一個「大累贅」。思前慮後，只能選擇離開。但在我們婚後所有的分別經歷中，這次離別最是令人肝腸寸斷。我難過的不僅僅是丈夫身處險境，也是因為國家的前景當時非常嚴峻，幾乎看不到絲毫的亮光。魏博士送我乘船去漢口。我傷心欲絕，不顧儀態地當眾失聲痛哭。我絕望地緊緊抱着他，

在他懷裡嗚咽哭泣，哽咽着説出了內心裡所有的感受。魏博士輕輕地拍了拍我的肩膀，試圖安慰我。

魏博士最後説：「我現在要告訴你一件鮮為人知的好消息。與你猜想的恰恰相反，委員長認為我們已經掌控了戰爭主動權。我們的計劃是以空間換取時間。國民政府即將由南京西遷。這樣一來，我們就可以把侵略者的精鋭部隊吸引到越來越遠的地方，讓它們遠離後勤補給線。有必要的話，我們將在西部內陸山區，年復一年地堅持抗戰。中國很快會有一個嶄新的首都，我們將在那裡繼續指揮這場反侵略戰爭。」

聽罷魏博士一席話，我覺得心底陰霾一掃而空。我現在對整個戰爭局勢有了全新了解。我們有了一個清晰明確的作戰計劃，有了堅定不移的抗戰目標。我的精神頓時振奮起來，登船時不再像剛才那樣哭啼啼的，而是輕鬆愉快地與魏博士道別，我大聲喊道：「再見吧，親愛的，加油幹！──回頭見！」

第二十五章

CHAPTER TWENTY-FIVE
On Into the Interior

緊急疏散漢口

　　我們由南京下關碼頭登上輪船，溯流直上駛向漢口，長江兩岸景色賞心悅目。輪船駛經的水域，許多地方江面開闊、寬及數里。長江流經中國的心臟地帶，兩岸美景無與倫比。長江北岸阡陌相連，沃野千里，一望無際。然而，長江南岸景致截然不同，形成了鮮明的對比——山勢驟降，突兀江畔，峭壁荒涼，峰嵐青翠，鬱鬱蒼蒼，宛如一幅中國古典水墨畫。

　　頭天傍晚，我憑欄遠眺，夕陽緩緩落山，晚霞映在渾濁不堪的江面上，長江變成了一道金色綢帶。就在這時，我看見附近有座山坡上，有個農夫荷鋤歸來，蹣跚而行。順着他走去的方向望去，有一座小小的農舍，煙囪裡飄出嫋嫋炊煙。農夫走進家門時，晚飯該是已經燒好了。

　　展現在眼前的是一片寧靜祥和的田園風光；日本侵略軍在上海的燒殺擄掠、對南京的狂轟濫炸，此時此刻，彷彿距我十萬八千里之遙。眼前出現的這幅恬靜景象，有其亙古不變、寧靜如初的戲劇性寓意，讓我從不同的角度審視日本發動的這場侵略戰爭，以及人類各式各樣的瘋狂行徑，而這正是我此時所需要的。我扭過頭來，頗想和其他人分享這個想法，卻發現甲板上闃無人跡，誰也沒看見我剛才看到的畫面。旅客們全都聚在船艙裡，情緒激憤地談論戰爭期間各自的苦難經歷。而我剛才看到，山坡上那位荷鋤的農夫，獨自結束一天的勞作之後，心平氣和地走回家、吃晚飯，過着遺世獨立、物我兩忘的田園生活。我知道，此時此刻對旅客們講述這些，既沒有任何意義，也不會有絲毫用處。我覺得這本身就是戰爭帶來的罪惡之一種——人們逐漸變得麻木不仁，無暇欣賞周遭平凡、簡單事物裡蘊含的美好與意義，所以，也就很難找到一劑

可以平復內心創傷的良藥。

第三天，船抵漢口碼頭。漢口是一座歷史悠久、經濟和戰略意義十分重要的大城市。這裡也是 1911 年辛亥革命的發源地。自那時起，漢口已經發展成為中國最重要的工業城市之一。大型鋼鐵廠與軍工企業均設於此。流經漢口的長江是武漢三鎮的交通動脈，她連接着東部的上海、西部的重慶。漢口也是全國鐵路主要的交匯點，北連北京，南接廣州、香港。因此可以說，漢口是我國當時最重要的交通樞紐城市。

我發現武漢三鎮難民的數量，比其他任何地方都要多的多。成千上萬的窮苦人家被迫逃離家園，他們失去了家裡的頂樑柱，缺衣少食，流落異鄉。一群群面黃肌瘦的難民，源源不斷地路過漢口，拖着疲乏的雙腳，眼神遲鈍麻木，沉默無語，緩緩西行，朝着自以為安全的地方進發。與這股難民潮逆流而行的，是一隊隊荷槍實彈、火速奔赴前線的國軍將士，他們即將展開新一輪反攻，收復失地，保護自己的父老鄉親。

我剛到漢口沒多久，碰巧遇到了一個老朋友，她從首都南京疏散到漢口的時間比我早幾週。這位老友是我在巴黎時的同學，後來嫁給了國民政府司法部門的一位官員，夫婦倆勤懇工作、積蓄多年，終於在南京營造了一所夢想中的家園。我時常拜訪這對夫婦，每次都受到盛情款待。此外，我尤其欣賞他們家的花園洋房——一座美麗的花園，環繞着那棟可愛的宅邸。但是現如今，我幾乎認不出這位老朋友了；儘管她和我年齡相仿，但看起來彷彿年過半百。老朋友幾乎一夜之間愁白了頭，那張熟悉的臉頰也變得皺巴巴的，兩腮凹陷，神色黯淡。

我們輕聲細語地寒暄了一會兒，我忍不住問她：究竟遭受了甚麼打擊，令你容顏遽改？老朋友告訴我，他們夫婦倆這次匆匆逃難，捨棄了付出那麼多心血的花園洋房，那些美好的東西，可都是倆人辛勞多年掙來的呀！每每想到這些，她的精神差點兒就要崩潰了。再說，她覺得自己年歲大了，很難重起爐灶從頭來；現在成天昏昏沉沉睡不醒——嗜睡是一種精神上的昏迷——覺得整天籠罩在一團陰霾裡，再難有撥雲見日的一天了。聽罷老友這番訴說，我馬上意識到，她的整個生存意志正處

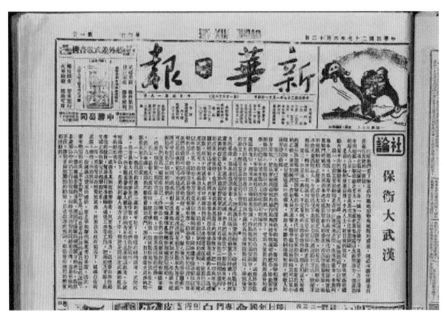

《新華日報》社論《保衛大武漢》

於崩潰的邊緣；但是，生存意志一旦崩塌，人就會一蹶不振，變成一具徒有其表的行屍走肉，任由厄運之手擺佈 —— 這才是人生的大不幸。

對於有些人來說，儘管那個失去的家園曾經美好如斯，但這種損失並非無法挽回；但對另一些人而言，遭遇這種毀家覆巢的悲劇，幾乎就意味着末日來臨，因為家園就是他們唯一的命根子。

我覺得自己必須做點甚麼，幫老友及時解開心結，與其說因為她是我青蔥歲月的密友，還不如說我擔心稍有不慎，這種悲觀失敗情緒就會像瘟疫一樣蔓延傳播開來，而老友或許就是個「惡例」—— 在麇集漢口的撤離者中，一個潛在的失敗主義「傳染病」載體 —— 於是，我擼起袖子，開始了一場語調激昂的談話。我竭力讓老友明白，除了暫時失去的花園洋房，她並沒有失去任何無法挽回的東西 —— 她和自己摯愛的丈夫都還活得好好的，夫婦倆相濡以沫、安然無恙。他們還會擁有一個值得憧憬的美好未來 —— 無非是過去那段舒適美滿生活，按下了一個糟糕的暫停鍵罷了。他們還可以利用自己出類拔萃的專業學識和技能，重新創

造自己真正渴望的、更美好的新生活。

這場談話對我自己來說，也起到了極大的安慰作用。偶爾想起我們留在上海、南京的住宅和財產，我自己也有過許多悲苦抑鬱的時刻。的確，有些貴重物品存放在上海銀行保管箱裡，但大部分家當以及其他財物，全部原封不動地留在了南京家裡。我隨身攜帶出來的，也只是幾件衣服、首飾而已。

時過不久，丈夫疏散到漢口與我團聚，我發現他把全部家產都留在了南京。我丈夫說，看到那麼多平民百姓無辜受難，看到周圍許多人死於非命，他狠不下心來收拾精美的玉器、瓷器、名畫與刺繡等等，也根本沒心思帶走這些東西。我丈夫說，他從南京疏散到漢口途中，看到難民潮有如決堤的洪水，他們的全部家當都捆在一個背在身上的小包袱裡。我丈夫感到能夠安然無恙地離開南京，已經是天大的幸運了。

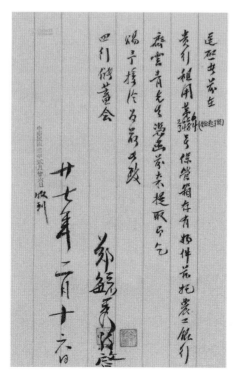

鄭毓秀函札

就這樣，我們南京的住宅交給一位願意留下的傭人負責看管。隨着侵略者的鐵蹄日益逼近南京城，傭人搬出那些體積不大的貴重物品，一一埋到院子裡。剛剛做完這些事，傭人又驚慌失措起來。他知道日本人闖進門，肯定會逼問貴重物品的下落，倘若他如實相告，我們就會傾家蕩產；要是拒不交代，自己可能會死於非命。於是，我家傭人急中生智——他雖然是個很不錯的小夥計，但平時表現並非聰明伶俐——他寫好了一封信，介紹說自己是魏道明博士的傭人，然後拿着那份信，面見守衛南京衛戍司令官邸的警衛員，請求遞交給衛戍司令長官唐生智將軍、副司令長官羅卓英將軍——他知道這兩位長官和我們夫婦私交甚篤。司令長官派手下確認了他的身份，後來安排他隨同疏散，安全到達重慶。傭人見到我們，詳細講述自己怎樣處置了我們積攢的財物。

南京的外籍人士與公正的國際權威組織，巨細靡遺地描繪了日本侵略軍製造的「南京大屠殺」慘案。人類歷史上從未發生過像「南京大屠殺」這種肆無忌憚、慘絕人寰的施虐和暴行。日軍喪心病狂，燒殺奸掠，無惡不作；他們的長官可能做了一些微不足道的努力，但是根本無法制止日軍狂悖無道、滅絕人性的野蠻行徑。數十萬計手無寸鐵的平民慘遭殺害，政府建築幾乎全部摧毀殆盡，富裕之家、貧寒家庭統統遭到洗劫，然後縱火焚毀。那些試圖保護中國難民的外籍人士，在斡旋過程中同樣飽受虐待。日軍炸沉了美國炮艦「潘萊號」（American gunboat Panay），對英國皇家船艦「瓢蟲號」（British ships Ladybird）、「蜜蜂號」（Bee）、「聖甲蟲號」（Scarab）以及「蟋蟀號」（Cricket）發動攻擊，所有這些歇斯底里的狂熱行徑，構成了「南京大屠殺」的插曲。日本人對停靠南京的歐美艦船視若無睹——艦船上懸掛着各自國家的國旗；然而，英美在沒有任何挑釁的情況下，一無例外地遭到了日軍襲擊。

一開始，日本侵略者製造的「南京大屠殺」慘案令人恐怖震驚；但隨後，人們開始努力尋繹導致這些獸行發生的背後深層次原因。單純從戰爭角度解釋這場滅絕人性的暴行，顯然是遠遠不夠的。我得出的結論是：日本士兵這種病態殘忍、慘無人道的行徑，直接反映了這樣一個簡

南京大屠殺紀念碑

單的事實：即日本人本質上是披着現代性外衣、實際上依然蒙昧不化的野蠻族群。除此之外，再加上日本人有種從娘胎裡帶出來的天生自卑感[①]，這就是對「南京大屠殺」暴行的合理解釋與猜測。日本的肩膀上一直釘着個標誌性符號：首先，日本的全部文化、藝術以及其他一切，都是從中國借鑒而來；其次是因為在國際大家庭裡，日本及其國民從來無法贏得太多尊重。歐美人士和中國人總是不自覺地把日本人視為「聰明的猢猻」（clever little apes），儘管他們具有非凡的模仿學習能力，但從未當作一個值得信任或可以視為「文明人」的民族。

　　日本急於實施其徹底征服中國的戰略，原本設想速戰速決，很快就能打敗中國[②]，或者，至少迫使國民政府主動提出「媾和」，這樣一來，他們就可以騰出手來繼續「征服世界」。中國最高統帥部對此心知肚明，認

---

① 美國人類學家露絲‧本尼迪克特（Ruth Benedict）給日本文化類型下的定義是「恥感文化」。
② 所謂「三個月內滅亡中國」。

1937 年 12 月 13 日，《東京日日新聞》（第 4 報）以「百人斬超紀錄，向井 106－105 野田 / 兩少尉延長戰」為題，報導了南京大屠殺。

為採取誘敵深入戰略、開展一場曠日持久的「消耗戰」，才是徹底打敗日本侵略者的唯一途徑 —— 更確切地説，就是誘敵深入內地城鄉，展開一場場激戰，切割分散日軍作戰兵力，消耗日軍實力，拉長其補給線，並迫使其在我們幅員廣闊的國土上同時作戰，無法做出任何果斷的戰略行動。

很長一段時間裡，日本人都未能破解中國的戰略意圖。所以，侵略者的鐵蹄逼近南京城之際，他們歡呼戰爭很快就要結束了。南京在我們中國人的心目中有着極其崇高、特殊的意義，它既是六朝古都，又是國民政府首都所在地。異邦人士認為南京對於中國的意義，就像巴黎之於法國、倫敦之於英國。因此，日本在攻佔南京前夕便釋放出「和談」的氣球。在武漢保衛戰日益嚴峻的緊張氛圍之下，德國駐華大使按照其元

首希特勒的命令，試探居間調停中日媾和的可能性。

德國駐華大使陶德曼博士（Oskar Trautemann）是位在中國生活多年、經驗豐富的職業外交官，同時也是個友善、地道的中國通。各種小道消息和謠言迅速傳遍漢口，我很快便得知，陶德曼博士搭乘船艦抵達前線，會見蔣介石委員長並舉行晤談。稍後有人告訴我，陶德曼博士此行試圖「調停」中日戰爭，促成國民政府「媾和」，我們當時頗有點大惑不解：德國人為甚麼要主動出面承擔這份「重任」？但是時過不久，德日野心大白於天下，日本和德國結為「軸心國」很快便成為事實。所以，陶德曼博士所謂「調停」之舉，只不過是日本與德國之間數年來精心策劃的一場陰謀。陶德曼博士的「調停」圖謀失敗四年後，隨着「珍珠港事件」的爆發，全世界都看得更清楚了──在馬尼拉被擊落的德國飛行員駕駛的轟炸機，其實就是日本的零式艦載戰鬥機。

陶德曼博士的說辭十分陰險狡詐。他對中方代表強調：倘若德國在第一次世界大戰期間儘早與「協約國」集團媾和，德國的命運就會好上許多──它在《凡爾賽條約》條款下遭受的災難也會減少一些。因此，他說，倘若國民政府目前能夠與日本正式「媾和」，對中國來說無疑是件大好事──至少可以減少許多不必要的苦難。

陶德曼大使受到蔣委員長接見，趁機兜售其「和談」計劃，得到了極其簡單的答覆。據報導，蔣委員長曾用一句話作答：他非常樂意和日本人共商和平事宜，但前提條件是，日軍必須一兵一卒全部撤離中國；否則，中國不會考慮所謂「和談」。

因此，中日戰爭如火如荼、有增無已，根本沒有絲毫「調停」的餘地。儘管我們的首都南京陷落了，但是，國民政府既沒有被迫簽訂「城下之盟」[①]，侵略者更沒有盼來期待日久的「媾和」或「終戰」。他們根本

---

① 1937 年 12 月 17 日，南京陷落之後第三天，國民政府發表《告全國國民書》：「中國持久抗戰，其最後決勝之中心……實寄於全國之鄉村與廣大強固之民心，人人敵愾，步步設防，則四千萬方里國土以內到處皆可造成有形無形之堅強壁壘，以制敵之死命。」

沒有意識到，對於我們中國人來說，國民政府遷到哪裡，哪裡就是中國的首都。此後，重慶成了戰時首都以及最高國防委員會總部所在地，這場戰爭仍在激烈進行，並將曠日持久地打下去，直到最後迎來「同盟國」打敗「軸心國」的全面勝利。

第二十六章

CHAPTER TWENTY-SIX
Conference in Kuling

盧山婦女談話會

國民政府從南京疏散之後，1938 年 5 月，蔣介石夫人提出了組織召開「戰時婦女工作談話會」的設想，作為全面動員中國婦女參加全民抗戰的一種手段。這在當時，堪稱一項前所未有的創舉。在此之前，參加政府會議的女性代表少之又少，全國婦女代表從未在任何特殊場合齊聚一堂、共商大計。這場「談話會」的地點選在度假勝地廬山牯嶺，從漢口乘船去廬山只消一個晚上的航程。

我迄今忘不了會議開幕那天的情形。廬山上有座氣勢恢宏的牯嶺圖書館，在這座建築的大禮堂裡，全國婦女代表濟濟一堂，參加談話會開幕式。除了各省的正式代表，應邀赴會的還有全國所有傑出的婦女領袖人物 —— 作家記者、社團領袖、職業女性、政府官員以及學生領袖，等等。這麼多年來，我已經習慣於經常參加各種大型的官方集會以及政治會議，但是，這次會議卻給人留下了特別深刻的印象。

蔣夫人在開幕儀式上發表演講。她一開始就說，我們全中國的女性，一直都在兢兢業業地工作，但現在我們應朝着一個新的方向努力。如果我們要贏得這場戰爭，必須夙夜匪懈地努力工作。

蔣夫人說：「我邀請諸位到這裡來出席（會議），是因為各位對於我念念不忘的救國工作的最後目標，都可以有確切的貢獻。今天在座的都是中國婦女界的知識分子，都是被稱為中國婦女界的領袖，我們都是服務社會的女子，積極參加各種工作，使我們的國家獲得最後的勝利，所以我們實在肩負着很大的責任，要負責領導全國各界的女同胞。」

她接着說：「全世界最近對於我們中國的印象，眾口一詞，都是竭力讚揚我們國家軍隊的勇敢作戰，尤其讚揚我國終於團結起來，統一起

來。可是，也有許多外國人這樣問我：『中日戰爭結束以後，中國仍是團結統一呢，或將發生分裂呢？如果是內部還是發生分裂的話，這對於中國的未來命運，又有怎樣的影響呢？』我這樣回答他們：『中國現在確是團結起來、統一起來了。這次日本帝國主義不宣而戰的侵略戰爭，使全國人民飽受痛苦與困頓，要是這些痛苦與困頓還不能教訓中國，覺悟到協力同心的必要性和重大性，那麼，中國就只配亡國，永遠不會再有希望。』」

蔣夫人說：「我們的首要任務與每個人切身相關。我們必須培養自己的理解能力，理解與信任是合作的先決條件，之後才能廣泛地了解與合作。我們必須了解的是，努力工作、精誠團結是最重要的。現在，戰時的中國必須為和平做準備，而無論是在戰時或在和平時期，中國的女性都必須帶領大家前進。」[1]

接下來，會議開始討論各種議題。隨着會議的順利進行，我驚訝得幾乎說不出話來。參加談話會的代表們有些來自政府機關，有些來自各個內陸省份，還有些來自工農階層，她們彙報各自的工作計劃，提出工作中遇到的種種問題，她們的聰慧與能力令我驚歎不已。自從早年在北京開始革命活動以來，我一直是個赤誠的女權主義者 —— 當時我還比孩童大不了幾歲。我現在意識到自己多年的夢想 —— 女性將在國家的命運中發揮至關重要作用 —— 終於在我的眼前變成了現實。聽着她們說話的聲音，我終於明白中國發生了多麼深刻的變化。與會代表見多識廣，泰

---

[1] 鄭毓秀的這段引文與宋美齡的婦女談話會開幕詞略有差異，原文是：「我個人認為我國現在最大的需要，是各黨派及社會各部門的團結合作，國家的利益高於一切，不論有甚麼黨派的偏見，為顧全國家的利益，都應該袪除乾淨。在今天的中國，以促成團結為第一要事；而促成團結，要從密切聯絡互相認識做起。就我們今天的會議來說，我們今天到會個人的姓名聲譽，也許早就互相知道，但彼此並不完全相熟。我召集這一次會議的第一個目的，就是要使婦女界的領袖分子能夠聚首一堂，大家認識許多誤會的發生，往往由於大家雖在做着同一的工作，彼此卻並不認識，私人的接觸和認識，實在足以促成有效的合作。在許多方面，我們女子可以影響男子，要是我們女子能夠表示合作，以團結的精神風采感應全國，我敢信全國同胞就更不得不和衷相濟，為國家利益共同奮鬥了。」

然自若，說話辦事沉穩幹練；與此同時，她們身上充滿了母性的慈愛和戰士般堅韌不拔的勇氣。中國女性彷彿只花了 20 年的時間，就完成了兩個世紀的歷史性飛躍。

無論何時何地，每當人們初次來到一個欠發達國家 —— 這種國家往往秉持數千年一成不變的傳統生活方式 —— 他總是會用沮喪氣餒的眼光打量這個國家的未來，認為其現代化進程如同其他國家一樣，只能以緩慢的節拍逐漸演進。但是，在盧山牯嶺召開的「婦女談話會」上，我看到這個「理論模式」不攻自破。因為，只要有了動力、榜樣和領袖人物，人民幾乎可以在一夜之間，從一個時代跨越到另一個時代。

在盧山的那段日子裡，「談話會」分成若干個小組舉行，研究磋商、共同討論各省開展工作面臨的具體問題。我參與了許多場這類會議。會議開了一週，我每天晚上很難入眠，白天討論的問題縈繞於心，如今躺到床榻上，滿腦子充斥着新計劃、新構想，讓我每晚都無法踏實入睡。事實上，我在「談話會」期間，每晚只有幾個小時的睡眠時間。導致失眠

盧山婦女談話會部分代表合影。宋美齡（前排左四）、鄭毓秀（三排左三）

位於廬山牯嶺的「美廬」

的緣故並非工作量過於繁重，因為「談話會」上指派給我的事務，完成起來難度並不大，純粹是由於過度興奮才讓我輾轉難眠。對於身邊聽到、看到、發生的所有新奇事情，我都異常喜悅、滿懷期待。所以，本來應該奉獻給睡夢之神墨菲斯（Morpheus）的時間，我卻用在了狂熱追逐那些屬於未來的夢想上面。

到了晚上，一整天的正式會議結束後，我們還會自由組合、分組討論。這些小組座談會少了正式會議上的繁文縟節，卻解決了很多實質性問題。當然，小組座談會上也有雙方意見相左，甚或針鋒相對、唇槍舌劍的時候，但是，通常都會很快消弭意見分歧，達成某種共識。而且，在這種小組座談會上，所有的代表都有了結交新朋友的機會。

廬山「婦女談話會」上的一個重要議題是，制定《動員婦女參加抗戰建國工作大綱》，組織動員婦女奔赴前線與後方開展各項工作。諸如：把戰爭孤兒帶到後方安全地帶，交給可靠的家庭撫養，幫助士兵寫家書，協助照料受傷的將士。此外，由於戰事時常處於相持階段，要形成

鄭毓秀（後排右一）與參加「談話會」的部分代表合影

一種良好制度，即：婦女要組織士兵幫助當地農民耕種；反過來，當日本侵略軍再次發起進攻，農民也會協助正規軍作戰。戰爭期間的各項救濟，難民的糧食與住房，孤兒的照護，兒童的養育與老人的護理，所有這些問題都在「談話會」上逐項討論，形成一系列解決方案。在「談話會」上，「新生活運動促進總會婦女工作指導委員會」得以宣告成立，被指定為抗戰期間所有婦女活動的中樞執行機構。在這個特殊組織的指導之下，全國戰時婦女工作將會發揮巨大作用。廬山談話會上選出了「婦女工作指導委員會」領導成員，蔣夫人榮膺委員長一職，具體負責監督指導全國婦女的戰時工作。

　　廬山牯嶺圖書館是一座氣勢雄偉的建築物，很容易成為敵機轟炸的絕佳目標。敵人當然知道這裡正在召開一個重要的會議，因此，廬山時常遭到敵機空襲。但是我們很幸運，因為廬山上總是雲霧繚繞，把敵機轟炸目標藏得好好的。

「婦女談話會」召開期間，空襲警報響起的第一天，我急忙環顧四周，以為代表們會跑出禮堂躲空襲，或者，至少會表現出驚慌失措的樣子。但是，代表們好像並沒有聽到警報聲，她們繼續發表談話、討論問題，就像甚麼事也沒發生過似的。參加「談話會」的大多數代表曾經生活在遭到敵機轟炸的城市裡，當然知道這種情況有多麼危險。唯一合乎邏輯的解釋是：她們傾情投身當前的工作，根本沒有聽到空襲警報聲。她們的精神狀態具有感染力──我也變得鎮定自若、舉止泰然了，好似頭頂上不會彈落如雨，充其量不過是盤旋着一群「嗡嗡」叫的大馬蜂而已。

也許，由於某種神秘的超自然力量發生了作用，代表們的沉穩反應對盤旋在頭頂上的敵機產生了影響；不管怎樣說，「談話會」召開期間，廬山並未發生嚴重的空襲傷亡事件。但是幾天後會議結束了，與會代表紛紛離開，牯嶺圖書館遭到敵機轟炸，部分建築慘遭毀壞。

「談話會」逐漸進入尾聲，大多數代表急於回家，開始着手制定新的計劃；其中，許多與會代表只能長途跋涉，花上個把月時間才能回到內地家鄉。但是，我想在牯嶺家裡多逗留幾天，好好休息一下，仔細梳理一下思路。

有天下午出了家門，朝着牯嶺圖書館方向走去，我想和幾位尚未離開的女界精英道別。途中經過一座橫跨溪谷的小橋，橋下激流飛湍，我情不自禁地停下腳步，觀賞激流形成的瀑布，為之陶醉不已。激流沖刷着岩石，毛毛細雨，輕輕飄飛，予人一種夢幻般朦朧、迢遙的感覺。牯嶺這個地方有種令人感傷的悽美，我彷彿還能依稀聽見一連串銀鈴似的笑聲，不久前聚談於斯的女界精英，如今彼此握別、奔赴前線與後方。我好像給施了「定身術」似的，無法走到圖書館為她們送別。我呆呆地站在橋上，目送那些參加談話會的女性走下山來，她們一路上還在愉快、熱情地暢談各自的計劃。大家經過我身邊的時候，我依依不捨地與她們握別，互道珍重，心情沉鬱。直到她們的身影幾乎看不見了，我還獨自在小橋上站了好久，思緒茫然，黯然神傷，忘記了時間。我暗自尋思着：

抗戰時期出版的《婦女新運》

牯嶺一別，還要等候多久，我們才能在這個風光綺麗的地方再次相聚？

　　過了一會兒，毛毛雨停了下來。熹微的陽光透過雲層，濛濛矓矓地照在湍急的溪流上。圖書館的幾個臨時會務工作人員發現，我站在那兒一動不動，他們急忙趕過來問道：其他與會代表都走了，為何你還獨自留在這裡？我哽咽着告訴他們：我心裡很難過，因為不知道何時才能與大家重聚牯嶺。他們還未來不及回答，忽然之間，我的心緒猶如風向標一樣轉變了方向。聽見自己哽咽的聲音之後，我身上彷彿有股電流閃過，然後，我用截然不同的語氣説出下面這段話。

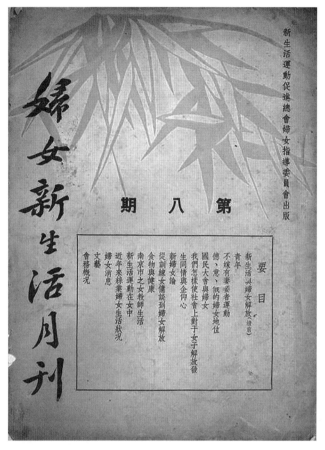

抗戰時期出版的《婦女新生活月刊》

「沒關係，我們沒甚麼好擔心的，」趁他們尚未來得及開口之前 ，我乾脆俐落地說，「我們使命在肩，責任高於一切！在抗戰建國的偉大時代，我們今後還會在其他地方重逢，就像我們在牯嶺歡聚一樣。不管今後發生甚麼事，即使我們這代人無法提前圓滿完成當下的職責，我們的下一代會挑起這副重擔，精誠團結、砥礪前行，設計並締造一個我們無法想像的、更加美好的新中國。」

說罷這番話，我感到心裡輕鬆平靜多了，悲觀失望之情頓時煙消雲散。我滿懷着對未來的希望，步履矯健地回到牯嶺家裡。

CHAPTER TWENTY-SEVEN
We Dig in at Chungking

重慶大轟炸

正如蔣介石總司令預測的那樣，戰火沿着長江流域向西部地區繼續蔓延。1938 年 10 月下旬，日本侵略軍佔領漢口；但是，早在漢口陷落之前，國民政府已經選定長江上游的山城重慶作為戰時首都所在地。遷都工作從容不迫、井然有序。

1938 年，我們來到山城重慶。如同前面所言①，我們發現重慶已經發展成了一座生機勃勃的現代城市，與我 1920 年初來乍到時看到的情景，形成了鮮明的對比。人們從全國各地蜂擁而至 —— 重慶人口從二十萬急劇躍升到六十萬 —— 這座戰時首都正在陸續興建起一大批學校、工廠、政府部門辦公樓舍，以及其他軍工、民用企業。

重慶是四川省最大的城市之一，目前成了指揮全民抗戰的樞紐城市。就農業條件與自然資源而言，四川素有「天府之國」美譽，也是我國最富庶的省份之一。戰爭初期，我們時常遇到通訊指揮方面的困擾，如今由於國府黨政軍要員大多疏散到了重慶，大型工廠、企業幾乎全部西遷到了大西南，此前遇到的諸多困難迎刃而解。此外，我們比過去任何時候更加精誠團結，並從戰火中淬煉出振奮人心的「抗戰精神」。所有這些，完全出乎日本人意料之外。

漢口陷落之後，我軍將士浴血奮戰，牽制住了敵人的倡狂進攻。四川地形險要、易守難攻，有助於我們在此集結喘息，組織力量展開反攻，也在一定程度上彌補了裝備資源不足的缺憾。日本進犯大西南的陰謀遭

① 見本書第十五章《山城重慶之旅》。

1937 年 11 月 20 日，《國民公報》發佈「國民政府移駐重慶」消息

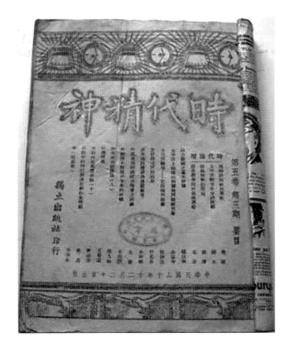

抗戰時期刊物《時代精神》

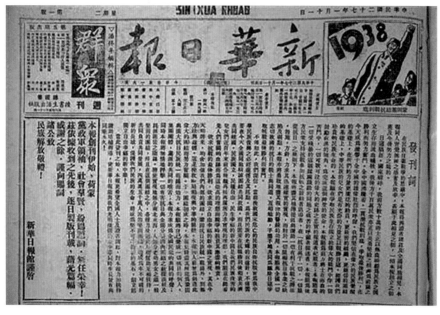

《新華日報》發刊詞

四川省抗敵後援會印發的《歡送出川抗敵將士保衛祖國》

到挫敗之後，隨即改變戰略戰術，開始對重慶實施有系統的「地毯式」猛烈轟炸，其險惡用心是摧毀中國軍民的士氣。事實上，重慶大轟炸是一場毀滅性的「空中大屠殺」，重慶可能也是歷史上遭到持續轟炸時間最久的城市。

日本侵略者認為，倘若他們徹底摧毀了重慶這座城市，我們就會屈膝投降。但是，他們徹底失算了！仇寇意想不到的是，儘管大轟炸一週接着一週，我們依然在這座四處都是殘垣斷壁的城市裡繼續生活，在血污、汗水、淚水裡重建一座座被摧毀的建築物，並且把國府中樞機關搬遷到相對安全的邊遠地區。重慶市民對於大轟炸的反應，與 1940 年倫敦市民遭到納粹德國實施倫敦大轟炸（The Blitz）時做出的反應非常相似。倘若說二者之間有何不同的話，那就是，重慶市民變得更加堅強勇敢，誓將這場抵抗進行到底。

「重慶大轟炸」是一場意志力的較量。在這場持續數年之久的意志較量過程中，重慶市民的心理也發生了一種超乎尋常、令人費解的微妙變化：當人們在大轟炸中家破人亡、一貧如洗，連抓到手裡的東西也沒把握還能抓上多久，這時即使面對即將來臨的新一輪災難，他們不會撲地不起、任人宰割，而是獲得一種落拓不羈、無拘無束的自由，一個個變得刀槍不入。「重慶大轟炸」變成了一場純粹的意志較量，一切都變得簡單而又清晰；倘若你再也沒有甚麼身外之物可以失去，只有在打敗侵略者之後才能獲得戰爭賠償，那麼，你的膽識意志、勇氣決心以及忍耐力必將直線上升。也就是這樣，陪都重慶的千百萬市民百姓能夠咬緊牙關苦撐苦熬，在這座彈落如雨、硝煙四起的城市裡義無反顧地堅挺下去。

無論是重慶普通市民的家常生活，還是國府各行政部門的日常工作，一概照常進行、有條不紊；政府公務人員一如既往地恪守職責，民營企業與商業機構同樣正常運作、從未間斷。敵機狂轟濫炸之際，我們必須在防空洞裡處理手頭上的各項重要事務。重慶市民百姓與政府官員對空襲警報的反應冷靜而又超然，一副「天生德於予、日寇奈我何」的姿勢，他們去防空洞的路上談笑如故，進了防空洞繼續磋商。我經常看

重慶大轟炸期間殘垣斷壁上，市民寫上了「愈炸愈強」四個大字，展現了重慶市民不屈不撓的精神。

到空襲來臨之際，政府官員在防空洞裡繼續討論問題，或者接着召開下半場會議，好像他們只是把嚴肅的會場搬到了某個人聲嘈雜的俱樂部裡似的。至於那些賣水果的小攤小販們，沿着進出防空洞的路線高聲叫賣，彷彿在俱樂部外面的帳篷裡表演戲法。

　　人類的神經系統具有非凡的自我調節能力。「重慶大轟炸」最初的幾個月裡，我們時刻心驚膽戰，不知道下一刻會發生甚麼災難。那些沒有經歷過重慶大轟炸的人們，肯定無法想像這種透徹骨髓的恐懼感。每天早上出門之前，我們一定要隨身攜帶重要的文件，那些文件可不能毀於敵機投下的燃燒彈。大轟炸逼迫我們想出一套生存方法：我們把衣物和私人財產分別儲藏在不同的地點，也就是說，在不同的地方多準備幾個衣櫥，倘若敵機扔下的炸彈直接命中住宅，也不至於找不到一套換洗衣服穿。我們盡可以與朋友約好，何時何地在某家餐館共進午餐，但卻無法確定能否如期赴約。或者，即使餐聚後平安歸來，也不敢斷言當天的空襲結束之前，剛才與友人把盞言歡的那家餐館，能否躲過新一輪大轟炸。

如今，重慶市民對天氣的態度與戰前大相徑庭。通常情況下，我們希望早晨打開門窗，就是一個陽光明媚的日子；月光皎潔的夜晚則會營造出一種浪漫氛圍。但是現在，早晨起來看到漫天烏雲密佈，我們會興高采烈；如果一輪明月高掛夜空，這就意味着當晚我們要鑽進防空洞睡一覺了。每天早上離開家門，誰都不曉得晚上能否安然回來——我們不知道會在哪兒吃飯，不知道在何時何處入睡。重慶的「轟炸季」(bombing season) 從四月持續到十月，這幾個月份，重慶碧空如洗、天高雲淡，為敵機轟炸提供了天氣條件，我們幾乎每天至少遭受兩輪大轟炸。

終於，山城重慶建成了足夠 40 萬人藏身的防空洞。由於這些避難所堅固無比，空襲警報系統效率驚人，以至於許多歐洲友人感歎：就抵禦空中大轟炸而言，重慶是世界上最安全的城市。

敵機飛臨重慶上空之前兩小時左右，邊遠地區的崗哨就會發出空襲信號，及時告知敵機即將來襲的消息，刺眼的紅氣球從城市上空飄過。但這只是意味着日本轟炸機已經起飛，重慶可能成為空襲目標。過不多久，第一聲防空警報拉響了，預警重慶即將遭到大轟炸——敵機已經接近重慶。這個警報是在空襲發生前夕拉響的，至少給人們提供了大約半小時的逃生時間。隨着第二聲淒厲的防空警報響起，意味着敵機距重慶至少還有十至十五分鐘的飛行距離。因此，面對日寇發動的一輪輪空中轟炸，我們從未表現出驚惶失措、喪魂失魄的狼狽相。重慶的防空系統從來沒有出過差池。

敵機大轟炸結束之後，我們急忙跑出防空洞，查看損失情況。記不清究竟有多少次了，我目睹成群結隊的避難者急匆匆直奔家門，他們卻發現自己的那個家已經蕩然無存，房子所在的地方，只剩下一個大坑、一堆瓦礫。你自然會猜想到下一步：人們或許會變得歇斯底里、呼天搶地。不是的，絕對不是的，這種情況我一次都不曾見過。女人們會聽天由命地歎口氣說：「唉，房子毀了。」她們開始冷靜下來，繼而蹲在廢墟邊，尋找任何有用的殘餘物品。事實上，她們起初最壞的想法普遍是，自家的房子這次可能會被敵機徹底炸毀，倘若炸得只留下一堵牆基，她

重慶大轟炸慘狀

們覺得那已經是天大的祈幸了。

　　重慶的冬季鎮日雲遮霧繞，日寇無法每天實施車輪式大轟炸，我們利用這個難得的機會重建滿目瘡痍的山城。我們一邊修復肌體的創傷，一邊重新獲得精神上的團結。

　　自從 1911 年辛亥革命爆發以來，我們又經歷了多年的苦鬥；當然，革命先驅者最初提出的遠景目標，偶爾也會有被我們束之高閣的時候。我們的國家從獨裁專制政體邁向民主自由的路途中，經歷過（袁世凱稱帝、張勳復辟等等）多次歷史性「倒退」事件；但是，我們如今在戰爭年代工作、生活與戰鬥，冒着敵人的炮火堅持偉大的全民抗戰，人們開始理解我們究竟為何而戰。全體國民終於意識到，這場戰爭只不過是整個反抗極權、爭取自由鬥爭過程中又一個更加激烈的新階段。因此，我不贊同一般人士關於「戰爭會阻礙革命進程」的說法。我認為事實並非如此。20 世紀初期的中國革命，與這場全民抗戰有着同樣偉大、清晰的目標。即使我們的外在世界已經被日寇的炮火摧毀殆盡，但是，這場偉大的全民抗戰卻讓人們內心裡湧現出更富有建設意義的精神動力。

抗戰期間國民精神總動員的會刊《精神動員》（創刊號）

　　在接下來的三年裡，重慶軍民的日常生活瀰漫着硝煙與炮火，在戰火中努力重建家園，甚至在新一輪大轟炸尚未停止之前，我們已經開始在廢墟裡竭力再造這座光榮的城市。

　　有段時間，我的幾個侄兒女和我們住在一起，二哥的小兒子住的最久。幾年前，二哥不幸英年早逝，由我負責照料他的遺孤——四個男孩，兩個女孩（原註：有個侄兒就讀於滬江大學法學院，直到該校被迫撤離；另一個侄兒已經在舊金山領事館 [Consulate General at San Francisco] 任職了一段時間）。

　　我們的那個小侄兒顯得特別與眾不同，這個小傢伙從 18 歲起就癡

鄭毓秀的侄兒鄭寶華、鄭寶成（鄭雲）、鄭寶慶、鄭寶康（由右至左）

迷上了飛行員這個職業。[①] 我資助侄兒完成飛行員訓練課程，他在戰前
已經是一家民營航空公司的駕駛員了。抗日戰爭爆發後，我侄兒自願加
入空軍，成為戰鬥機中隊的一員。侄兒在戰鬥機中隊的表現，可以稱為
同齡人的模範。他在空戰中的英勇事跡，堪可與英國皇家空軍、美國空
軍媲美。

---

① 鄭毓秀的侄兒鄭雲（族名寶成）從小熱愛飛行，鄭毓秀資助其前往香港飛行學校學習飛行，
取得飛行執照後成為商用飛機駕駛員。抗日戰爭期間加入空軍，成為驅逐機飛行少尉，飛行
技巧優異，抗日戰爭中屢建奇功，是空軍名將衣復恩（1916—2005）的愛將之一。此外，鄭
毓秀的侄女鄭漢英（1915—1943）是中國第一代女飛行員，中國空軍第一個女官 —— 飛行
中尉，也是加拿大第一個持有國際飛行執照的女飛行員。鄭漢英與其嫂夫人李霞卿（鄭白峰
之妻，20 世紀 20 年代名噪一時的上海電影明星），堪稱中國最早的航空先驅姊妹花。1943
年，鄭漢英的哥哥鄭雲駕機失事，重傷不治。就在同一年，鄭漢英患上「百日癆」，英年早逝，
埋骨於加拿大伯納比海景墓園。

　　小侄兒某次執行作戰任務的經歷，特別能夠說明他的性格特質——但我不敢擔保他的飛行技術是否值得效法——至少此舉表明，他不是個逆來順受的東方宿命論者。有一天，他結束攔截敵機任務返回基地途中，突然之間，七架敵機迎面直撲過來。此時，他駕駛的戰機上已經沒有一發炮彈，在充滿絕望的十幾、二十分鐘裡，為了不被敵機咬住、擊落，他嘗試了各種高難度飛行特技，爬升、急轉、俯衝，等等——事後檢查發現，駕駛艙和其他地方至少有五十一個彈孔——我侄兒意識到，根本無法強擺脫這幾架來勢洶洶的零式戰鬥機。他在絕望之際，決定孤注一擲、向死而生。

位於「陪都」重慶市區中心的「精神堡壘」，又名「抗戰勝利紀功碑」。1950 年易名為「解放碑」。

抗戰期間的中國空軍戰機

中抗戰期間的中國空軍戰機飛行員

　　我們中國戰機的數量當時少得可憐；只要是一架戰鬥機，無論它多麼老舊落伍、脆弱單薄，它的價值都堪比同等重量的黃金的兩倍。考慮到這一點，我侄兒置生死存亡於度外，只希望飛機安全着陸後尚可修復。他從以往的空戰經驗知道，儘管敵機駕駛員飛行技術良好，但他們

並非臨危不懼、一心向死。因此，我侄兒最後咬緊牙關，直接衝過零式戰鬥機機群，緊急拉下機頭俯衝，直到距地面不足二百英尺的高度。然後，他憑藉高超的駕駛技巧，奇跡般的及時拉高機頭，控制住爬升速度。與此同時，我侄兒用力踩下踏板，使得機身傾斜翻轉，直到呈垂直八字狀。只是，他並未繼續採取直線飛行模式，而是必須在大約三百英尺高度上俯衝，筆直穿過一個狹窄的通道。

我侄兒這番破釜沉舟之舉，終於大獲成功；敵機駕駛員或許也可以拉下機頭俯衝、再拉高機頭爬升，但他們缺少這種向死而生的膽魄。侄兒終於接近基地、緊急迫降，奇跡般地拯救了自己的生命，同時也挽救了那架彈痕累累的戰機。

當然，我侄兒在這次空戰中掛了彩，好在傷勢並不嚴重。他在戰鬥機中隊已經服役數載，擊落、重創數十架敵機；再加上，就一名戰鬥機駕駛員理應具備的各種應變能力來說，他的年齡顯然有點偏大了，所以，政府部門把他調換到一個新崗位，實在是個明智之舉。侄兒現在是一名運輸機駕駛員，負責飛往全國各地，運送作戰人員和戰略物資。

CHAPTER TWENTY-EIGHT
We Are All in It Together

精誠團結，眾志成城

　　也就是這樣，我們在每一個歷史性轉折點拚死防守、浴血鏖戰，挫敗了日本侵略者的陰謀詭計。我們以遼闊的疆土換取時間，誘敵長驅直進、泥足深陷，迎來全國上下精誠團結，並從我們的盟友那裡獲得援助。

　　日復一日，年復一年，自由中國的旗幟高高飄揚，猶如一座永不熄滅的燈塔，照亮我們親愛的國土。

　　抗日戰爭爆發以來，我們中國人民的精神面貌也在不斷發生變化。首先，人們由聽天由命變得逡巡畏縮、躊躇不定；其次，從猶豫彷徨狀態中迅速萌發出無窮無盡的希望。最後，希望之花結出了一枚飽滿堅實的信念之果。人們堅信：中國必將從苦難與血污中掙脫出來，獲得勝利。這是一個國家的偉大復興，也是國民精神真正的復蘇。無論是胼手胝足的農工階層、操持家務的婦女、為傷兵包紮傷口的護士，還是敵後山區晝伏夜行的遊擊健兒、正面戰場上刺刀見紅的鐵血將士——四萬萬五千萬中國人民，一往無前地邁開沉重而又頑強的步伐，浴血苦鬥，奮礪邁進，這種信念始終支撐着他們奪取這場反侵略戰爭的最後勝利。

　　遊擊隊之歌《義勇軍進行曲》①是一首誕生於這個時代的歌曲，它比任何詞彙都更加生動地表達了中國人民的心聲——

　　　　起來！不願做奴隸的人們！

①《義勇軍進行曲》，1935 年由田漢作詞、聶耳作曲，原為電影《風雲兒女》的主題歌，被稱為中華民族解放的號角，自 1935 年在民族危亡的關頭誕生以來，對激勵中國人民的愛國主義精神起了巨大的作用，後成為中華人民共和國國歌。

把我們的血肉築成我們新的長城！

中華民族到了最危險的時候，

每個人被迫着發出最後的吼聲。

起來！起來！起來！

我們萬眾一心，冒着敵人的炮火前進！

冒着敵人的炮火，前進！

前進！前進、進！

　　無論我身處何地，無論在何處聽到演奏、演唱《義勇軍進行曲》，無論由誰演唱這支時代流行曲，我都無法做到充耳不聞、無動於衷，而是心跳隨之加速、滿腔熱血沸騰，情不自禁地潸然淚下。令我淚流滿面的是來自心底的驕傲與自豪感，而不是悲傷和愁苦。

　　我和魏道明博士發現，我們與身邊所有的人一樣再次煥發新的激情，獲得了新的靈性與啟迪。儘管我們的工作千頭萬緒，比其他人更要忙碌萬分，我們並不在乎自己努力工作是否為人關注，或者能否獲得嘉獎，最重要的是每項工作——哪怕是一件看起來微不足道的細小工作——都要完成得至善至美。我們從工作中獲得喜悅與幸福。相反，倘若手頭的工作沒做好甚或搞砸了，即使旁人沒有覺察到，我們依然會感到萬分羞愧、無地自容，因為，那無異於等同犯了「資敵罪」。唯有身處艱苦卓絕的困厄之境，人們才會更加清晰地意識到，效率與質量將對戰爭的最終結局產生決定性影響。愛國主義不再是一種美德，而是一種須臾不可或缺的必需品。

　　1941 年暮春，重慶國民政府任命魏博士為駐法大使（特命全權大使）①。我們得知這個消息之後，一時間喜憂參半、百感交集。我們很樂

---

① 1941 年 5 月 13 日，重慶國民政府任命魏道明為駐法大使接替顧維鈞。魏道明、鄭毓秀夫婦取道美國赴任，但到達美國之後，歐洲戰局急轉直下，因希特勒佔領法國，無法履任。1942 年 9 月 4 日，魏道明接替胡適改任駐美大使。1942 年 10 月 9 日，美、英兩國政府同時通知中國駐美大使魏道明、駐英大使郭泰祺，表示願意立即廢除在中國領事裁判權及其他有關特權。中美、中英經過 3 個月的談判，就廢除不平等條約和改訂新約問題，達成協議。

意在國家最需要自己的任何地方恪盡職守、為國效命。但是，想到很快就要辭別重慶士氣高昂的抗戰氛圍，想到與眾多並肩戰鬥的朋友和同僚握手道別，我們不禁悲從中來，有種心如刀割的痛楚。

辭別山城重慶的日子很快就到了。1941 年 7 月，我們由重慶乘飛機飛往香港。飛機爬升到雲層裡，就在連綿的山巒即將消失在朦朧暮色中的那一刻，我們看見下面廣闊的耕地，微乎其微的生命點綴着這片風景。這是一些犁田耙地的農民，長年累月的耕作經驗，他們練就了一身好身手；他們按着自己的節拍不慌不忙地完成每天的勞作，一年四季默默耕耘，絲毫沒有受到周圍戰爭的喧囂和騷動干擾。

經過四年半艱苦卓絕的抗戰歲月，這些默默耕耘的農民，依然對自己腳下這塊土地抱有一腔飽滿的熱誠！

然而，這一幕場景裡面並沒有絲毫不協調的地方。這些農民的戰時生活狀況，折射出國人的人生哲學與抵抗精神。我們中華民族賴以生存的支柱，其實是建立在這些質樸無華的「小人物」的言行舉止之上的。他們對民主和自由秉持的信念，是構成中國願意與盟國共建共享一個美好新世界的最佳保證。這個新世界的宗旨是：人人享有正義、公平和安全，以及全人類的和平發展與共同進步。

在香港，我們登上「麥迪森總統號」（President Madison），準備取道美國前往法國。但是，我們抵達舊金山不久，獲悉日本與納粹聯盟的法國維希傀儡政權已簽訂「轉讓」條款，日本已經佔領法屬印度支那（french indo-china）。事態發展如此急遽嬗變，國際局勢曖昧難明，法國更是陷入一片混亂。這樣一來，我們認為比較穩妥的做法是暫時留在美國，等待重慶國民政府與法國政府進一步共同澄清情勢。

我這回再次與美國人民接觸，他們對中國人民表現出來的友好與同情感人心脾。人們紛紛前來為我們鼓勁打氣，自發地表達對中國的敬意，對中國人民在抗日戰場上的浴血奮鬥表示由衷的欽佩。美國人民不僅在言辭上鼓勵我們，他們還源源不斷地向設在美國各地的「華人戰爭物資組織部」（Chinese war relief organizations）提供各種捐贈，身體力行

中國駐美大使魏道明與蘇聯、英國駐美大使

1943年，中國駐美大使魏道明、鄭毓秀夫婦舉辦招待會。
招待會上，紐約州代表、美國外交關係協會主席的索·布魯斯正彎腰和
宋美齡交談。站在宋美齡身後，從左至右分別為中國駐美大使魏道明、
宋美齡的外甥孔令侃和鄭毓秀。

鄭毓秀（右一）、魏道明（右三）會見美國友人。

地支援中國的抗戰建國大業。眼前的事實令人銘感五內、不忘於懷，給我們留下深刻印象：在美利堅合眾國，我們中國人民有忠貞不渝的朋友。

　　我們目前的生活條件與過去的幾年相比截然不同。如今每天的日常用品富足充裕，而這些看似普普通通的日常生活用品，在國內則被視為了不起的「奢侈品」，令我內心悲不自勝、歉疚不安。我們周圍的每個人都理所當然地享受着這些東西，但是，我在美國住了幾個月之後，才不再盯着一小塊黃油垂涎欲滴，不再為看到吃剩殘留在盤子裡的食物而傷心難過。想起流離顛沛、缺衣少食的家鄉人仍在貧困和苦難中飽受煎熬，我迄今依舊無法在餐台前安然坐下。這種感覺並不局限於食物。在繁華的紐約大街上漫步，置身於和平世界一片熙熙攘攘的喧鬧聲裡，我彷彿還能隱約聽見呼救的回聲——那是陪都重慶空襲警報狂嘯聲中，父老百姓嘶聲裂肺般的呼救聲、哀號聲。

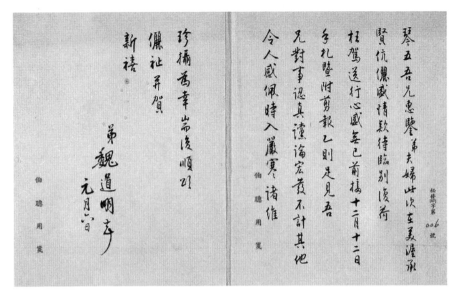

魏道明博士信函

　　但是，自從來到美國後，已經發生了「珍珠港事變」等很多重大事件。這些經歷逐漸緩解、衝淡了我內心的悲凄。「民主兵工廠」[①]（arsenal of democracy）這個曾經令人充滿希望的短語，如今已經變成了鋼鐵一般的事實。每次看見坦克、飛機從裝配線上卸下的新聞圖片，每次看見太平洋地區作戰地圖上的箭頭又向北移動了一英寸，我就會感到一陣狂喜。在我看來，美國的那些農場主和卡特爾、辛迪加、托拉斯、康采恩，或者說美國人民與全世界愛好自由、和平的人民，已經從心裡找到了徹底打敗法西斯「軸心國」極權世界的利器。

　　我們中國人民現在並非背水一戰、孤軍苦鬥。全世界所有熱愛自由的人們全部加入了我們的陣營，為一個共同的事業浴血奮戰。人們對這場戰爭的最終結局確信無疑。正義的力量最終必將戰勝野蠻與殘暴。

---

① 「民主兵工廠」這個詞源自 1940 年 12 月美國總統羅斯福發表的電台演說，表示美國不會直接參與戰事，但會通過提供軍事援助，幫助英國攻打納粹德軍。直到 1941 年日本偷襲珍珠港，導致美國正式對日本開戰。

　　縱觀這場人類歷史上最偉大的戰爭，我意識到自己從少女時代起就一直苦苦追求的目標，充其量只不過是目前千百萬優秀男女為爭取光明、自由與和平而進行的這場偉大鬥爭中的一個極其微小的部分。從前我只是孤軍奮戰罷了，而今我與眾人渾然一體、休戚與共。信念，從未如此堅定。

附錄

鄭毓秀博士印象
——《來自中國的少女》「前言」

【法】B·凡·沃斯特

劉中國　柳江南　譯

　　1925 年 7 月，首位中國少女鄭毓秀（Soumay Tcheng）通過巴黎大學論文答辯，獲得法學博士學位。這是一個具有歷史意義的時刻，標誌着一位東方女性以平等身份成功登上了西方學術舞台。

　　為了紀念這一重大事件，法學院院長預定了巴黎大學最大的禮堂 —— 禮堂空闊寬敞，四壁飾以壁毯，闃無人語，三位身着紅色貂皮滾邊長袍的主考官在巨大的答辯案台前一一落座。鄭毓秀坐在主考官對面 —— 她看起來顯得多麼嬌小啊 —— 穿着一襲仿照上海最時尚款式裁剪的淡藍色雙縐旗袍，她的臉頰、嘴唇擦了一層薄薄的胭脂，一雙畫了眼線的黑眼睛炯炯有神。當然，鄭毓秀剪了齊耳短髮，她的髮型看起來與自己的西洋姊妹別無二致。

　　通過巴黎大學的考試，獲得法學博士學位，所有這些都是了不起的驕人成績。但是，鄭毓秀更引人矚目的是其個性特徵，與其說她具備了何種專業學識，還不如說她是一位怎樣的東方女性。她的性格顯示出一種罕見其匹的健全智力、強大的意志力和敏銳洞察力的有機組合。

　　鄭毓秀出生於廣州府新安縣自己祖上營造的府邸，這是一個古老的官宦之家。她突破了束縛近代中國女性生存狀態的半奴隸制藩籬，逐步解放了自己，直到獲得目前完全自由、獨立。作為一個稚童，她 5 歲時拒絕了

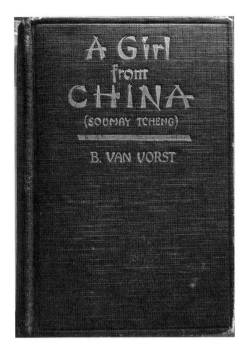

譯者收藏的鄭毓秀英文自述《來自中
國的少女》（*A Girl From China*）。該
書 1926 年在紐約出版。

裏腳布；作為一個 14 歲的女孩，她拒絕嫁給依「父母之命、媒妁之言」訂
下婚約的陌生男子；作為一個 16 歲的花季少女，她信守誓言，冒着生命危
險偷運炸彈，投身於清末興起的革命運動，急欲把宗廟傾頹、錦緞腐朽的封
建帝制中國，改造成一個反抗西方列強武力干涉、經濟侵略，但卻對歐美工
業文明滿懷最高憧憬的民主共和國。

　　在過去的十年裡（1914—1925），鄭毓秀一直是巴黎中國留學生（留法
勤工儉學生）的精神領袖。她位於巴黎拉丁區的寓所成了一個備受青睞的沙
龍，經常光顧這裡的既有地位卑微的「一戰」華工、求學歐洲的中國女性，
也有赴巴黎觀光訪問的中國最傑出的政治家、學問家和外交官。

　　鄭毓秀恪守孔夫子制訂的金科玉律，並通過自己的實踐證明：倘若缺
乏春風化雨般的人文情懷和溫文爾雅的感召力，人類的智慧和意志力是不
完整的，勢必難以凝聚成推動社會進步的合力。鄭毓秀的心靈和她的思想
一樣深邃、開放，如同她的意志一樣剛毅、堅貞。毋庸置疑，一個民族的偉

大完全取決於它的女性；但是迄今為止，無論是甚麼因素扼制了中國女子教育的發展與進步，作為一個榜樣，鄭毓秀像燈塔一樣照亮了中國女性未來的道路。

鄭毓秀即將於（1925 年）11 月份歸國。她會從事法律工作嗎？目前尚未確定。儘管北洋政府已經為她提供了一個司法工作職位，而她卻希望能夠進入國會效力，組建一個女子政黨，籌建一家女子銀行，等等。與此同時，她將繼續和中國年輕的政治家們密切合作，耐心、堅定地喚起中華民族的團結意識，用鮮活的現代精神激活一個古老民族身上固有的潛能。

說明：B・凡・沃斯特，法國作家、學者，著有《法國通俗史》（*A Popular History of France*）等。這是他 1925 年為鄭毓秀英文自述《來自中國的少女》（*A Girl From China*）寫的前言。該書 1926 年在紐約出版。標題為譯者所擬。

激活國民新精神

——《來自中國的少女》「尾聲」

鄭毓秀

劉中國　柳江南　譯

在講述完我的童年時期與少女時代的故事之前，我還想談談美國短期觀光得到的種種印象。

1919 年秋天，我求學法國期間最後一次回家探親，正好繞道美國歸國。剛剛踐足紐約，我的心中似乎就燃起了新的希望。我雖然以前從未到過這個國家，在這裡也舉目無親，但卻感到這塊土地充滿友善。與這個偉大的民族的接觸，即使是這種膚淺的初次接觸，依然感到興奮不已。美國人對於「權利」、「公平」的尊崇與熱愛，使他們不僅想到自己的國家，而且想到整個人類。於是，我馬上從報紙上的文章中得知，他們很快就對中國在「巴黎和會」上的窘迫處境瞭若指掌，並寄予同情。他們的言行舉止感動了我，安慰了我，讓我有種賓至如歸的安全感。

眼前看到的一切都令我震撼不已，我該怎麼說呢？鱗次櫛比的高樓大廈，熱鬧喧騰的工廠，懸空的高架道路，哈德遜河下面的管道，以及橫跨河面的臥波長橋……無論在美國人的家裡，還是隨便在甚麼地方，我遇到的每個人都充滿活力，大家同樣忙於各自的工作，但即使是對像我這樣的陌生人 —— 一個來自中國的女孩 —— 人們同樣彬彬有禮。我簡直覺得眼花繚亂、天旋地轉，這是一個多麼神奇美妙的國家呀，我以前從未到過一個這樣奇妙的國度。

到達紐約的第一個晚上，當我從酒店的窗視窗俯瞰令人驚歎的「百老匯」，以及它閃爍的美麗光焰 —— 電氣化時代之光 —— 我迄今牢記那難忘的一天裡所看到的一切。這就是人類的進步。如今我終於親眼目睹了這種進步。

當我穿過西海岸來到東海岸，隨着各種見聞的不斷增加，我對美國的了解與尊崇也在與日俱增。

我們呼籲你，美利堅合眾國，我們希望你幫助我們的國家。

我們呼籲你，美國的科學家，你們已經用聰明才智建設了一個偉大國家，我們期望你投身我們新生共和國的建設。你們走在科技的最前沿，你們掌握了令人豔羨的技術，你們將向我們展示如何工作、如何征服 —— 不是去征服那些不屬於自己的疆土，而是傳遞征服大自然的理念，讓所有人共享科學發明成果。你們良好的科學精神激勵人們向所有這些目標挺進。

我們呼籲你，美國的企業家，你們是美國社會的中堅力量。你們已經向世人證明了一個罕見的事實 —— 一個百萬富翁可能同時也是個理想主義者。你們已經證明了金錢的價值在於為別人提供服務。

我們呼籲你，美國偉大的金融家和製造商，我們呼籲你們推動中國的發展與進步，向我們展示如何賺錢、怎樣消費，正如你們為了人類持久的福祉所做的那樣。

我們呼籲你，美利堅合眾國的姊妹們，你們堪當我們的楷模！你們的鼓勵宛若陽光，照亮我們前行的道路。我們不僅希望能夠成為像你們一樣的自由女性，也期望自己的姊妹們成為「新世界」的公民。

最後，我想談談中國目前的局勢，以及洞悉這種混亂局面必須牢記的若干問題。

幾乎所有的異邦人士都會提出一個同樣的問題：「中國最近究竟發生了甚麼事情？」最常見的答案通常是：「布爾什維克主義（Bolshevism）。」但就目前而言，儘管設在莫斯科的「共產國際」組織正試圖與所有國家不同的反對勢力結盟，但不管怎樣說，「共產國際」的舉措既無法以任何方式解釋，也難以對中國目前發生的事情負起絲毫責任。促使今日中國變局潮湧、波

譎雲詭的力量，實則來自其自身純粹的民族精神之覺醒。

我們中國是個農業大國，國民基本上由農業人口組成。每戶農家擁有一小塊自己的土地，不僅缺乏傑出的鄉村領袖，而且一般來講財富的分配比其他國家也要平均得多。這樣一來，由於土地是所有財富的基礎，或者更恰當一些說，因為缺乏實力雄厚的大資本家，中國工業尚未步入現代化軌道，典型的「大公司」並不存在「勞資衝突」之類問題，無法為「布爾什維克主義」提供趁虛而入的機會；兼之民國創建後輕徭薄賦，平民百姓對共和政體感到滿意。

但是，近十餘年來，中國人民一直在提出自己的訴求；倘若世界各國希望保持遠東地區的和平，必須正視這一訴求。

其根本原因在於，現代中國決心徹底修訂鴉片戰爭之後半個多世紀以來簽訂的一系列陳舊的「不平等條約」，重新確立其在國際關係中的地位與權力。中國目前已經是個年輕的共和國，依然受到清政府統治期間締結的條約之約束。他們痛感所有在華的外國人都高人一等，享有所謂「治外法權」，逃避他們應該承擔的責任。

正是對修訂清政府時代被迫簽訂的「不平等條約」滿懷希望，中國參加了第一次世界大戰，號召國民拿起武器，加入「協約國」的陣營；中國參加「一戰」，意味着真正的民主和各國人民自決的勝利。

1919 年列強舉行「巴黎和會」期間，中國代表團提出了自己的要求，其要點包括修訂「不平等條約」、關稅自主權，以及確立「治外法權」原則。

中國代表團在巴黎和會上提出的要求，一個也沒有實現！但是，為了保持國家主權完整起見，中國代表提出收回山東主權，退一步說，如果有必要，中國可以放棄在山東的經濟利益。

那麼，何為「山東問題」？

山東不僅是中國最繁榮和交通最便利的省份之一，它也是孔夫子出生的地方，被我們中國人視為「聖地」。

由於中國的合法權益明顯受到不公正對待，1919 年 6 月 28 日，中國代表團拒赴凡爾賽宮會場，拒絕簽署《凡爾賽和約》（*Peace Treaty*）。

　　1921 年，列強在華盛頓召開了一次國際會議，其宗旨是要解決《凡爾賽和約》「遺留問題」。中國代表團在會議上再次提出自己的訴求。中國人民 —— 軍方、政府、工人以及年輕學生聯合起來，一次次舉行遊行示威，聲援中國代表團在華盛頓會議上的每一個努力，要求公正解決《凡爾賽和約》「遺留問題」，其結果是幾個月後，一個溫和、折中的條約在華盛頓會議上得以簽訂。與此同時，一個研究中國「治外法權」問題的國際委員會獲准任命。這一切都發生在將近四年前。1926 年，法國眾議院（the French Chamber of Deputies）首次投票贊成批准《華盛頓公約》（*Washington Treaty*）生效。

　　因此，列強濫用「治外法權」的行為延續至今，中國人民的憤懣日益加劇。所有這些，並非全部是「布爾什維克主義」煽動的結果。的確，上海最近發生了日本資本家殘暴殺害幾位中國工人的血案 ①，中國的某些政治家卻視之為偶發事件，可以毫不費力地操控事態走向。

　　那麼，我們中國人民為何對列強拒絕修訂「不平等條約」再也無法容忍？因為，列強對條約款項的片面解讀及其彈性原則的濫用，已經造成了這樣的弊端：居住在上海租界的外國人大規模越界築路，遠遠超出條約規定的範疇，而他們宣稱對這些道路和附近的土地擁有管轄權。根據條約的有關條款規定，上海公共租界設立的「混合法庭」屬於中國法院管轄，由一位中國法官擔任主審，管理中國的法律事務，外國給予中國法律輔助；倘若有外國人捲入案件，則由外國陪審員列席審判。但是，自從 1912 年中華民國成立以來，「混合法庭」實際上已淪為一個未經條約批准的外國法院。中國政府曾經多次提出恢復以前的狀態，得到的唯一答覆卻是進一步擴大租界範

---

① 1925 年 5 月 14 日，上海日本紗廠工人為抗議日本資方無理開除工人再度罷工，日本資本家開槍打死工人顧正紅，打傷 10 餘名工人，激起上海工人、學生和市民的強烈憤怒。5 月 30 日，上海學生兩千餘人在租界內散發傳單，發表演說，抗議日本紗廠資本家鎮壓工人大罷工、打死工人顧正紅，聲援罷工工人，並號召收回租界，被英國巡捕逮捕一百餘人。下午萬餘群眾聚集在英租界南京路老閘巡捕房門首，要求釋放被捕學生，高呼「打倒帝國主義」等口號。英國巡捕竟開槍射擊，當場打死十三人，重傷數十人，逮捕一百五十餘人，造成震驚中外的「五卅慘案」。

圍。其次，西洋傳教士有權「在中國內地購買、擁有物業」，是由插入外國文本裡的一個條款規定的，而在規範的中文條約文本中並不存在這一條款。由於對「治外法權」的曲解與濫用，外籍人士在華經商可以豁免稅賦，等等。

只有那些對自己的權利愚昧無知的人，才會繼續接受這些條件。尤其值得注意的是，由於中國的政權性質目前已經徹底改變，如無其他特殊原因，清政府此前被迫簽訂的一系列「不平等條約」，應視為業已失效。

但是，我們中國人民現在對於自己的權利充滿了渴望。在過去的十年裡，他們深入研究過民族問題，他們如此熱愛自己的國家，一星半點兒火星，就會煽起一場愛國主義的沖天烈焰。

中國人民目前在國家事務中擁有發言權，四萬萬中國人迫切希望修訂在國際關係中被強加的「不平等條約」，正如他們決心推翻壓迫自己的封建王朝一樣意志堅決。他們要求修訂「不平等條約」，其目的並非損害外國人的在華利益，而是希望外國人與中國人平等相處，他們希望在華外國僑民能夠找到符合雙方共同利益的合作方式，分擔中國的責任、理解新中國的目標和理想。

毫無疑問，倘若列強國家能夠早日領會和欣賞這種被激活的國民新精神，那麼，那些居留在華的外國僑民的命運就會越來越好，世界和平的美好願望也將會很快實現。

金閨國士知多少，寂寞魚龍江海秋

　　中國駐美大使魏道明的夫人鄭毓秀（Soumay Tcheng, Madame Wei Tao-Ming），1943 年撰寫出版英文自傳，堪稱我國近代外交史上開天闢地第一人。在中華民族面臨生死存亡的抗戰年代，歐洲同樣遭到法西斯鐵蹄蹂躪，鄭毓秀這位民國奇女子對歐美人士講述「中國故事」，揭露侵華日軍暴行，謳歌全國軍民抗戰，呼籲盟國友好人士與旅美華僑支持祖國抗戰建國大業，敦促美國廢除對華不平等條約，取消 1882 年 5 月 6 日簽署的《排華法案》。她說，在艱苦卓絕的抗戰歲月，「愛國主義不再是一種美德，而是一種須臾不可或缺的必需品。」

　　「盧溝橋事件」爆發後，在華外籍人士大多認為它只是近年來司空見慣的一場「偶發」事件，鄭毓秀卻認定這是日本大舉侵華的開始，她對持猶疑觀望態度的外籍人士大聲呼籲：「倘若中國遭到日本大舉入侵，毫無疑問，全世界必將遭到軍靴踐踏，美國同樣無法獨善其身。任何一個國家都難以逃脫這場災難。倘若世界大國不及時採取積極措施，果斷遏制日本的侵華行徑，星星之火可成燎原之勢，戰火最終勢必蔓延全球。」事實證明，太平洋戰爭爆發後，美、英迫切需要中國的支持。中國的抗戰改變了自鴉片戰爭以來屢遭欺凌的軟弱形象，不僅贏得了世界反法西斯各國的尊敬，也贏得了自己應有的國際地位。1942 年 1 月，中國與英、美、蘇領銜簽署了《聯合國家共同宣言》，標誌着國際反法西斯聯盟正式形成。與此同時，清末延續至今的列強在華領事裁判權及其他特權，顯然和戰時

的國際關係格格不入，從法理上而言完全失去了存在的基礎。美國政府憚於中國朝野的強烈要求、外交攻勢與國內輿論壓力，經與英國磋商，兩國決定同時宣佈放棄在華特權、另訂平等新約，「以增強中國對日作戰的效能」。

1942 年 10 月 9 日，美國副國務卿韋爾斯在華府約見中國駐美大使魏道明，宣讀美國取消在華領事裁判權及有關特權的文告，並透露美英兩國將於 10 月 10 日同時公佈這份文告。蔣介石接電後當即指示外交部長宋子文、駐美大使魏道明等：「美國表示自動取消不平等條約，願與我訂立新約，殊為欣慰。並望為我政府與人民致謝羅（斯福）總統。又領事裁判權以外，尚有其他同樣之特權，如租界及駐兵與內河航行、關稅協定等權，應務望同時取消，才得名實相符也」。10 月 10 日，美國政府為紀念中華民國第三十一個「雙十節」，盛邀中國駐美大使夫人鄭毓秀蒞臨賓夕法尼亞州的費城獨立廳，「扣鳴其美國獨立象征的自由鐘三十一響，實為空前未有之事，宜其人！宜其人！」（《徐永昌回憶錄·記鄭毓秀》），最高法院院長陶格拉斯在獨立廳發表賀詞。同日下午，世界反法西斯軍事同盟中國戰區最高統帥蔣介石在「陪都」重慶「精神堡壘」廣場舉行的慶祝「雙十節」大會上，鄭重宣佈美、英兩國政府將放棄一切在華特權，重新商訂平等新約這個重磅消息，蔣介石聲明：「我國百年來所受各國不平等條約的束縛，至此已可根本解除。國父廢除不平等條約的遺囑亦完全實現。我全國同胞從今日起，應格外奮勉，自立自強，人人要做一個真正獨立自由的國民，始能建立一個真正獨立自由的國家，以期無愧為同盟國之一員。」此外，蔣介石還在當天日記中就「廢約」一事不無得意地寫下一筆：「接獲美、英自動放棄治外法權之通告，此為總理（國父）革命以來畢生奮鬥最大之目的，而今竟得由我親手達成。心中快慰，實為平生唯一之幸事。」

早在學生時代，鄭毓秀就素有「女外交家」之雅譽。1914 年，鑒於孫中山先生發動的「二次革命」以失敗告終，國內政局瞬息萬變、險象迭生，鄭毓秀離開故土、負笈歐洲，覓求新學新知，卻迎頭趕上了第一次世界大戰。「一戰」期間，她熱心從事國民外交，在我國駐法公使胡惟德支持下，

聯合留歐學生呼籲祖國參加「協約國」陣營，並在 1917 年 7 月巴黎舉行的一次聲勢浩大的群眾集會上發表演講，向來自各界的聽眾闡釋中國加入「協約國」的重要意義。眾所周知，鄭毓秀在「弱國無外交」的「巴黎和會」上力爭山東權益，「玫瑰手槍」事件成了人們迄今喜聞樂道的一闋金閨國士「巴黎傳奇」。1920 年，鄭毓秀法文自述《童稚歲月與革命之回憶》(*Souvenirs d'enfance et de révolution*) 在巴黎出版，據說此書印數極少，世所罕覯。2019 年夏日，我們參訪位於波士頓市沃爾瑟姆鎮的布蘭迪斯大學、位於埃姆斯特鎮的艾米莉‧狄金森故居博物館，以及中國近代林業科學先驅凌道揚博士 (深圳布吉人，香港中文大學創始人之一) 的母校麻省大學等地。此後不久，我們居然購到一冊《童稚歲月與革命之回憶》(初版本，編號 17)，此書果然只印了 50 本，而且是一冊彌足珍貴的特種紙百年毛邊本；更為蹊蹺的是，圖書扉頁上鈐有一枚波士頓法國圖書館藏書印 (FRENCH LIBRARY IN BOSTON INC.) —— 此書當屬該館舊藏無疑。法國學者、作家 B‧凡‧沃斯特 (B. VAN VORST) 在該書「前言」中寫道：「本書作者鄭毓秀乃當代中國之美麗象徵之一……其英勇無匹的人生經歷，恰好折射出近代中國所發生的異乎尋常的深刻變革。」

在中國近代留學教育史上，推動女子赴法勤工儉學、「輸世界文明於國內」第一人，當屬鄭毓秀女士無疑。據《旅歐周刊》(1919 年 11 月 22 日) 刊登的《鄭毓秀女士赴美》記載：「華僑協社社員、女子儉學會幹事鄭毓秀女士這次來法，對於我國在法之外交及教育上盡力極多。近又因協社的事務及女子儉學竭力擴張，決計取道美洲回國一行。女士已於七日離法云。」另據鄭毓秀《來自中國的少女》第四十九章「我身後站着二萬萬同胞姊妹」記述，她歸國的一年間，「走遍了全國大半省份，敦促為人父母者鼓勵女兒出國留學，讓她們能夠在大學裡繼續學習西方先進的科技知識」。這批赴法勤工儉學女學生裡面，就有中共早期黨員劉清揚、張若茗等。但是，「一戰」結束後的歐洲經濟蕭條、工廠倒閉，失業潮席捲法國，勤工儉學生難覓生計，十之八九面臨「絕糧、絕學之恐慌」，鄭毓秀見狀四處募捐告貸，以解勤工儉學生倒懸之苦狀。千金小姐鄭毓秀甘為同胞姊妹當起了「托鉢僧」

（向警予語），「捐款較多者，為美國人士，次則法外交部，捐三萬方。至吾中國僅顧維鈞公使夫人，慨捐萬方，駐法陳使夫人捐二千方」，涸轍之鮒，偶得沾溉，尊稱與自己年齡相仿佛的鄭毓秀為「先生」。另外，鄭毓秀留法期間與勤工儉學生周恩來、蔡和森、蔡暢、向警予、鄧希賢（鄧小平）等多有往來、關係密切。1921 年 5 月周恩來在天津《益世報》連載長篇通訊《留法勤工儉學生之大波瀾》，對她資助生計困難的勤工儉學生之義舉多有稱道。眾所周知，這批勤工儉學生的英名早已星斗般綴滿 20 世紀中國的天幕。

1925 年 7 月，鄭毓秀以優異成績榮獲巴黎大學法學博士學位；次年，紐約弗雷德里克 A．斯托克斯公司（FREDERICK A. STOKES COMPANY）出版其英文自述《來自中國的少女》（*A Girl From China*），序作者 B．凡．沃斯特說：「在過去的十年裡（1914—1925），鄭毓秀一直是巴黎中國留學生（留法勤工儉學生）的精神領袖。她位於巴黎拉丁區的寓所成了一個備受青睞的沙龍，經常光顧這裡的既有地位卑微的『一戰』華工、求學歐洲的中國女性，也有赴巴黎觀光訪問的中國最傑出的政治家、學問家和外交官。」「鄭毓秀恪守孔夫子制訂的金科玉律，並通過自己的實踐證明：倘若缺乏春風化雨般的人文情懷和溫文爾雅的感召力，人類的智慧和意志力是不完整的，勢必難以凝聚成推動社會進步的合力。鄭毓秀的心靈和她的思想一樣深邃、開放，如同她的意志一樣剛毅、堅貞。」沃斯特指出：一個民族的偉大完全取決於它的女性；但是迄今為止，無論是甚麼因素扼制了中國女子教育的發展與進步，作為一個榜樣，鄭毓秀像燈塔一樣照亮了中國女性未來的道路。我們購置的這冊《來自中國的少女》係初版本，書上貼有一張艾蓓．格林利夫圖書館（The Abbie Greenleaf Library）的「藏書票」。

天性活潑的鄭毓秀在社交場上左右逢源，具有耶魯大學法學博士、超級暢銷書作家丹尼爾．品克（Daniel H. Pink）提出的那種「交響力」（Symphony，也稱作交響思維），善於發現看似無關領域之間存有某種內在關聯，將別人認為無法匹配的因素組合起來，觸類旁通、舉一反三，提出某種新觀點、新學說。她自述留法期間「成立了一個小型的跨國社團組織，

社團成員包括美國人、英國人和法國人」，並與同樣具有社交天賦的留法同學魏道明保持着「柏拉圖式友誼」。法國學者、作家 B·凡·沃斯特著有《法國通俗史》，或許是這個小社團組織的成員之一。他曾經大膽地預言：「鄭毓秀（學成歸國後）將會繼續和中國年輕的政治家密切合作，耐心、堅定地喚起中華民族的團結意識，用鮮活的現代精神激活一個古老民族身上固有的潛能。」鄭毓秀歸國後從事的外交活動之一就是，1928 年被南京國民政府委派為「考察歐美政治及駐歐美代表」（「官方特使」），重返法國開展國民外交，推動中法兩國友好邦交，揭露日本制造的「濟南五三慘案」。為此，法國政府 1928 年 9 月 10 日授予鄭毓秀「法國榮譽軍團騎士勳章」，時人稱道「中國女子獲此法國勳章者，鄭氏為第一人」（She is the first Chinese woman who has been given this distinguished French decoration）。於是，鄭毓秀「中國第一女外交家」的雅號不脛而走。

1941 年 5 月 13 日，重慶國民政府任命魏道明為駐法大使（接替顧維鈞博士），鄭毓秀以大使夫人身份偕夫君同行；次年，魏道明轉任駐美大使（接替胡適博士），鄭毓秀襄助夫君開展戰時外交，並與美國第一夫人埃莉諾·羅斯福分別擔任「美國援華救濟聯合會」（United China Relief，該會 1942 年在重慶設立駐華辦事處，接受中國各方面有關救濟事宜的申請和初審）中美雙方名譽主席。魏道明晚年寫作的《使美回憶錄》中有言：「我從事社交活動，我願在此處對我的亡妻所作非凡的貢獻加以頌揚。對我說來這是很幸運的，她的個性極端外向，喜歡和人們在一起。她的生活樂趣幾乎快要沸騰。她宅心寬厚，不究人之短。她的人生哲學是要別人快樂——人飢己飢，人樂己樂。她有一種戰鬥精神，不怕任何艱險。她作任何事情都是竭力以赴。她知道在戰時的華府，為她自己及為中國結交的朋友愈多，愈對中國的前途有利。在事情發展到最盛時，她似乎加倍努力從事各種形式的活動。她作每件事，都付以極大的熱心，顯然從中得到不少樂趣。」

將士們在疆場上披堅執銳、摧鋒陷陣，外交官在談判桌上運策帷幄、折沖樽俎。因此，我們不妨猜想，就是在位於華盛頓哥倫比亞特區的中國駐美

大使官邸「雙橡園」(Twin Oaks)，鄭毓秀縱橫捭闔、日無暇晷之餘，完成了這部擲地有聲、震撼人心的英文自傳 MY REVOLUTIONARY YEARS: THE AUTOBIOGRAPHY OF MADAME WEI TAO-MING, WIFE OF THE CHINESE AMBASSADOR TO THE UNITED STATES（中文直譯作《我的革命歲月 —— 中國駐美大使魏道明夫人自傳》，中和繁體中文版譯為《玫瑰與革命 —— 民國奇女子鄭毓秀自傳》），1943 年由紐約 CHARLES SCRIBN'S SONS 出版公司出版。當然，與此前付梓的兩部自傳性質的著述相比，本書更側重於以親歷者的身份對歐美讀者介紹中華民族偉大的抗日戰爭，揭露侵華日軍犯下的種種慘絕人寰的暴行，警醒同盟國增強對華軍事援助、經濟援助力度，並且一再聲言：「我們中華民族賴以生存的支柱，其實是建立在這些質樸無華的『小人物』的言行舉止之上的。他們對民主和自由秉持的信念，是構成中國願意與盟國共建共享一個美好新世界的最佳保證。這個新世界的宗旨是：人人享有正義、公平和安全，以及全人類的和平發展與共同進步。」鄭毓秀堅信：「我們中國人民現在並非背水一戰、孤軍苦鬥。全世界所有熱愛自由的人們全部加入了我們的陣營，為一個共同的事業浴血奮戰。人們對這場戰爭的最終結局確信無疑。正義的力量最終必將戰勝野蠻與殘暴。」原版書封底與書封前後摺頁處，有出版者 1943 年寫下的一段概述性文字。現迻譯如下：

　　中國駐美大使魏道明夫人鄭毓秀的這部自傳，既是一位傑出女性的人生傳奇，也是中國從一個被傳統束縛的國度發展成為今日進步國家的經典故事。

　　鄭毓秀出生於一個因循守舊的官宦之家，成長於慈禧太后的腐敗政權面臨土崩瓦解之際。中國當日騷動的革命浪潮與鄭毓秀在家庭中的忤逆反叛舉動遙相呼應，父母對其離經叛道之舉時常深感不安，儘管家庭關係如此緊張，而在事實上，他們卻鼓勵激發女兒實現自己的夢想與抱負，其做法遠遠超過了任何一個中國傳統家庭允許的底線。

就鄭毓秀與「同盟會」的關係而言，她先是作為一個往返京津兩地偷運炸藥炸彈、密謀暗殺清廷重臣的俠女引人矚目，後來作為一個民國初年的留法教育倡導者和政治領袖人物受人尊崇。隨着辛亥革命大功告成，一個新的國家政權業已建立，所謂「流浪漢式」（picaresque）的暴力革命、暗殺之舉逐漸退出了歷史舞台，這既是「同盟會」的發展歷程，也是鄭毓秀自身成長的故事。

1914 年，鑒於中國政局動蕩不安，鄭毓秀逃離故國、遠赴法蘭西深造，似乎不失為一種明智之舉，但她很快就發現自己置身於第一次世界大戰的硝煙炮火之中。「協約國」集團即將在「巴黎和會」上簽訂《凡爾賽條約》之際，鄭毓秀是少數幾個看到該條約內容嚴重損害中國權益的人物之一。事實上，正是由於鄭毓秀博士藏在袖管裡的那支「玫瑰手槍」，及其留法同學齊齊動員、遊行示威，出席「巴黎和會」的中國代表團才終於拒簽這份喪權辱國的不平等條約。

1925 年，鄭毓秀獲得巴黎大學法學博士學位。她學成歸國後開啟了自己的人生新階段，並在眾多領域開創了「第一」：第一個成為律師的中國女性；第一位在上海法租界「混合法庭」執業的中國女律師；第一位中國女法官；她也是第一位擔任法學院院長的華人女性。

鄭毓秀博士的自傳是一部充滿戲劇性的人生傳奇。她講述的故事既詼諧風趣，又充滿了時代悲劇感，本書高潮迭起、峰迴路轉之處，乃是對抗戰爆發後日本侵略者針對重慶實施長達數年之久的戰略轟炸之實錄；重慶大轟炸這場「意志的較量」業已證明，日本侵略者根本無法摧毀新中國的抗戰建國精神。

說來也巧，譯者藏有一冊鄭毓秀 1943 年 10 月 18 日簽贈《華盛頓郵報》國外新聞主管編輯巴尼特·諾佛（Barnet Nover）的 *MY REVOLUTION-ARY YEARS*，記得鄭博士「娘家人」寶言先生捧起書冊，反復端詳鄭毓秀的

手澤，默然良久説：「鄭毓秀的簽名遒勁雄渾、飄逸靈動，果然是字如其人、人亦如字！」譯者還藏有一冊貼有伊莎貝拉·丘吉爾私人藏書票的鄭毓秀原著，這枚藏書票上寫着：「我樂意與友人分享自己的藏書，一如我分享朋友的珍藏，只祈願你善待典冊，護送它們安抵家門。」

此外，譯者還藏有鄭毓秀侄孫女、瑞士華裔學者吳鄭艾敏（Amy Hans Boller）女士的一冊簽贈本，吳鄭艾敏在簽名下面特別註明：「魏（道明）鄭（毓秀）之侄孫女贈」。書裡夾有一頁伍鵬飛先生的短箋，告知其撰寫的《憶先賢，我們可以做甚麼》已經刊登於 2011 年 9 月 14 日《人民日報·海外版》（第三版），並附有一紙打印稿。吳鄭艾敏在該文中寫道：「在紀念辛亥革命百年時，我們深切緬懷那些曾經為中國強盛奮鬥的志士仁人。我的姑婆鄭毓秀（我母親的二姑）正是這樣一位。鄭毓秀幼年時代受其母親的影響，以中國古代女傑花木蘭為典範，立志要為祖國富強，為中華婦女的自由平等尊嚴而奮鬥。」「我姑婆經歷了中國戰火紛飛的年代，對內要推翻封建腐朽的清王朝，對外則要趕走裝備精良的日本侵略者。她直接參與了立新法，培育法律人才，發展教育事業，特別是爭取婦女權益的活動。作為鄭毓秀的後人，我深深地為她那種堅忍不拔，為振興民族、富強國家獻身的精神所鼓舞和激勵。」

鄭毓秀豆蔻年華就意識到自己生當「過渡時代」。她説：「我覺得在這個承上啟下的『過渡時代』，有一個特殊的角色等着自己扮演，接受適當的教育則可以為我未來的工作奠定基礎。現代世界正在以其無法抗拒的力量吸引着我，沒有甚麼東西能夠阻止我實現自己的目標。」她一生經歷峰迴路轉、跌宕起伏，在歷史的夾縫裡飄風急雨般走完了充滿傳奇的人生路，誠如寶言先生所説：「清季民國，世界政治局勢風雲變幻，國內社會思潮洶湧澎湃。無論是在 20 世紀前半葉的國際政治大舞台上，還是在中國近代革命史、中華民族抗戰史、中國女權運動史、留法勤工儉學史以及民國外交史、法制史、教育史等諸多領域，鄭毓秀博士巾幗不讓鬚眉，均有一番開創歷史的壯舉、名垂青史的建樹。」奈何由於時光老人的「惡作劇」，一代巾幗及其「功德言」逐漸沉入冥河忘川；要之，無非是供人茶餘飯後閒談的「民

國第一女刺客」而已。「金閨國士知多少,寂寞魚龍江海秋。人間冷落好匕首,心肝爭向路人嘔!」(高天梅《自題花前說劍圖》)然而,就某種意義上來說,鄭毓秀卻通過畢生孜孜矻矻的求索與勞績,獲得了馬克·吐溫稱許的那種「潛入深處的名望」,正如《馬克·吐溫自傳》所言:「一個人也許很有名望,但限於表面,後來便失掉了名望,被人們所憐憫,所輕視,然後被忘掉,徹底忘掉——表面的名望往往走的是這條路。不過,講到潛入深處的名望,那就是另一回事了——那是潛入深水的。一旦受歡迎,便永遠受歡迎:一旦被熱愛,便永遠被熱愛;一旦受尊敬,便永遠受尊敬,受推崇,受信賴。因為,不論評論家說些甚麼,永遠不會傳到那平靜的深處:報紙上嘲笑的議論,以及在上面吹起的詆毀之風,也到不了那裡。在下面,這些事他們從沒有聽到過。浮在上面,他們的偶像可能是泥巴做的,上面塗了顏色,然後褪了色,剝落了,弄碎了,颳跑了,因為那裡風雲變幻。可是在下面深處,他還是黃金一般,堅硬無比,摧毀不了。」

本書在翻譯過程中得到了廣東省文藝批評家協會榮譽主席黃樹森編審,旅美作家、耶魯大學東亞系中文部原負責人蘇煒先生,中山大學中文系榮休教授黃天驥、金欽俊、易新農先生,《光明日報》副總編、「光明網」總裁陸先高先生,鳳凰衛視美洲台副台長曾世平女士,廣東出版集團原副總經理金炳亮先生,廣東人民出版社副總編輯倪臘松、黃少剛先生,廣東經濟出版社榮休編審溫鍵鍵女士,以及鄭毓秀眾多「娘家人」的鼎力襄助,尤其要感謝寶言先生賜序勖勉。

香港中和出版有限公司原總經理陳翠玲女士近年精心策劃出版「20 世紀中國」大型叢書,她願意將拙譯納入其中,面向海外發行,我們為一代金閨國士舉手加額。我們藉此機會修訂譯稿、改正訛誤,讓鄭毓秀重新走進海外讀者的視野。陳翠玲女士與本書責編許瓊英女士等人為本書的出版付出了大量心血,我們在此謹致謝忱和最崇高的敬意。

「雲山蒼蒼,江水泱泱;先生之風,山高水長」。1959 年 12 月 16 日,鄭毓秀博士病逝於美國洛杉磯,埋骨花旗邦;而在她的故里深圳寶安區,「鄭氏祠堂」、「綺雲書室」得到修繕,據寶言先生透露,「鄭毓秀紀念館」目

前正在規劃建設之中。倘若我們的這份迻譯、研究工作能夠為呼之欲出的「鄭毓秀紀念館」增磚添瓦，踴躍再三，何幸之有？我們深知學殖荒落，殷切期待專家學者與廣大讀者批評指正。

柳江南

2020 年 12 月 11 日初稿

2021 年 8 月 18 日修訂

責任編輯	許瓊英
書籍設計	彭若東
排　版	周　榮
印　務	馮政光

書　名	玫瑰與革命——民國奇女子鄭毓秀自傳
叢書名	20世紀中國
作　者	鄭毓秀
譯　者	劉中國　柳江南
出　版	香港中和出版有限公司 Hong Kong Open Page Publishing Co., Ltd. 香港北角英皇道499號北角工業大廈18樓 http://www.hkopenpage.com http://www.facebook.com/hkopenpage http://weibo.com/hkopenpage Email: info@hkopenpage.com
香港發行	香港聯合書刊物流有限公司 香港新界荃灣德士古道220-248號荃灣工業中心16樓
印　刷	美雅印刷製本有限公司 香港九龍官塘榮業街6號海濱工業大廈4字樓
版　次	2021年9月香港第1版第1次印刷
規　格	16開 (168mm×240mm) 304面
國際書號	ISBN 978-988-8763-43-6